복 있는 사람

오직 여호와의 율법을 즐거워하여 그 율법을 주야로 묵상하는 자로다.
저는 시냇가에 심은 나무가 시절을 좇아 과실을 맺으며 그 잎사귀가 마르지 아니함 같으니
그 행사가 다 형통하리로다. (시편 1:2-3)

먼저 제 눈길을 끈 것은 저자가 책 전체에서 꼬박꼬박 존댓말을 사용한다는 점입니다. 그가 얼마나 독자를 진심으로 존중하는지 보여주는 중요한 단서이자 태도입니다. '기독교인들은 대체로 무례하다'는 선입견이 씁쓸한 사실이 되는 듯한 시대에, 저자는 자신의 종교, 곧 기독교를 독선적이거나 무례하지 않은 목소리로 차분히 설명합니다. 또한 학자로서 고압적으로 독자들을 가르치려고 하지도 않고, 오히려 옆자리에 앉은 친구처럼 자신이 경험한 종교가 얼마나 멋지고 아름다운지, 인간을 어떻게 행복하게 할 수 있는지, 그리고 인류의 삶을 완성시키는 데 어떤 도움이 되는지를 선입견 없이 전달하고자 합니다. 나아가 저자는 기독교라는 종교를 조금은 낯설게 바라봄으로써 잊혀진 교양으로서 종교의 역사와 가치를 친절하지만 끈질기게 보여줍니다.

우리 시대는 종교를 유해하거나 최소한 어리석은 망상 정도로 여기는 냉소적 태도에 너무 익숙합니다. 아무것도 진심으로 믿지 못하고, 진심으로 사랑하지 못하는 불신의 시대이기 때문이겠지요. 하지만 성급한 냉소와 학습된 허무는 너무도 빠르고 광범위하게 인류의 가장 깊숙한 지혜, 가장 따뜻한 마음, 가장 아름다운 꿈에 대한 우리의 이해를 약화시키고 있습니다. 인류가 서로에게 점점 관용적이지 못하게 되는 이유도 어쩌면 인간의 행복에 관한 종교라는 깊은 지혜와 문명의 결실이 일천하게 변해 우리의 교양에서 배제되었기 때문은 아닐까요?

저자는 이러한 상황을 종교 문해력이 결핍된 '종교 문맹'의 시대로 진단합니다. 사유되지 않은 허무주의와 무신론이 마치 공인된 지혜처럼 통용되는 세상 한복판에서 저자는 인간 존재의 목표는 '행복'이며, 그러한 삶의 행복은 '종교', 곧 신에 대한 질문을 잃거나 잊지 않고, 조금씩 실현해 나가는 과정이라고 대담한 주장을 담담히 합니다. 그렇기에 특정 종교를 가지고 있든 그렇지 않든, 종교에 대한 소양과 이해는 모든 인간에게 인생의 성숙을 위해 필요합니다. 저자는 이러한 기독교를 교양학의 관점에서 차분히 그리고 친절하게 설명합니다. 저자는 임마누엘 칸트를 변용하여 이렇게 말합니다. "교양 없는 기독교는 재앙이나 다름없고, 기독교가 빠진 교양은 인류가 오랜 세월 쌓아 온 중요한 문화적 종교적 유산을 잃는 것이라 지적으로 빈곤해실 수밖에 없습니다."

기독교가 무엇인지 혼돈된 오늘날 한국에서 문맥 없는 얕은 맹신을 극복하고 비판적인 사고와 시민성 그리고 교양을 함양하고자 하는 모든 독자에게 이 책이 박식하고 신뢰할 만한 '종교 문해력'의 여행 안내서가 되리라 믿고 추천합니다.

손호현, 연세대학교 신학과 교수

'기독교'와 '교양'이라는 두 단어를 나란히 놓기 불편한 시대다. 교양이 '그럭저럭 괜찮은 사람으로 행세하는 기술' 정도로 치부되는 문화 속에서 기독교는 교양인의 대화 주제가 되기 힘들다. 한쪽에서는 열정적으로 옹호하고, 다른 쪽에서는 혐오 섞인 비판을 내놓고, 그 둘 사이의 간극은 더 멀어져 가고 있다. 저자는 '가까이하기엔 너무 먼 두 세계' 사이의 가교를 놓으려 한다. 교양(Buildung)을 "한 사람이 자신과 세계를 이해하고 사회 안에서 자유롭고 책임 있게 살아가기 위한 필수 과정"으로 이해한다면, 아득한 옛날부터 인간 삶의 한 기반이었던 종교를 이해하는 문해력은 인간다운 삶을 위해 빼 놓을 수 없는 요소가 될 것이다. 차분한 서술 안에 열정이 담겨 있고, 평이한 설명 아래 깊이 있는 이해가 숨어 있다. 소리 높여 꾸짖지 않으면서도 단편적인 자신의 이해를 반성하게 하는 친절한 도전이 느껴진다. 성서학자의 치밀함과 교양학 교수의 폭이 돋보인다.

열린 마음으로 이 책을 대한다면 저자의 진심을 느낄 수 있으리라. 내가 '기독교'라고 생각했던 것이 넓고 다양한 흐름 가운데 얼마나 작은 지류에 불과한지, 시대에 뒤떨어졌다고 여겼던 사유의 저변에 얼마나 인간 삶의 본질을 꿰뚫은 지혜가 숨겨져 있는지 발견하게 될 것이다. 이 책을 통해 기독교와 교양이 다시 서로에게 말을 걸기 시작할 것이다. 그리고 그 대화는 우리 각자가 좀 더 깊고 넓은 사람으로 자라나는 길을 열어 줄 것이다.

박영호, 포항제일교회 담임목사

아름다운 것이 변질되면 추하게 보인다. 거룩한 것이 타락하면 마성적인 것으로 변한다. 거룩의 경험이 누락된 채 형식만 남은 종교는 생동감이 없다. 오늘의 개신교회가 직면한 위기는 심각할 정도다. 위기는 외면하거나 부정한다고 하여 사라지지 않는다. 정면 돌파가 필요하다. 목욕물을 버리려다 아기까지 버리지 말아야 한다. 김학철 교수는 종교 문해력이 부족한 세대 혹은 시대를 향해 차분하게 말을 건넨다. 그는 묻고, 성찰하고, 연구하고, 해석하고, 그 사유의 결실을 적절한 언어로 담아내는 데 탁월하다. 우리에게 익숙하지만 어느새 상투어로 변한 신앙 용어들 속에 감춰진 심오한 의미가 그의 언어를 통해 명징하게 드러낼 때 가슴이 두근거렸다. 냉소와 우쭐거림 그리고 어둠이 지극한 이 시대를 밝힐 등불 하나를 손에 든 느낌이다. 다시 시작할 용기를 내야 할 때다.

김기석, 청파교회 원로목사

교양으로 읽는 기독교

교양으로 읽는 기독교

2025년 11월 21일 초판 1쇄 발행
2025년 12월 5일 초판 2쇄 발행

지은이 김학철
펴낸이 박종현

㈜ 복 있는 사람
주소 서울특별시 마포구 연남동 246-21(성미산로23길 26-6)
전화 02-723-7183(편집), 7734(영업·마케팅)
팩스 02-723-7184
이메일 hismessage@naver.com
등록 1998년 1월 19일 제1-2280호

ISBN 979-11-7083-308-6 03230

ⓒ 김학철 2025

이 책의 저작권은 저자와 ㈜ 복 있는 사람이 소유합니다.
신저작권법에 의하여 한국 내에서 보호를 받는 저작물이므로 무단전재와 복제를 금합니다.

교양으로 읽는 기독교

김학철

정치·문화
사회·과학의
눈으로 바라본
2천 년의
기독교 역사

복 있는 사람

| 차례 |

시작하면서 8

1장 · 기독교와 교양   15

교양의 뜻 17 / 호모 사피엔스는 호모 렐리기오수스다 24 / 종교의 기본 전제와 뜻 35 / 종교 문맹, 종교 문해력, 종교 이해 접근법 44 / 기독교와 기독교 문해력 54

2장 · 예수–기독교의 중심   65

외계인의 기독교 탐사 67 / 예수의 네 얼굴 79 / 역사학으로 예수를 이해한다는 것 84 / 역사 속 예수의 가르침과 삶 92

3장 · 기독교의 탄생과 성장   123

예루살렘 예수 공동체의 탄생과 성장 125 / 사마리아, 그리고 제국 곳곳에 들어선 예수 공동체 132 / 기독교 선교의 성공 원인들 140 / 정치화된 종교 권력과 종교화된 정치 권력, 그리고 교회의 대분열 156 / 동방정교회 159

4장 · 기독교 역사의 빛과 그림자   167

기독교 신앙과 전쟁 169 / 신앙과 이성 183 / 희생양과 마녀사냥 197

5장 · 기독교의 확장   209

기독교의 선교 211 / 이단과 사이비 229

6장 · 기독교와 오늘날 삶의 의미   239

삶의 의미, 밖 혹은 안에? 241 / 허무주의의 주장과 비판 251 / '삶의 의미' 정의와 그것을 향한 욕망 258 / 기독교 신앙과 삶의 의미 263

맺으면서 272
주 278

| 시작하면서 |

몇 년 전, 재직 중인 학교 채플에서 '자기와의 화해'라는 주제로 설교한 적이 있습니다. 이를 설명하기 위해 영화 「몬스터 콜」A Monster Calls 을 예로 들었습니다. 이 영화는 죽어 가는 어머니, 이혼 후 미국에 살고 있는 아버지, 그리고 엄격한 외할머니 사이에서 성장해 가는 한 소년의 이야기입니다.

주인공 소년은 매일 밤 악몽을 꿉니다. 꿈속에서 어머니는 절벽에서 떨어지려 하고, 소년은 그런 어머니의 손을 붙잡고 있습니다. 그러나 결국 힘이 빠진 소년은 어머니의 손을 일부러 놓고 맙니다. 그는 어머니의 손을 놓았다는 사실에 커다란 죄책감을 느끼고, 스스로에게 벌을 주고 싶어합니다. 소년이 생각해 낸 자기 처벌법은 같은 학교 일진을 노려보아, 그의 폭력을 '유발'하는 것이지요. 도발당한 일진은 소년을 흠씬 두들겨 패고, 소년은 이렇게 스스로를 체벌했습니다. 저는 이후 이 소년이 어떻게 자기 자신과 화해하게 되는지를, 영화의 맥락과 성서 본문을 토대로 설교했습니다.

설교가 끝난 후 두 학생이 찾아왔습니다. 한 학생은 거의 90도로 허리를 숙이며 자신은 기독교인이 아니지만, 설교를 잘 들었다면서 감사하다고 인사했습니다. 다른 학생은 "어떻게 학교 폭력을 당하는 소년이 폭력을 '유발'했다고 말할 수 있느냐"며 분노했습니다. 저는 그 학생에게 영화 내용을 서술한 것이라고 설명했습니다. 그래도 학생은 납득하지 않았고, 함께 점심을 먹으면서 그 학생에게 좀 더 설명하려고 노력했습니다.

"영화에서 '한 소년이 강 저편에 가기 위해 다리를 건넜다'라고 하면 문제가 없지요?"라고 묻자, 학생은 그렇다고 답했습니다. 그래서 다시 물었습니다. "영화의 의도는 분명히 '그 소년이 엄마를 죽게 방치한 자신을 자책해서 스스로를 처벌하려고 일부러 일진에게 시비를 걸어 폭력을 유발했다'는 것인데, 그렇게 말하면 안 될까요?" 학생은 단호하게 "절대 안 된다"고 했습니다. 그는 어떠한 경우라도 폭력의 희생자가, 폭력의 가해자에게 그 폭력을 '유발했다'고 말해서는 안 된다는 것이었습니다. 만약 그러면 그 상황을 어떤 말로 표현하면 좋겠냐고 물으니, 거기에는 답하지 못했습니다.

물론 누군가 시비를 걸거나 기분 나쁘게 쳐다본다고 해서 폭력을 행사해서는 절대로 안 됩니다. 그러나 자신을 자책하며 자신에게 벌을 주고 싶은 마음에 일부러 타인을 자극하는 행위를 '유발'이라고 표현하지 못한다면, 어떤 언어가 더 적합할지는 여전히 고민입니다. 구조적으로 내몰려 자신에게 안 좋은 것을 선택한 사람에게 "그 사람이 '선택'했다는 단어를 쓰면 안 됩니다!"라는 주장은 성립이 가능하지요. '유도된 혹은 강요된 자발성'과 '자유로운 자발성'을 날카롭게 구분하는 사고와 이를 표현하는 단어나 용어가 여럿 있으면 더 좋았을 것입니다. 여하튼 저는 다양한 예시를 들며 '서술'descriptive과 '규범'normative의 차이를 설명했지만, 그 학생은 끝끝내 "피해자가 폭력을 유발했다"는 표현을 해서는 안 된다고 주장했습니다. 결국 대화는 별다른 소득 없이 끝났습니다. 어쩌면 더 적합한 '서술' 언어가 없어서 생긴 일일지도 모릅니다.

제가 강의하고 글을 쓰는 많은 부분은 '서술'의 영역입니다. 하지만 스스로를 '보수적', '원칙적', '성경대로 믿는' 등으로 규정하는 기독교인들은 제 서술이 그들의 신앙을 왜곡한다고 주장합니다. 기독교와 교회를 자신의 고백적 신앙 언어와는 다른 생경한 중립 서술은 신앙을 평가절하한다고 느껴질 수 있습니다. 제 서술이 부족한 탓일 수도 있지요. 그러나 저의 서술 방식은 학계에서 오랫 동안 널리 통용된 방식입니다. 그럼에도 불구하고 일부 기독교인들은 왜 제 서술에 민감하게 반응하는가 고민하게 되었습니다. 그러던 중 '정체성과 연결된 문제에서 방어적 혹은 공격적 감정이 일어나기 쉽다'는 심리학 연구 결과를 알게 되었습니다.

우리는 사실 자기 정체성과 밀접한 영역에 관해 이견이나 낯선 표현을 접하면 감정적이 되곤 합니다. 정체성의 핵심에 가까운 문제일수록 객관적으로 다루기는 더 어렵습니다. 그래서 저는 끊임없이 자아를 성찰하고, 접해 보지 못한 정보도 꾸준히 습득해야 한다고 믿습니다. 그렇지 않으면 현실을 과도하게 왜곡해서 보거나 세상이 자신을 이해하지 못한다는 식의 착각이 심해질 수밖에 없습니다. 결국 개인 내면의 부정적 감정도 심해지겠지요.

기독교를 서술한다는 것도 마찬가지입니다. 기독교인들은 특정 전통 안에서 신앙을 형성하고, 그 신앙을 자신의 핵심 정체성으로 삼기 때문에 외부의 '서술'에 쉽게 자극을 받고 분노할 가능성이 높습니다. 그렇기에 기독교인에게도 기독교에 관한 '교양', 곧 보편적 언어로 기독교를 서술하는 힘이 필요합니다. 반대로 비기독교인이나 비종교인 역시 기독교에 대한 교양이 반드시 필요합니다. 그 이유는 다음에서 어렵지 않게 찾을 수 있습니다.

기독교는 지난 2천 년간 인류, 특히 서양 문명을 이끌어 온 중심 기둥이었습니다. 리처드 파인만 Richard Phillips Feynman 같은 무신론 과학자마저도 서양 문명의 두 축이 과학의 탐구정신과 기독교 윤리라고 말했을 정도이지요. 지금도 세계 인구의 3분의 1이 스스로를 기독교인이라 여기고, 우리 주변에는 기독교의 흔적이 곳곳에 강하게 남아 있습니다. 언뜻 생각만 해도 서양력, 법률, 윤리, 예술, 건축 등 기독교 없이는 설명할 수 없는 유산이 한둘이 아닙니다.

따라서 기독교인이라면 자신이 믿는 신앙을 보편의 언어로 이해하려는 노력이 필요합니다. 내 신앙이 어떻게 형성되었고, 무엇을 의미하며 어디로 향하는지 역사, 문화, 사상, 다양한 측면에서 숙고해 보아야 합니다. 자신의 신앙의 위치를 점검할 필요도 있습니다. 반대로 비기독교인 또는 비종교인에게 기독교 교양은 우리 이웃이자 오늘의 세상을 형성한 낯선 종교의 힘과 전통에 익숙해지는 기회가 됩니다. 제 경험상 기독교의 메시지를 '서술' 형식으로 접했을 때 그 매력을 새롭게 발견하는 사례도 많았습니다. 그래서 저는 이 책에서 '기독교 교양학'이라는 전망을 채택합니다. 기독교 교양학은 다음과 같이 정리할 수 있겠습니다.

기독교 교양학은 기독교와 기독교 신학의 결과물을 다시 학문의 대상으로 삼아 교양학의 형식과 내용, 그리고 목적을 통해 구성하는 학문이다. 교양학의 목적은 인간의 자유로운 삶을 위해 지식과 능력을 계발하고 성숙하게 하여, 그가 속한 공동체에 이바지하도록 하는 데에 있다. 따라서 그 내용은 인간, 사회, 역사, 문화, 자연, 예술에 관한 필수적인 지식을 체득하는 것이며, 그 형식은 교양학의 목적과 내용을 가능하게 하는 사고력과 실천력을 키우는 것에 있다. 이같이 기독교 교양학은 기독교와 교양학이 서로를 통해 각자를 구현하고 구성하도록 하는 교차구성방법론을 사용한다.

이 책은 이러한 기독교 교양학의 전망 속에서, 기독교를 기독교인과 비기독교인 모두에게 설명하고자 합니다. 기독교 교양은 다종교·다문화 사회에서 살아가는 교양인에게 반드시 필요한 '종교 문해력'과도 연관됩니다. 우리 현실에서 종교는 여전히 커다란 영향력을 행사합니다. 세계 곳곳에서 벌어지는 일, 각종 통계, 그리고 주변 일상에서부터 그 사실이 드러납니다. 이를 느끼지 못한다면, 그것을 '종교 문맹'이라고 부릅니다. 세계적으로도 종교 문해력의 중요성에 대한 인식이 커지면서, 중고등교육에서 이를 강화하려는 다양한 시도들이 이뤄지고 있습니다.

제가 대학에서 기독교 교양을 가르친 지도 어느덧 20년 가까이 되었습니다. 그사이 감격스러운 순간도 많았고, 때로는 언짢은 경험도 적지 않았습니다. 그럼에도 불구하고 이 주제의 학습, 강의, 토론을 통해 얻는 기쁨은 여전히 큽니다. 저는 이 책을 통해 독자 여러분 모두를 이 기쁨의 세계에 초대하고 싶습니다.

아마 이 책의 주요 독자층은 기독교인이겠지요. 그렇기에 "내가 믿는 것을 어떻게 서술할 수 있을까?" 담담하게 고민하는 시간이 되길 바랍니다. 의외로, 이런 중립적 서술이 신앙을 더 깊이 이해하는 데 큰 도움이 될 것입니다. 동시에 비기독교인에게도 이 책이 서구 문명과 세계를 움직여 온 거대한 힘의 근원을 탐구하는 흥미로운 지적 여정이 되길 바랍니다.

저의 한계, 다시 말해 이 책의 한계도 미리 밝히고자 합니다. 저는 개신교 전통에 서 있는 사람입니다. 그래서 본의 아니게 개신교 관점이 더 많이 반영될 수 있습니다. 가톨릭이나 정교회 전통에 속한 독자들은 이에 대해 너른 마음으로 이해를 부탁드립니다.

오늘의 현실을 돌아보면 절망과 분노, 회의의 소리들이 더 크게 들릴 수도 있습니다. 그러나 기독교는 궁극적으로 '희망'에 관한 이야기입니다. 그리고 그 희망은 하나님으로부터 온다는 것이 기독교의 신앙 고백입니다. 현실의 조건과 입력 값으로 미래를 예측할 수도 있지만 인생에는 언제나 예상할 수 없는 희망이 찾아옵니다. 기독교는 그러한 희망을 하나님에게서 오는 선물로 고백하며, 인간의 계산으로는 절망해야 할 때조차도 삶의 의지를 북돋습니다. 저는 이 책이 담담한 서술을 통해서도 그런 희망을 전할 수 있기를 소망합니다.

이 책의 출판을 제안해 주신 '복 있는 사람' 출판사에 감사를 드립니다. 예상보다 출간이 늦어진 데 책임을 느낍니다. 늦어진 만큼 내용에 더 충실하려 최선을 다했습니다. 부디 잘 부탁드립니다. 이 책이 귀하신 독자님에게 작은 도움이라도 되었으면 저는 더 바랄 것이 없겠습니다.

2025년 11월
김학철

1장

기독교와 교양

앞에서 밝힌 바와 같이 저는 이 책을 기독교 교양학의 관점에서 설명하려고 합니다. 그렇다면 먼저 '교양'^{敎養}에 대해 소개하는 것이 필요하겠지요.

'교양'이라는 말은 일상에서 다양하게 쓰입니다. 많은 사람들이 '교양 있는 사람'이라고 하면, 미술이나 클래식 음악 등을 즐기는 사람, 풍부한 문화 지식을 가진 사람, 혹은 말투나 태도가 세련되고 남에게 호감을 주는 사려 깊은 사람을 떠올리곤 합니다. 그러나 이 책에서 말하는 교양은 이러한 용례와 다릅니다.

● ─ 교양의 뜻

1) 교양의 역사

　교양은 근대 일본 지식인들이 서양 언어, 영어로는 '리버럴 아츠'liberal arts를 번역하면서 사용한 말입니다. 리버럴 아츠의 원형은 라틴어 '아르테스 리베랄레스'artes liberales입니다. '리베랄레스'liberalis는 '자유인liber에게 알맞다'는 뜻이며, '아르테스'artes는 '기술' 또는 '학문'을 뜻합니다. 고대 로마에서 아르테스 리베랄레스는 생계와 실용을 위한 직업적 혹은 육체적 기술, 곧 노예의 기술artes serviles과 구분되었지요. 리버럴 아츠는 '자유 시민이 갖추어야 할 역량'을 의미했습니다.
　이 전통은 중세로 이어졌고 체계적으로 발전했습니다. 이 책의 4장에서 다루겠지만, 6세기 학자 카시오도루스Cassiodorus는 교양을 '7가지 자유 학예'로 정리합니다. 이 일곱 가지 학문은 보통 두 부분으로 나뉩니다. 첫 번째는 '삼학'三學, Trivium으로,

문법, 수사학, 논리학이고, 두 번째는 '사과'四科, Quadrivium로 대수, 기하학, 천문학, 음악 등을 가리킵니다. 이 일곱 가지 학문은 중세 대학의 기본 교육과정이었습니다. 신학, 법학, 의학은 교양 과정을 거친 이후에야 수행할 수 있었지요.

근대로 접어들면서 교양의 의미는 변화합니다. 르네상스 시대 인문주의자들은 중세의 일곱 가지 자유 학예를 비판적으로 계승하면서, 고대 그리스와 로마 고전의 부흥을 직접적으로 원했고 이를 실행했습니다. 이른바 '르네상스'입니다. 이들은 인간에 대한 이해와 존엄성에 관한 탐구를 교양의 중심에 두었습니다. 문법, 수사학, 역사, 시, 도덕 철학 등 오늘날 '인문학'studia humanitatis으로 불리는 학문을 비롯해 글과 언어의 풍요로움을 바탕으로 인간 정신과 가능성을 넓히고자 했습니다. '신학' 곧 신을 중심으로 하는 학문에서 벗어나고자 한 것입니다.

18세기 말-19세기 독일에서는 교양의 현대적 개념에 큰 영향을 준 '빌둥'Bildung 개념이 강조됩니다.[1] 빌둥은 쉽게 번역되기 어려운 독일어입니다. 지식 습득이나 기능 훈련Ausbildung과는 구별되며, 교육을 통해 인간이 스스로를 완성하고 인격을 도야하는 과정을 의미했습니다. 자기 성찰과 성장, 자유로운 인격 형성을 추구했던 이 개념은 근대 교육사와 대학 제도에 큰 영향을 미쳤습니다. 특히 빌헬름 폰 훔볼트Wilhelm von Humboldt가 구상한 베를린 대학 모델에서 교수와 학생이 함께 진리를 탐구하는 연구 중심의 대학이 시작되었고, 이러한 탐구적 교육 안에 빌둥의 이념이 핵심 가치로 부상했습니다. 대학에서 빌둥은 인문학, 예술, 철학, 과학 등 여러 분야의 지식을 통해 인간이 자기 자신을 더 깊이 이해하고, 사회 및 세계와 의미 있는 관계를 맺는 주체로 성장하는 것을 의미합니다. 이처럼 근대적 교양은 자유인에 적합한 소양인 동시에 끊임없는 자기 형성과 시민성, 비판적 성찰의 능력을 중시하는 교육의 목표로 발전해 왔지요.

현대에 들어서면서 교양 교육의 전통은 미국의 리버럴 아츠 칼리지 Liberal Arts College 모델로 계승되었습니다. 이 모델은 이른바 '전공'을 정하기 전에 비판적 사고와 명확한 의사소통, 윤리적 추론, 양적 및 질적 추론 등 시대를 초월하는 보편적 역량을 기르는 것을 목표로 합니다. 학생들은 다양한 분야의 기초 지식을 쌓고, 문제를 다각도로 분석하며, 공동체에 책임 있게 참여할 수 있는 인성을 기릅니다.

20세기 중반 이후 산업화와 자본주의가 급속도로 발전하면서 대학 교육은 점차 전문화와 직업화로 방향을 틀었습니다. 이른바 전공중심주의지요. 이것을 두고 고대 세계의 '노예의 기술'이 현대적으로 다시 등장한 듯하다며 자조할 수도 있습니다. 당장 취업에 도움이 되어 보이지 않는 교양 교육은 불필요하다는 인식이 널리 퍼졌습니다. 그러나 교양의 중요성은 21세기에 들어 다시 강조되었습니다. 인공지능AI과 생명

공학이 비약적으로 발전하고, 기술이 점점 더 많은 인간의 역할과 기능을 대체하는 시대일수록 '무엇이 인간인가', '우리는 어떻게 살아야 하는가', '첨단 기술을 어떻게 윤리적으로 다뤄야 하는가'와 같은 근본적 물음이 더 중요하게 떠오르게 된 것이지요. 거기다 더해 전공 중심 교육은 앞으로 급격한 변화에 개인을 충분히 준비시키지 못한다는 반성도 한몫했습니다. 지식이 계속 발전할 때 그것을 습득, 소통, 나아가 재창조하는 능력은 교양이 길러 줄 수 있기 때문입니다.

교양 교육에서 또 하나의 변화는 'Liberal education'(자유 교육)을 'General education'(일반 교육)으로 바꾸어 부르기 시작한 것입니다. 이것을 시작한 곳은 미국의 하버드 대학교입니다. 이 용어의 변화는 단순히 명명 변경이 아니라 교양 교육의 사회적 의미와 교육 철학의 변화를 반영한 것이지요. 이 중요한 전환은 제2차 세계대전 직후 하버드 대학교 총장 제임스 브라이언트 코넌트James B. Conant가 주도한 교수 위원회의 1945년 보고서 「자유 사회에서의 일반 교육」General Education in a Free Society에서 처음 등장합니다. 빨간색 표지 덕분에 이 책을 "레드북"Redbook이라고 부릅니다. 그때는 전쟁의 상처를 극복하고, 민주주의 사회의 시민을 양성하며, 책임과 비판적 사고를 갖춘 교육이 무엇보다 절실하다는 인식이 있었습니다.

'general'이라는 용어는 고심해서 선택한 단어입니다. 기존 'liberal education'은 소수의 엘리트를 위한 고전적 교양을 지칭하는 뜻이 숨어 있던 반면, 'general education'은 '모든 시민'이 받아야 할 교육임을 강조하는 것이지요. 교육에서 계급주의적 함의를 제거하고 민주주의의 시민을 길러 내야 한다는 시대적 요청에 부응한 결과라고 생각합니다.

제 판단에 'general education'의 교육 철학이 이전의 'liberal education'과 본질적으로 다른 것은 아닙니다. 사회를 유지하려면 각 분야의 전문적 지식보다 먼저 인문, 사회, 자연 전체를 아우르는 시민적 지식이 필요하다는 신념에 뿌리를 두고 있기 때문입니다. 'general education'은 기존 'liberal education'의 비판적 사고, 인간 이해, 시민성 함양 등의 주요 목표와 내용을 계승하면서 그 가치를 민주주의 이념에 맞게 확장했습니다.[2]

2) 교양의 세 범주

교양에 관해 간략한 설명은 여기서 멈추고 제 나름대로 정리해 보려고 합니다.[3] 저는 교양을 세 가지 범주로 나눠 설명합니다.

첫째, 교양은 세상을 이해하고 살아가는 데 필수적인 기초 지식과 그의 습득을 가리킵니다. 예를 들어, 유치원생은 횡단보도를 건널 때 신호등 색깔에 따라 행동하는 법을 배웁니다. 녹색불에는 건너고, 빨간불에는 멈춥니다. 이 지식은 유치원생에게 필수적인 지식이고, 따라서 유치원생의 교양이라고 할 수 있습니다. 이런 지식이 없어도 살아갈 수 있지만, 위험에 더 많이 노출되겠지요. 마찬가지로 21세기를 살아가는 시민에게도 반드시 알아야 할 기본 지식이 있습니다. 그 가운데 종교에 관한 지식도 당연히 포함됩니다.

    종교는 정치, 경제, 예술, 일상 등 우리의 삶 모든 분야에서 그 흔적과 힘이 나타나며, 특히 기독교에 관한 기초 지식 역시 시민 교양의 일부입니다. 기독교는 유대교, 이슬람과 더불어 아브라함 계통의 종교에 속하며, 인류의 절반 이상이 이러한 종교적 사고 체계 내에 있습니다. 만일 전 세계 인구의 절반 이상이 특정 언어를 쓴다면, 그 언어가 교육 필수 과목이 되듯, 인류의 절반 이상이 아브라함 계통 종교의 신앙과 문화적 규범 속에서 살아간다면 그에 대한 이해 없이 세계와 인간을 온전히 이해했다고 말하기 어려울 것입니다. 특히 기독교는 세 종교 중 가장 큰 영향력을 가지고 있습니다. 세계적으로 약 31-32%, 한국에서도 31% 정도(개신교 20%, 가톨릭 11%)의 사람들이 기독교 신앙을 고백할 만큼 기독교는 지금의 문명과 문화를 형성하는 데 결정적인 공헌을 했습니다.

    둘째, 교양은 필수적인 지식을 갖추는 데서 끝나지 않습니다. 이런 지식을 비판적으로 분석하고, 타인과 효과적으로 소통하며, 필요에 따라 기존 틀을 해체하고 새롭게 재구성하는 능력까지 아울러야 합니다. 오늘날에는 여기에 창의적 사고, 윤리적 논증, 질적·양적 추론력, 융합적 사고력, 심미적 감수성 같은 역량까지 더해지고 있습니다.

기독교는 종교이고 믿음을 강조하니 이성적 능력과 관련이 없거나 그 능력을 제한하는 것처럼 보이기도 합니다. 그러나 기독교는 앞에서 열거한 여러 역량들을 전통 속에서 충분히 발휘해 왔습니다. 저는 종교야말로 비판적 사고가 없이 성립될 수 없다고 생각합니다. 위대한 종교들은 다 '비판적 사고'에서 비롯된 것이고, 창의적 상상력을 기반으로 하며, 이전의 강력한 종교 체제를 딛고 올라설 만큼 대단한 의사소통 능력을 갖추었다고 확신합니다. 또 종교만큼 심미적 능력, 윤리적 논증과 추론에 힘을 기울여 온 영역도 없지요.

셋째, 교양은 '인성' 및 '시민성'과 깊이 연결되어 있습니다. 교양은 개인이 자율적으로 사고하고, 주체적으로 성장하는 길을 열어 줍니다. 이 과정에서 개인의 내면에 덕德, virtue이 자연스럽게 형성되는데, 이것이 바로 '인성'입니다. 동시에 자유로운 주체가 공동체의 한 구성원으로 더불어 살아가려면 반드시 갖추어야 할 자질이 '시민성'입니다. 특히 타인을 존중하고 그와 협력할 줄 아는 자세는 오늘날 민주 사회가 요구하는 교양의 중요한 요소입니다. 타인의 삶을 상상하는 공감의 능력, 그리고 타자와 자신을 비판적으로 성찰하는 능력이[4] 교양의 핵심에 속하지요.

이와 같이 필수적 지식, 사고 역량, 인성과 시민성, 이 세

가지가 교양을 이루는 기본 축입니다. 이 책은 바로 이러한 교양 교육의 목적과 방향에 따라, 기독교의 문화·사상·윤리의 전통을 소개하기 위한 시도이며, 그 과정에서 기독교 교양학을 구성하려고 합니다.

• ― 호모 사피엔스는 호모 렐리기오수스다
―종교적 인간의 과거, 그리고 현재와 미래

1) 과거

앞에서 종교가 중요한 교양이 되어야 할 이유를 몇 가지 제시했습니다. 따지고 보면 종교를 교양으로 접근해야 하는 더 근본적인 이유가 있습니다. 그것은 인간, 곧 호모 사피엔스가 호모 렐리기오수스Homo religious, 종교적 인간이기 때문입니다. 호모 렐리기오수스는 성聖, Das Heilige을 체험하고 그것을 중심으로 세계의 의미와 질서를 파악하려는 본질적 경향이 있습니다.[5] 이것은 단지 인류학이나 종교학에서의 주장이 아닙니다. 호모 사피엔스가 지닌 종교성이 그 인지 구조 및 사회적 본성과 깊이 연결되어 있다는 것은 진화생물학의 발견이기도 하지요.[6] 튀르키예 남동부에 있는 괴베클리 테페Göbekli Tepe는 이를 잘 보여주는 유적입니다.[7]

튀르키예 괴베클리 테페 유적, 기원전 9500-8000년경.

'괴베클리 테페'Göbekli Tepe를 우리말로 번역하면 '배불뚝이 언덕'입니다. 이름에서 알 수 있듯 평지에 두드러지게 솟은 인공 언덕이어서 유난히 튀어나온 배를 뜻하는 '배불뚝이'이라는 이름을 얻었지요. 이곳은 튀르키예 남동부, 시리아 국경 근처에 자리하는데, 현재는 군사적으로 불안정한 지역이기에 접근이 쉽지 않다고 알려져 있습니다. 이 유적은 1990년대 초 독일 고고학자 클라우스 슈미트Klaus Schmidt가 발굴을 주도했는데, 이곳에서는 무게가 최대 20톤에 달하는 T자형 거석megalith들이 발견되었고, 슈미트는 이 T자형 기둥들이 양식화된 인간의 모양이며, 팔과 손, 허리띠 등이 조각된 점을 근거로 제시했습니다. 각각의 거석은 10-20개씩 타원형 혹은 원형으로 배열되어 있습니다.

고고학에서는 이 유적이 만들어진 시기를 '토기 없는 신석기 시대'Pre-Pottery Neolithic, PPN로 구분하고, 특히 그 초기 단계PPN A로 분류합니다. 이 시기의 인류는 아직 음식을 저장하거나 조리하는 토기를 만들지 못했습니다. 대신 원시적인 돌판이나 평평한 바닥, 혹은 손바닥 위에 음식을 놓고 먹었을 가능성이 높습니다. 이 유적의 연대는 방사성 탄소 연대 측정법을 통해 약 1만 2천 년 전기원전 9,600년경임이 밝혀졌습니다. 하여 발굴한 사람들은 충격에 빠졌습니다. 토기 없는 신석기 시대, 곧 농경이 본격적으로 시작되기 전의 수렵·채집 사회가 어떻게 이렇게 큰 규모의 기념비적인 구조물을 세울 수 있었던 것일까요? 잉여생산물이 충분하더라도 생존에 전혀 도움이 안 되는 이런 구조물을 왜 세웠을까요?

선사 시대에 관한 통념은 '신석기 혁명' 모델입니다. 이 모델은 인류가 농경을 시작하고 잉여 생산물을 확보한 뒤에 특정 지역에 정주定住하기 시작했다고 설명합니다. 정주 이후에 사회 계층과 종교의 발달이 이어졌다는 것이지요. 그러나 괴베클리 테페의 발견은 이런 통념에 근본적으로 도전합니다. 한번 상상해 볼까요? 공과대학을 졸업한 청년 100명을 같은 장소로 데려가서 당시와 같이 아무것도 없는 상태에서 20톤짜리 돌을 채석해 운반하고, 10-12개의 T자형 거석을 원형으로 세우라는 과제를 내주었다고 해 봅시다. 외부 식량과 도구 공급 없이, 오로지 현지에서 모두 해결해야 하는 조건입니다. 오늘날 과학 지식과 신체 조건을 갖춘 청년들에게도 이것은 결코 쉽지 않을 것입니다.

발굴을 주도한 슈미트 교수는 고대 인간들이 생존을 넘어서는 강렬하고 집단적인 욕망, 곧 종교적 열망이나 집단적 의례를 향한 욕망이 이 유적을 세웠다고 해석했습니다. 그는 다음과 같은 인상적인 말을 남겼습니다. "먼저 신전이 왔고, 그 다음에 도시가 왔다."Zuerst kam der Tempel, dann die Stadt. 그에 따르면 이 유적지는 주거지가 아니라, 종교적·의례적 중심지였습니다. 그렇다면 앞서 살펴본 '신석기 혁명 모델'은 폐기되어야 합니다. 생존을 위한 농업과 그로 인한 잉여 생산 이후에 비로소 종교가 나온 것이 아니라 거대한 종교적 의례를 향한 동기가 먼저 있어서 사람들이 모였고, 그곳에서 거대한 노동을 체계적으로 했으며, 이후 이 종교 시설의 안정적 건설을 위해 농업이 발명하고 정주가 시작되었다는 것이지요.

괴베클리 테페에 대한 연구가 더 진행되면서 슈미트가 주장한 것처럼 그것이 순수한 신전이라는 주장은 수정되었습니다. 축제나 일부 거주 기능까지 포함하는 복합적 의례 중심지였다는 것이지요. 그러나 이런 논의들이 이 유적이 종교적 기능을 담당했다는 주장을 약화시키지는 않습니다.[8] 더욱이 괴베클리 테페 인근의 '네발리 초리'Nevalı Çori 유적에서도 정주 마을 한가운데 T자형 거석 기둥이 들어간 공공 의례 건물이 발견되었고, 실제 매장 및 제의 활동의 흔적도 확인되었습니다.

다음의 사진은 네발리 초리에서 발견된 석회암 부조입니다. 이 유적지는 기원전 약 8,400년경의 복합적인 의례 문화를 보여주는 유적지입니다. 이 조각상은 고대의 종교적 축제를 묘사한 것으로 추정됩니다. 양쪽에는 두 사람이 춤추는 것 같은 모습이 표현되어 있고, 중심에는 사람이라기보다 거북이와 비슷한 동물 모양이 자리잡고 있습니다. 마치 동물과 인간이 함께 춤을 추는 이 장면, 여러분은 어떤 상황으로 보이시나요?

다른 학자들과 같이 저는 이 장면이 종교적 축제에서 경험하는 일종의 황홀경ecstasy을 나타낸다고 해석합니다. 그 황홀경에서 특정 동물로 변신하는 이른바 의식의 변형 상태가 표현된 것으로 추정할 수 있지요. 이런 황홀경과 이를 통한 세계와 하나되는 경험에 환각 물질을 사용되었다는 주장도 있습니다. 물론 확실한 것은 아니지만요. 이 출토 유물은 당시 인류가 자신의 삶에서 중요했던 경험이나 신념을 영속적인 예술 형식으로 남기려 했던 의지를 나타냅니다.

이러한 고고학적 증거들은 생존 문제를 넘어서 노동력과 자원을 투입해 자신들의 종교적 욕망을 실현하고자 했다는 명백한 사실을 보여줍니다. 호모 사피엔스는 근본적으로 호모 렐리기오수스입니다! 인간은 문명을 시작한 초기부터 이

네발리 초리 유적 출토 석회암 그릇 조각, 기원전 8400-8100년경.

미 종교적 사고를 해왔고, 그 종교적 열망을 실현하는 데 생존 전략의 자원까지 아낌없이 투입할 만큼 종교성을 지니고 있었습니다.

2) 현재와 미래

토머스 홉스Thomas Hobbes 는 그의 『리바이어던』Leviathan, 1651 에서 종교의 기원을 인간의 근원적인 두려움에서 비롯되었다고 주장했습니다. 인간은 자신의 생존을 위해 미래를 예측하고 대비하려 하지만, 현상의 궁극적인 원인을 알지 못합니다. 이 무지가 불안과 결합할 때, 인간은 자신을 넘어서는 보이지 않는 힘을 상상하게 되고, 그 힘이 자신을 주관한다고 믿게 됩니다. 따라서 그 힘에 대한 두려움을 조절하기 위해 그 힘을 숭배하고 제의를 시행했다는 것이지요.

홉스의 논리에 따르면 무지와 불안에서 벗어난다면, 두려움이 사라지게 되고 그렇다면 종교는 없어지겠지요. 그렇다면 오늘날과 같이 과학과 기술, 그리고 세속적 윤리와 합리성이 고도로 시대에는 종교가 더 이상 존재하지 않거나, 최소한 그 영향력이 약해졌다고 가정할 수 있습니다. 이런 맥락에서 저는 수업 중에 "종교는 이성과 기술이 발전한 근대 이후 계속 쇠퇴해 온 것 아닌가요? 미래에는 과학과 이성이 더 발전할 텐데, 종교를 교양으로 배워야 할 이유가 대체 무엇인가요? 종교는 결국 사라져야 할 낡은 시대의 유물relic이 아닌가요?"라는 질문을 많이 받습니다. 과학기술이 주도하는 시대에 종교는 시대착오일 뿐 아니라 종교가 수행하는 순기능보다는 역기능이 더 크다는 목소리도 큽니다. 그렇다면 정말로 종교는 인류 문명에서 점점 쇠퇴하고 있는 걸까요?

한국리서치가 2024년 1월부터 11월까지 「여론 속의 여론」 정기조사에서 2만 2천 명을 대상으로 진행한 결과, "종교가 없다"고 응답한 무종교인 비율이 51%로 과반을 차지했습니다.9 개신교는 20%, 불교 17%, 가톨릭 11%, 기타 종교는 2%로 집계되었습니다. 이런 결과만 보면 "종교가 구시대의 유물"이라는 주장에 힘이 실리는 것 같기도 하지요. 그런데

이 현상이 정말 과학기술의 발전, 합리성, 그리고 세속적 윤리의 확장 때문일까요?

리처드 도킨스Richard Dawkins를 포함한 '신무신론,'New Atheism 운동가들은 "그렇다"고 대답할 수 있습니다. 이들은 과학적 이성이 발전함에 따라 종교는 결국 개인의 사적 '취미 활동' 수준으로 축소되거나 소멸할 것이라고 주장합니다. 이런 비판가들이 믿는 바에 따르면, 종교라는 '망상'이 사라질 때 사회가 훨씬 더 이성적이고 나은 곳이 된다고 생각하지요. 이런 생각은 최근에 갑자기 생긴 것이 아닙니다. 서양의 역사를 보면, 크세노파네스Xenophanes, 기원전 6세기는 신이란 존재는 인간 스스로를 투영한 거짓이라고 말했고, 크리티아스Critias, 기원전 5세기 역시 신이라는 개념은 인간을 통제하기 위해 고안된 장치라고 주장했지요. 무신론이 본격적인 지성 운동으로 발전한 때는 18세기 계몽주의Enlightenment 때입니다. 계몽주의자들은 종교적 미신과 광신에서 벗어나야 사회가 더 안전하고 행복해 질 것이라고 믿었지요. 그렇다면 '비종교인' 또는 '무신론자' 비율이 높은 나라일수록 실제로 더 안전하고 행복할 것입니다.

세계적인 종교 통계 분야에서 권위 있는 기관인 퓨 리서치 센터Pew Research Center의 포괄적 글로벌 연구(2012년 기준)에 따르면, 무종교인 인구가 국가 전체의 과반수를 차지하는 나라는 체코 76%, 북한 71%, 에스토니아 60%, 일본 57%, 홍콩 56%, 중국 52% 순입니다.[10] 자신이 무신론 신념을 확실히 가지고 있다고 답한 통계도 있고, 자신을 '확신하는 무신론자'active atheist라고 대답한 비율을 조사한 통계도 있습니다. 이것은 당연히 앞의 무종교인 비율보다는 적겠지요. 갤럽 인터내셔널Gallup International이 2024년 실시한 글로벌 조사에 따르면, 전 세계 인구의 10%가 자신을 "확신하는 무신론자"라고 답했습니다.[11] 상위 5개 무신론 국가는 중국(58%), 일본(31%), 대한민국(23%), 스페인(22%), 핀란드(20%) 순입니다. 신무신론자들의 주장처럼 무종교인 및 무신론자들이 많은 상위권에 오른 나라들은 이성과 합리성에 근거한 과학기술과 윤리가 발전했고 그래서 안전하고 행복한 나라들인가요? 이에 대하여 다른 통계 보고서로 답할 수 있습니다.

「세계행복보고서」World Happiness Report는 유엔UN 산하 지속가능발전해법네트워크SDSN, 영국 옥스퍼드 대학교 웰빙 연구센터, 그리고 여론조사기관 갤럽Gallup이 파트너십을 통해 작성한 권위 있는 국제 연구 보고서입니다.[12] 이 보고서는 유엔이 지정한 세계 행복의 날3월 20일에 맞추어 매년 공식적으로 발표되지요. 각국 국민이 자신의 삶의 질을 0점에서 10점까지 평가한 결과에 기반해 행복 국가 순위를 매깁니다. 2024년 보고서에 따르면, 핀란드는 7.741점으로 7년 연속 가장 행복한 나라 1위에 올랐고, 뒤이어 덴마크(7.583점), 아이슬란드(7.525점), 스웨덴(7.344점), 이스라엘(7.341점), 네덜란드(7.319점), 노르웨이(7.302점), 룩셈부르크(7.122점), 스위스(7.060점), 호주

(7.057점) 순이었습니다.

여기서 우리는 앞서 살펴본 '비종교인 비율이 높은 국가' 순위와 이 '행복 국가' 순위가 일치하지 않음을 확인할 수 있습니다. 반면, 비종교인 및 무신론자 비율이 높았던 동아시아 국가들의 순위는 어떨까요? 대한민국은 6.058점으로 전체 143개국 중 52위를 기록했습니다. 일본은 6.060점으로 51위, 중국은 143개국 중 60위(5.973점)였습니다.

저는 종교인의 비율이 높을수록 행복하고 안전한 사회를 구축할 수 있다고 주장하는 것이 아닙니다.[13] 제 주장은 종교와 한 사회의 합리성 및 윤리의 발달, 그리고 그로부터 오는 그 사회의 행복과 안전 사이에 관계가 단순하지 않다는 것입니다. 종교와 합리성 및 윤리의 발달은 단순히 역비례 관계에 있지 않다는 것이지요.

앞으로도 종교 인구는 증가할까요, 아니면 감소할까요? 아무도 정확하게 말할 수 없습니다. 우리나라의 경우 무종교 비율이 절반이 넘고, 종교에 무관심한 사람들이 늘어나니 종교 인구가 줄 것이라고 추측할 수 있지만 저는 기성 종교 체제 밖의 종교 활동을 하는 사람들을 감안하면 종교 인구 추세가 어떻게 될지 쉽게 가늠이 되질 않는다고 말하는 편이 더 적절하다고 생각합니다. '기성 종교 체제 밖'이라고 제가 말씀드린 것은 이른바 무교巫敎, 샤머니즘를 염두에 둔 것입니다. 재미있는 통계를 하나 말씀드리겠습니다. 국내 최대 무속인 단체로 소개되는 대한경신연합회(경천신명회)는 회원 가입 무당만 30만 명이며, 비회원까지 합치면 더 많을 수 있다고 주장합니다.[14] 이와 비교할 때 공식 통계에서 종교인 수가 가장 많은 개신교(천주교 제외)의 목회자 수는 7만 명 안팎으로 추정합니다.[15] 7만 명 목회자 수에 전체 인구의 20% 정도의 개신교인들이 있다면, 30만 명 '무당'에게는 몇 명의 사람들이 찾아갈지 생각해 보시지요. 그렇다면 우리나라에서 무종교無宗敎라고 스스로 밝힌 통계의 허수가 보일 겁니다.

종교의 미래에 관해 퓨리서치센터에서 2015년에 발표한 「세계 종교의 미래」 보고서에 따르면 2050년에는 세계 인구가 약 93억 명에 이를 것으로 전망된다고 합니다.[16] 이 연구에서는 앞으로 세계 종교 인구가 어떤 양상으로 변화할지를 예측했는데요. 2010년 기준으로는 전 세계 인구 약 69억 명 가운데 기독교인이 약 21억 7천만 명으로 전체의 31.4%를 차지했습니다. 2050년에는 약 29억 2천만 명으로 늘어나지만, 비율은 큰 변동 없이 동일하게 유지될 것으로 보입니다. 반면 이슬람교 인구는 같은 기간 16억 명에서 27억 6천만 명으로 급격히 늘어날 것으로 예상되며, 증가율이 무려 73%에 달합니다.

한편, 종교를 가지지 않은 인구는 11억 3천만 명에서 12억 3천만 명으로 조금 늘긴 하지만, 전체 인구에서 차지하는 비율은 오히려 줄어들 것으로 보입니다. 힌두교 인구는 10억

3천만 명에서 13억 8천만 명으로 약 34% 증가할 것으로 전망되고, 불교 인구는 약 4억 9천만 명 수준에서 큰 변화가 없을 것으로 예상됩니다. 또한 민속종교 신자는 4억 명 수준에서 다소 늘어나지만, 인구 비중은 소폭 하락할 가능성이 있습니다. 기타 종교와 유대교 인구는 전체적으로 일정한 수준을 유지할 것으로 보이며, 유대교 인구는 소폭 증가할 것으로 예측됩니다. 결국 2010년부터 2050년까지 약 40년 동안 세계 인구가 35% 정도 증가하는 가운데, 전체 인류 중 종교 인구는 85% 이상이 된다는 것입니다. 이는 현재와 같거나 그보다 약간 증가한 수치이지요. 이와 같이 통계로 종교의 현재와 미래를 가늠해 보았습니다. 통계라는 한계가 명확하지만 인류와 종교는 통념보다 훨씬 밀착해 있는 것이라 말할 수 있습니다.

• ─ **종교의 기본 전제와 뜻**

1) 종교의 세 가지 전제

아, 그런데 지금까지 '종교'나 '기독교'라는 말을 계속 사용해 왔습니다만, 정작 '종교'라는 개념에 대한 잠정적인 정의조차 내리지 않았네요. 정의하지 않았는데도 여기까지 잘 읽어 오셨다면, 아마 독자 여러분이 생각하는 종교의 의미와 제가 사용하고 있는 그 개념이 어느 정도 맞닿아 있다는 뜻이겠지요. 그래도 앞으로의 논의를 조금 더 명확히 하기 위해, 지금 이 시점에서 '종교'라는 개념을 학술적인 관점에서 간단히 정리해 두는 것이 좋겠습니다.

제가 생각하기에 종교는 세 가지 전제를 바탕으로 하고 있습니다.[17] 첫 번째 전제는 우리가 살아가는 일상 세계인 속(俗)의 세계와 그것과는 질적으로 다른 비일상적인 세계인 성(聖)의 세계가 존재한다는 가정입니다. 우리가 오감으로 인식할 수 있는 이 감각의 세계가 전부가 아니라, 그 너머에 초월적이고 비일상적인 차원의 세계가 실제로 존재한다고 보는 것이 종교적 사고의 전제입니다.

이 성과 속의 관계는 종교마다 다르게 해석됩니다. 예를 들어, 대승불교 전통, 특히 선(禪) 사상에서는 '성속일여', 혹은 '윤회즉열반'이라는 개념을 강조합니다. 이는 성과 속을 별개의 세계로 구분하는 이원론적 관점을 비판하면서, 사실상 두 세계는 본질적으로 하나라는 불이(不二)의 진리를 역설합니다. 그리고 이 깨달음을 통해 번뇌로 가득한 일상의 삶을 변화시키고자 하는 것이 열반의 의미이기도 합니다.

한편, 성과 속을 철저히 분리하고 대립시키는 사상도 있습니다. 이른바 '성속 이원론'입니다. 그 대표적인 사례로 초대 기독교 시대에 널리 퍼져 있던 영지주의를 들 수 있지요. 영지주의는 영과 물질을 극단적으로 갈라놓는 급진적 이원론을 주장했습니다. 당시 그들이 보기에 '영'은 성의 세계에 속하고, 반대로 '육체'나 '물질'은 속의 세계에 속했습니다. 그들은 완전하고 선한 참된 신이 이 불완전한 물질 세계를 창조하지 않았다고 보았습니다. 우리가 살아가는 이 감각으로 인지되는 세계는 열등하거나 무지한 존재, 곧 '데미우르고스'δημιουργός라 불리는 조물주가 만든 일종의 감옥에 불과하다고 여긴 것이지요.

두 번째 전제는 성과 속을 이어 주는 매개자가 존재한다는 것입니다. 매개자는 상황과 전통에 따라 사람(샤먼, 사제, 선지자), 문서(경전), 자연물(신성시되는 나무나 돌), 혹은 인공물 등으로 다양하게 나타나며, 이러한 매개를 통해 성이 속의 지평 속으로 현현한다고 종교는 주장하지요. 종교학에서는 특정 사물이나 존재가 성과 속을 잇는 통로로 간주되며 특별한 효력을 지닌다고 간주될 때, 그 대상에 대한 공경과 숭배를 일러 '페티시즘', 곧 물신 숭배라고 부르기도 합니다. 사실 그 매개체가 중요한 것이 아니라 성이 중요한 것이지만, 인간의 행태는 페티시즘을 피하기는 어렵습니다. 종교에서 그런 페티시즘은 늘 경계의 대상입니다. 예를 들어 보겠습니다.

불상은 성을 가리키고 매개하는 상징이지만, 그것 자체를 성과 동일시할 때 상징이 주술적 대상으로 전락하는 위험이 있습니다. 이와 관련하여 선불교 전통에서 전해지는 단하소불 丹霞燒佛 일화가 있습니다. 『경덕전등록』景德傳燈錄을 보면 9세기 당나라의 선사 단하천연丹霞天然,739-824은 추운 날씨에 목불木佛,나무 불상을 쪼개어 장작으로 썼다고 합니다. 이를 통해 선사는 불상 자체를 숭배하는 이들에게 '부처의 본성佛性은 형상에 있지 않음'을 보여주려 했지요. 상징은 의미를 가리키는 손가락이지 달이 아닙니다. 불상은 부처의 깨달음과 자비를 지시하는 기호이지, 그것 자체가 초월적 실재인 것은 아니지요. 매개물에 독자적·자동적 효력이 깃들었다고 믿는 순간, 종교적 상징은 신앙의 통로에서 물신 숭배의 대상으로 변질될 수 있습니다.

이 점은 기독교의 십자가 사례에서도 동일합니다. 십자가는 그리스도의 수난과 부활, 사랑을 상기시키는 상징이지만, 물리적 사물로서 악령을 격퇴하는 힘이 있다고 부적처럼 여기는 태도는 상징을 주술화하는 오해입니다. 중세 후기의 성유물聖遺物,relics 숭배가 비판을 받았던 것도, 매개물 자체에 힘이 내재한다고 간주하는 사고가 신앙의 초점을 흐리게 했기 때문입니다.

매개는 사물에만 한정되지 않습니다. 동방정교회의 이코노스타시스Iconostasis, 성화벽가 회중석과 지성소를 구획하고, 사제가 그 경계를 오가며 집전하는 전례 구조는 사람과 공간, 의례가 함께 성과 속의 접속을 수행한다는 뜻을 드러냅니다. 종교는 그 둘이 아무 매개 없이 혼합된다고 보지 않되, 상징·인물·의례·장소 같은 매개를 통해 접속이 이루어진다고 전제합니다. 사제가 성과 속을 오고간다고 해서 사제 자체를 숭배해서는 안 되지요. 사제는 존중받을 수 있지만 숭배의 대상이 아닙니다.

매개는 성과 속을 연결하니 존중받아야 하지만 그것 자체가 성인 것처럼 숭배받아서는 안 됩니다. 이같이 종교는 '성'과 '속'을 매개하는 '무엇'이 존재하며, 이를 통해 두 세계가 연결되고 교통한다는 것을 기본 전제처럼 받아들입니다.

세 번째 전제는, 두 번째 전제가 이미 함의하고 있는 대로 성과 속이 분리된 채로 고정되어 있는 것이 아니라, 서로 소통하고 영향을 주고받는다는 점입니다. 이러한 우주론적 교통의 개념은 종교 건축, 곧 신성한 공간의 구조를 통해 구체적으로 형상화됩니다.

예를 들어, 신라 시대의 석굴암은 이러한 상호 왕래를 건축적으로 표현한 사례입니다. 석굴암 구조를 보면, 입구 쪽의 전실前室은 네모난 형태로 일상의 세계인 '속'을 상징합니다. 전실前室 벽에는 팔부신중八部神衆 등 여러 수호신들이 배치되어 있습니다. 이들은 삿된 기운을 막아 내고 땅을 정화함으로써, 주실로 들어가기 전 속에 있는 사람이 성의 세계로 진입하는 것을 준비시키는 역할을 합니다. 여기서 삿된 것은 '더러운' 것이고 동시에 '부적절한 것'으로서, 한마디로 정결하지 않은 것입니다. 오늘날 우리에게 정결은 위생 관념이지만, 고대 종교에서 정결은 종교적 관념에 가까웠지요. '성'의 세계에 진입

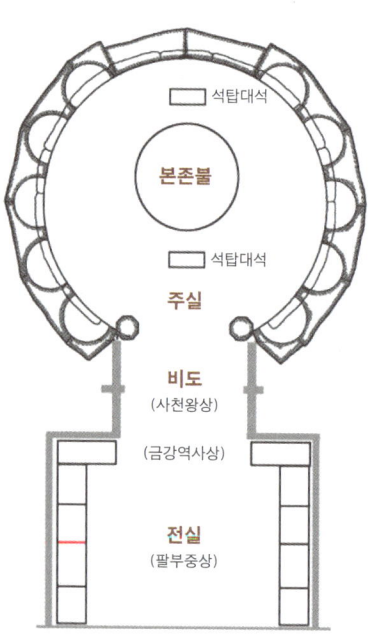

석굴암 내부 및 구조, 774년 완공.

할 수 있는 상태가 정결한 것입니다.

전실에서 좁은 통로인 비도甬道를 따라가면 주실로 진입하게 됩니다. 본존불이 자리한 주실은 둥근 공간으로, 성의 세계를 상징하며 하늘 또는 초월의 영역을 나타냅니다. 본존불로 채워진 공간은 '불국'의 현현이라 할 수 있습니다.

이 동선과 공간 배치는 "하늘은 둥글고 땅은 네모나다"라는 고대 동아시아의 우주론인 천원지방天圓地方 사상을 구현합니다.[18] 네모난 땅(속)에서 비도라는 통로(전이의 길)를 지나면 원형의 하늘(성)에 도달한다는 논리 구조입니다. 이는 속된 세계의 존재가 완전한 깨달음의 세계(불국토)로 들어가는 여정을 직관적이고 상징적으로 드러냅니다.

동서고금을 막론하고, 이러한 성과 속 사이의 연결 지점으로 '경계' 이미지는 종교·신화·예술에서 반복적으로 등장합니다. 가장 쉽게 접할 수 있는 사례를 들자면, 일본 애니메이션「센과 치히로의 행방불명」千と千尋の神隱し에서 주인공이 다리를 건너는 장면이 등장하지요. 이 '다리를 건넌다'는 행위는 평범한 일상 세계의 경계를 넘어 '다른 세계'로 들어간다는 상징적 의미를 담고 있습니다. 영화 속에서 유바바의 온천장으로 대표되는 그 다른 세계와 일상 세계는 분명히 구별되어 있지만, 동시에 서로 영향을 주고받고 맞닿아 있습니다.

주인공 치히로가 속의 세계로 돌아온 뒤, 신들과 정령들이 가득했던 성의 세계를 다시 돌아보니 그 공간은 폐허가 된

놀이동산, 탄광 터 등 평범하고 속된 일상 공간으로 인식됩니다. 이러한 교차와 중첩을 통해, 영화는 성과 속이 고정된 경계에 갇혀 있기보다, 각기 다른 차원과 시간 속에서 역동적으로 교류하며 변모한다는 세계관을 시각적으로 보여줍니다. 이처럼 전실에서 주실로 이어지는 건축적 과정, 애니메이션 속 경계 공간의 상징은 모두 성과 속이 분리되어 있으면서도 서로 만나고 소통하는, 그리고 그 사이에서 존재와 경험이 변화하는 '경계의 의미'를 강조합니다.

2) 종교의 뜻

종교란, 앞서 언급한 ①성과 속의 세계는 구분되지만 존재한다, ②두 세계를 잇는 매개체가 있다, ③두 세계가 서로 교통 communication 하고 영향을 주고받는다라는 세 전제 위에 전개되는 상징 체계라고 할 수 있습니다. 우리는 속의 세계인 일상을 살아가면서도 때로는 비일상적인 세계나 존재와 마주하는 성현聖顯을 경험하게 됩니다. 이러한 만남을 통해 우리는 '나는 누구이고 세계는 무엇인가', '존재하는 것은 어디에 있는가', '존재는 어떤 의미인가'와 같은 실존적 질문에 대한 대답의 실마리를 얻습니다.

과학과 합리성이 발달했다고 해도 실제 삶에서는 이런 실존적인 물음은 별로 '이성적이지 않은' 방식으로 답을 찾고

자 할 정도로 그침이 없는 강력한 물음이지요. 가령 많은 사람들이 MBTI, 혈액형, 별자리 등과 같이 세속적인 유형론에 의지하기도 하고, 한 걸음 더 나아가 사주나 손금과 같은 전통적 방법을 찾는 경우도 있습니다. 인간이라면 누구나 자신의 운명, 존재 의미를 알고자 하는 욕구가 있기 때문입니다.

종교는, 예를 들어 기독교 같은 경우에는 성스러운 (신과의) 만남을 통해 "우리는 신의 창조로 존재하는 피조물이다", "신이 우리를 사랑한다"와 같은 핵심 신념을 받아들이게 됩니다. 이러한 믿음은 제의와 윤리의 근간이 됩니다. "우리는 신의 창조물이다"라는 신념이 예배 형식에 녹아 들어가 나타날 수 있고, "신이 우리를 사랑한다"는 신념이 윤리적 실천으로 이어질 수 있습니다.

이렇듯 종교는 비일상적 세계와의 만남을 통해 인간에게 새로운 정체성과 존재 가치를 확인시켜 주며, 이에 기반하여 의식과 규범이 형성된다고 볼 수 있습니다. 이러한 질서나 윤리의 실천을 가능하게 해주는 중심 기제가 바로 문자적 기호 체계인 경전입니다. 경전을 토대로 한 이야기, 곧 신화, 제의, 윤리가 유기적으로 작동하며, 사람들은 소속감을 갖는 하나의 공동체로 결속됩니다.

이 공동체는 각 시대와 사회의 역사적 맥락 속에서 외부 세계와 교류하며, 고유한 사회적 기능을 수행하지요. 종교 공동체는 핵심 텍스트인 경전과 전통에 대한 해석과 재해석을 끊임없이 반복하며, 변화하는 사회와 역사적 환경에 적응하거나 그것을 변경해 온 것입니다.

종교에 관한 이제까지의 설명을 정리하면 다음과 같습니다.

> 종교는 존재의 정체와 자리에 대한 질서를 부여하고, 그로부터 비롯되는 제의와 윤리를 형성하고, 질서와 윤리 실행의 내적 동기와 정서와 의지를 만들어 내는 문화적 기호 체계로, 그 기호 체계에 속한 구성원들을 공동체로 만들어 세계 속에서 상호 교류하며 특정한 기능을 수행하도록 한다.[19]

• ── 종교 문맹, 종교 문해력, 종교 이해 접근법

1) 종교 문맹과 종교 문해력

세계와 개인에게 영향력을 갖는 종교를 제대로 이해하지 못하는 것을 두고 다이앤 무어 Diane L. Moore는 '종교 문맹'이라고 지칭합니다.[20] 무어가 말하는 종교 문맹이란, 세계 종교 전통들의 기본 신념 체계, 다양한 사회적·역사적 맥락에서 융합되고 전개되어 온 종교 전통 내부의 폭넓은 표현과 믿음의 다양성, 동시대와 역사 속에서 인간 사회·문화·정치적 삶에 종교가 담당해 온 중요하면서도 복합적인 역할을 충분히 이해하지 못하는 상태를 가리키지요.

반면 종교를 이해하는 능력을 두고 '종교 문해력'religious literacy이라고 합니다.²¹ 이는 종교와 사회·정치·문화적 삶이 서로 어떻게 근본적으로 교차하는가를 다양한 관점에서 식별하고 분석할 수 있는 능력입니다.

종교 문해력을 갖춘 사람은 여러 주요 종교 전통의 역사, 핵심 경전, 신념, 실천, 그리고 당대의 다양한 표현 양식을 사회·역사·문화적 맥락 안에서 이해할 수 있고, 사회·문화·정치 영역에서 종교적 차원을 파악하고 탐구할 수 있는 능력을 지닙니다. 무어는 종교가 인간 경험의 모든 차원과 얽혀 있음을 이해하고, 종교 현상을 맥락 안에서 다층적으로 해석할 수 있는 비판적 인식을 종교 문해력이라고 설명합니다. 의례나 경전의 내용을 배우는 것을 넘어서, 종교가 어떻게 사회와 인간의 가치, 실천, 제도, 갈등에 영향을 끼치는지 분석하는 능력이 진정한 종교 문해력이라는 것이지요.

2) 종교 이해 접근법

종교 문해력을 갖추기 위해서 종교를 이해하는 방법 역시 적절해야 하겠지요. 여기에 관해서는 알리 아사니Ali S. Asani의 정리가 도움이 됩니다.²² 그는 종교 문해력을 "여러 종교(특히 이슬람)와 그 사회가 단일한 교의나 일관된 실천, 고정 불변의 기호가 아니라, 끊임없이 변화하는 다양성, 다층적 해석, 문화·역사적 맥락에 따른 변형을 포괄적으로 이해하고 해석할 수 있는 능력"이라고 정의합니다. 그러면서 종교 연구를 세 가지 접근법으로 구분합니다.

첫 번째는 신학적 접근법입니다. 이 방법은 특정 종교 공동체 내부의 신념 체계와 종교 지도자의 가르침을 바탕으로 종교를 배우는 방식입니다. 예를 들어, "저명한 목사님이 이렇게 말씀하셨으니, 기독교란 이런 것이다"라고 생각하거나, 교회 학교 또는 마드라사madrasa, 이슬람 신학교에서 이루어지는 신앙 교육이 이에 해당합니다.

이 방식의 장점은 해당 신앙 공동체의 생생한 이야기와 상황을 직접 경험할 수 있다는 점입니다. 하지만 특정 교파나 공동체, 혹은 한 개인의 해석을 종교 전체의 보편적이고 대표적인 견해로 일반화하는 오류가 발생하기 쉽다는 한계도 있습니다. 이와 같은 접근법에 의존해 종교를 이해하게 될 경우, 자신에게 전달된 내용을 무비판적으로 수용하면서, 다른 해석이나 입장은 '이단' 또는 '틀린 것'으로 규정하고 쉽게 비난하는 사례가 나타날 수 있습니다. 기독교의 사례를 들어보겠습니다.

퀸투스 셉티미우스 플로렌스 테르툴리아누스Quintus Septimius Florens Tertullianus, 약 155년-240년를 통해 기독교를 접한 사람이 있다고 가정해 보겠습니다. 그는 라틴 신학의 기본 틀을 마련했고, 삼위일체론과 기독론의 정립에도 기여했습니다. 실제로 그의 논박을 통해 많은 입장이 이단으로 규정되기도 했습니다. 그러나 테르툴리아누스는 말년에 엄격한 금욕주의와 성령의 지속적 계시를 강조하는 몬타누스주의Montanism에 영향을 받았습니다. 이 사상은 당시 보편 교회에서는 이단적이라 여겨졌습니다. 결국 테르툴리아누스 개인을 기독교 표준으로 삼고, 그가 기독교를 대표한다고 여기면, 그의 말년의 이단적 견해까지 받아들이게 되겠지요.

이런 예를 여기서 더 길게 언급하지는 않겠습니다. 기억해야 할 점은 기독교 전체를 아우르는 지식을 가지기란 어렵다는 사실을 인정해야 한다는 것입니다. 어느 한 교파나 집단, 혹은 신학적 관점만을 기독교 전체라고 단정해서는 안 됩니다. 자신의 교파, 교단 또는 특정 교회의 해석만이 유일한 진리이고, 나머지는 그에 미치지 못한다는 배타적 주장은 받아들이기 어렵습니다. 2천 년 기독교의 역사는 다양한 형태의 기독교가 존재했음을 보여주는 여러 사례로 가득 차 있습니다.[23]

아사니가 제시하는 종교 연구의 두 번째 접근법은 텍스트 중심 접근법입니다. 이 방식은 특정 종교의 경전을 직접 분석하여 그 종교를 파악하고자 합니다. 경전은 각 종교의 핵심 내러티브, 윤리적 규범, 그리고 의례의 기반을 담고 있으므로, 이를 탐구하는 일은 확실히 중요합니다. 특히 개신교의 경우

'오직 성서'Sola Scriptura라는 원칙이 있듯, 성서 텍스트를 신앙의 최종적 권위로 강조하는 오랜 전통이 있습니다.

저 역시 한때 신약학자로서 성서의 의미와 중요성을 강조한 경험이 있습니다. 더불어 기독교 신학자이자 교양학자로서 타종교의 경전에도 접근하려고 노력해 왔습니다. 예를 들어, 불교의 『반야심경』을 암송해 보기도 했고, 그것과 관련한 주해나 교양서를 읽었습니다. 『금강경』이나 초기 경전인 『아함경』 등 원시 불교와 대승 불교의 핵심 문헌들도 읽은 적이 있습니다. 유교의 사서로 알려진 『논어』, 『맹자』, 『대학』, 『중용』도 해설서와 원문을 대조하며 독해하려 애썼습니다. 하지만 이러한 문헌 연구를 통해 제가 불교나 유교와 같이 거대한 종교 전통을 '안다'고 말하긴 어렵습니다. 제가 이해하려고 한 것은 그 종교의 경전일 뿐입니다. 그것도 제대로 이해했다고 말하기는 어렵겠지만요.

몇 년 전, 한국 사회에서 이슬람 난민 수용에 관한 논쟁이 격화되었을 때, 부끄럽지만 그제서야 저는 『꾸란』Qur'an을 직접 읽어 보았습니다. 학자로서 세계에서 두 번째로 많은 신도를 가진 종교인 이슬람에 대해 제대로 연구를 해본 적이 없었다는 사실을 반성하면서요. 개인적으로는 이슬람 신비주의인 수피즘 전통의 루미Rumi가 남긴 시를 좋아하기는 했지만 말입니다.

당시 저는 이슬람 경전을 직접 읽기로 결정하고 『꾸란』

1장 'Sūrat al-Fātiḥah'(개경장)을 펼쳤습니다. 물론 원문 아랍어로 읽는 것이 가장 정확하겠지만, 아랍어를 새로 익히기에는 현실적으로 어려워 번역본에 의지할 수밖에 없었습니다. 꾸란 1장은 올바른 신앙에 관한 기도로 시작하며, 마지막 구절에서는 "당신의 노여움을 산 자들"al-maghḍūbi 'alayhim과 "방황하는 자들"al-ḍāllīn이라는 특정 집단을 언급하면서 끝납니다. 이 비판 대상이 누구인지에 대해서는 다양한 해석이 존재합니다. 단순히 하나님의 뜻에 불복종하는 자들 혹은 진리에서 벗어난 자들을 통칭하는 해석도 있습니다. 하지만 전통적 이슬람 주해Tafsir는 이 비판의 대상이 각각 유대인과 기독교인을 가리킨다고 해석합니다. 특히 이슬람 신학이 기독교의 삼위일체 교리를 유일신 사상과 배치되는 다신론적 성향으로 비판해 왔다는 점을 생각하면, 이 구절이 단순한 일반적 지칭을 넘어 그 시대 유대교와 기독교를 명확히 겨냥하고 있다는 주장은 설득력을 가집니다.

  기독교도의 입장에서 저 역시 이 구절에서 일정한 공격성을 느꼈습니다. 그렇다면 정말로 이슬람은 본질적으로 배타적이고, 유대인과 기독교인에게 적대적인 종교라고 결론지을 수 있을까요? 과연 이것이 올바른『꾸란』읽기일까요? 저는 이것이 바로 텍스트 중심 접근법의 한계를 보여준다고 생각합니다. 이러한 독해 방식은 "구약성서의 야웨YHWH 하나님도 가나안 정복 전쟁에서 적들의 전멸을 명령하지 않았나요?

그렇다면 유대교 혹은 기독교의 신 역시 잔혹한 건 마찬가지입니다"라는 종교 비판과 유사한 비판 방식이지요. 다시 말해 경전의 특정 구절을 문자적으로, 그리고 맥락 없이 인용해 종교 전체의 본질을 규정하려는 시도는 필연적으로 오해를 초래할 수 있습니다.

꾸란 1장의 구절을 역사비평적 시각에서 읽는다면, 이 텍스트가 새로운 종교인 이슬람이 등장하던 당시 이미 자리를 잡고 있던 유대교와 기독교를 향한 강한 신학적 논박의 결과임을 이해할 수 있습니다. 이는 신약성서 마태복음 23장에서 예수가 당시 유대교 종교 지도자였던 서기관, 바리새인들에게 '일곱 가지 화'를 선포하며 신랄히 비판한 장면의 해석과 유사합니다. 현대 성서학자들은 이 대목을 1세기 말 마태 공동체가 당시 유대교 테두리 안에서 바리새 공동체와 겪었던 긴장과 분리의 과정을 반영하는 텍스트로 봅니다. 마찬가지로, 꾸란 1장 역시 초기 이슬람 공동체가 유대교, 기독교, 나아가 페르시아의 조로아스터교 등 인근 종교 전통과 자기 정체성을 구분 짓는 과정에서 "우리는 유대인도, 기독교인도 아니며, 아브라함의 신앙을 이은 더 완전한 계시 공동체"라는 인식을 강조하는 텍스트로 볼 수 있습니다.

이렇게 맥락화해서 이해한다면, 이슬람이 안정적으로 자리를 잡은 후대에는 이 구절이 유대인과 기독교인을 현재적 비난의 대상으로 삼는다고 기계적으로 적용할 필요는 없습니다. 물론 근본주의적 경전 해석을 강조하는 이슬람 신자나 비판자들은 언제든 이러한 주장을 내세울 수 있겠지요.

텍스트를 그 고유한 역사적·문화적 맥락과 분리해서 읽는 탈맥락적 읽기를 통해 기독교 경전인 성서가 비판받는 사례는 대단히 많습니다. 언젠가 인터넷에서 누군가의 글을 읽었는데, 글쓴이는 성서를 미성년자 금지 도서로 지정해야 한다고 주장했습니다. 그는 창세기 38장에 기록된 유다와 그의 며느리 다말의 사건을 언급했습니다. 시아버지와 며느리 사이에서 자식이 태어나지만, 이 행위가 결국 텍스트 내에서 다말의 '의로움'으로 긍정되고 칭찬받는다고 주장하면서 기독교의 성윤리, 가정윤리는 그런 것이라고 말하더군요. 이 비판자가 성서 텍스트의 본뜻을 올바르게 이해했다고 말할 수 있을까요? 텍스트를 통해 종교를 연구하는 것은 그 종교의 핵심에 다가가는 중요한 경로임은 분명하지만, 문자주의적이고 맥락 없는 독해는 해당 종교의 가르침을 심각하게 왜곡하거나 기존 편견을 공고히 하는 부작용도 초래할 수 있습니다.

이렇게 '텍스트'와 '살아 있는 종교' 사이의 간극은 중요한 문제입니다. 아사니 교수는 텍스트 중심 접근법이 종교를 고정되고 제한적인 것으로 축소하며, 그 텍스트가 어떻게 다양한 사회·문화·정치적 맥락에서 해석되고 실천되는지를 포착하지 못한다고 비판합니다.

알리 아사니가 소개하는 세 번째 접근법, 그리고 그가 권하는 방식은 바로 맥락적 접근법the contextual approach 또는 문화 연구 접근법the cultural studies approach입니다. 이 접근법은 종교의 표현과 해석을, 그것들과 복잡하게 얽혀 있는 다양한 비신학적 요인들과 연결해 이해하는 것이지요. 제가 『꾸란』 1장을 예로 들며 질문했던 "왜 이 텍스트가 특정 맥락에서 유대인과 기독교인을 비판하는가?"라는 접근처럼, 텍스트가 최초로 구성되던 시점에 초기 이슬람 공동체가 기존의 종교 전통과의 관계 속에서 자신들의 독자성과 우월성을 강조하기 위해 이런 내용을 담게 되었음을, 그 특수한 사회-역사적 맥락에서 파악하는 것입니다. 이와 같은 맥락적 독해contextual reading를 통해 한 종교가 특정 시점에서 '무엇을 말했는지', 그리고 그 내용이 시공간을 초월해 '본질적으로 무엇을 말하고 있는지' 혹은 '말하지 않는지'를 비판적으로 구분할 수 있어야 합니다. 맥락적 경전 독서만이 아니라 종교 자체에 대한 맥락적 이해가 있을 때에야 종교 문해력이 있다고 할 수 있고, 그때 종교의 이름으로 이루어지는 불필요한 폭력이나 상호 오해를 줄이는 길이 열린다고 생각합니다.

　　종교와 폭력 논의가 자연스레 이어졌으니, 우리에게 잘 알려지지 않은 예시를 하나 들어 설명해 보겠습니다. 혹시 태국에서 종교 갈등이 있다는 이야기를 들어보신 적 있습니까? 사실 태국의 종교 갈등은 우리와 비교할 수 없을 만큼 심각한 수준입니다. 2019년 기준으로, 15년간 이어진 민족-종교 갈등으로 약 7천 명이 사망했습니다.[24] 태국은 전통적으로 불교가 매우 강세인 국가입니다. 인구의 약 95%가 불교도입니다. 그러나 남부의 나라티왓Narathiwat, 얄라Yala, 파타니Pattani 지역은 역사상 말레이계 무슬림의 파타니 술탄국Pattani Sultanate에 속해 있었습니다. 1909년, 영국과 태국(당시 시암) 사이에 맺어진 영-시암 조약Anglo-Siam Treaty으로 이 지역은 영국의 묵인 하에 태국에 강제 합병됩니다. 이 지역의 주민들은 말레이계 무슬림이고, 태국이 불교 중심의 민족주의적 문화와 정치 체제를 확립해 나가면서 자연스레 동화되기가 어려웠습니다. 그렇게 불교도가 다수인 태국에서 이슬람 신자가 대부분인 남부 3개 주에서는 종교와 민족 정체성의 갈등, 심각한 경제적 소외, 그리고 문화적 정체성 훼손 문제가 복합적으로 폭발했습니다. 태국 정부의 동화 정책, 예를 들어, 이슬람 학교의 세속화, 공공장소에서 말레이어 사용 제한 등은 '문화 말살'로 인식되면서 무장 반정부 운동의 촉발 원인이 되었습니다.

　태국 남부의 분쟁을 이해하고 해결하려고 할 때 특정 불교 교리나 이슬람 교리에만 집중하는 신앙 접근법, 혹은 경전의 특정 구절에만 의존하는 문서 접근법을 택한다면 오히려 사태의 본질을 왜곡하게 될 것이 분명합니다. 갈등을 해결하기보다는 갈등에 기름을 붓는 일이 일어날지도 모르지요. 이것이 종교 자체만의 갈등이 아니기 때문입니다. 흔히 '종교 전쟁'이라는 말들을 많이 하지만 순수하게 종교 교리만을 둘러싼 전쟁 수준의 폭력은 역사적으로 많지 않습니다. 태국 사례는 종교가 민족 정체성, 경제적 불만과 결합하여 기존의 갈등을 정당화하고 촉진시키는 핵심 기제로 작용한 것이지요. 따라서 해당 지역 종교들의 표현과 해석을 해설할 때는, 정치·경제·민족 정체성·역사적 상흔 등 비종교적 요인들과 충분히 연결하여 그 다층적이고 다면적인 구조와 역사적 배경을 함께 고려하는 맥락적 접근법이 꼭 필요합니다.[25]

● ─ 기독교와 기독교 문해력

1) 기독교

이제 드디어 기독교를 말할 수 있겠습니다. 저는 기독교를 교양으로 소개하고자 할 때 늘 먼저 '기독'基督이라는 용어부터 설명합니다.[26] '기독교'基督敎라는 단어는 한자어로 만들어졌습니다. '기'基는 '터'를, '독'督은 '살펴보다' 혹은 '감독하다'를, '교'敎는 '가르침'을 뜻합니다. 글자들을 그대로 조합해 보면 '터를 살펴보는 가르침' 정도가 되지만, 이 자체는 우리가 알고 있는 기독교의 신학적 의미와 직접적인 관련이 없습니다.

'기독'이라는 말은 본래 의미가 아니라, 헬라어 '크리스토스'Χριστός와 이에 해당하는 서구 언어, 특히 포르투갈어와 스페인어의 'Cristo'를 한자로 음역한 것입니다. 우리나라에서는 이를 '그리스도'라 표기하고 있지요. 헬라어 '크리스토스'는 우리가 흔히 '메시아'로 부르는 히브리어 '마쉬아흐'מָשִׁיחַ의 그리스어 번역어입니다. '마쉬아흐'는 본래 '신이 부여한 특별한 일을 수행하기 위해 기름 부음을 받은 사람'을 의미합니다. 따라서 기독교란, 나사렛 예수를 '마쉬아흐', 곧 신이 특별한 일을 하도록 기름 부으신 분으로 고백하는 종교라고 할 수 있습니다.

16세기 말 예수회Jesuit 선교사들이 중국에 들어가며 'Cristo'를 한자로 음역하는 다양한 표기를 사용했습니다. 대표적으로 '킬리스두'契利斯督, Qìlìsīdū와 '질리스두'基利斯督, Jīlìsīdū가 있습니다. '킬리스두'契利斯督를 도입한 분은 미켈레 루지에리Michele Ruggieri 선교사인데, 1584년에 편찬한 『신편 서축국 천주실록』新編西竺國天主實錄에 이 표기가 나옵니다. '질리스두'는 1636년 예수회 선교사 엠마누엘 디아즈Emmanuel Diaz, Jr가 저술한 『천주강생성경직해』天主降生聖經直解에 등장합니다.

그렇게 '질리스두'가 주류가 되었지만, 복잡하고 획이 많은 네 글자를 계속 쓰기는 번거로웠습니다. 그래서 '질스두[도]'基斯督의 축약형으로 줄고, 1707년 파리 외방전교회Missions étrangères de Paris, MEP 소속 장 바쎄Jean Basset 선교사가 번역한 중국어 성경 사본에서 두 글자 축약형 '기두[도]'基督, Jīdū가 본격적으로 사용되었고, 이후 가장 널리 정착되었습니다.

이러한 한자 음역과 축약형은 모두 일본에 전해졌습니다. '질리스두'는 일본어로 '키리시토쿠'キリシトク로 발음되었고, 축약형 '기두'基督는 '키리스토'キリスト로 표준화되었습니다. 중국어Jīdū와 일본어Kirisuto 모두 첫 음을 K 혹은 J(G) 계열로 발음하기에 이와 같이 된 것입니다.

한편 우리나라에서 언더우드 선교사는 '크리스토스'라고 음역하기도 했지만 '그리스도'라는 표기가 통용되었는데, 이는 한자음 음역이 아니라 서구 용어 'Christo/Christos'의 발음을 따서 음역한 것이었습니다. '기독'基督이 '그리스도'Christ의 음역이니, '기독교'基督教는 결국 '그리스도교'와 같은 의미를 가집니다. 본래 뜻대로라면, '기독교'라는 말은 예수를 그리스도로 믿는 모든 교파인 로마 가톨릭, 프로테스탄트(개신교), 그리고 동방정교회를 포괄하는 용어입니다. 최근 우리 사회에서는 '기독교'라는 말을 '개신교'를 가리키는 것으로 사용하지만, 이 말의 연원을 따지고 보면 이는 본래 의미에서 벗어난 왜곡된 사용이라 할 수 있습니다.

2) 종교로서 기독교

앞서 "기독교란, 나사렛 예수를 '마쉬아흐', 곧 신이 특별한 일을 하도록 기름 부으신 분으로 고백하는 종교"라고 정의했습니다. 그 관점에서 보면, 기독교 역시 신념 체계, 의례, 공동체, 윤리 등 종교를 구성하는 보편적 요소를 분명하게 갖추고 있습니다. 그런데 일부 사람들은 "기독교는 종교가 아니다"라고 주장합니다.

미국의 목사인 에드 영 주니어Ed Young Jr.는 다음과 같이 주장합니다.

"그리스도를 따르는 것은 종교가 아니라 관계다. 신은 신자들이 '종교적인' 것을 원하지 않는다. 예수는 (당대의 종교 지도자들과 맞섰던) 가장 반反종교적인 인물이며, '종교'란 본질적으로 신을 달래기 위해 인간이 고안해 낸 '해야 할 일'과 '하지 말아야 할 일'의 목록에 불과하다.

힌두교나 불교는 인간 내면의 깨달음을 통해 소수에게만 전달되는 방식인 반면, 아브라함 계통의 종교는 자연과 신뢰할 만한 책(성서)을 통해 외부로부터 신이 자신을 계시한다. 다른 종교가 결코 도달할 수 없는 구원을 위해 선행을 수행해야 하는 '행위의 시스템'인 반면, 기독교는 전적으로 외부의 구원자에게 의존한다. 따라서 기독교는 (이러한) 종교가 아니다."[27]

영 주니어는 이처럼 자신이 개인적으로 재규정한 '종교'라는 개념에 근거하여 "기독교는 종교가 아니다"라는 논증을 펼칩니다. 그러나 이러한 주장은 종교학이나 사회학의 종교

정의에 기반한 학술적 분석이라기보다는 미국 복음주의를 비롯한 개신교 내 특정 전통이 강조해 온 신앙적 수사修辭에 가깝습니다.

"기독교는 종교가 아니다"라는 주장이나 구호의 기원은 최소한 종교개혁 시기까지 거슬러 올라갈 수 있습니다. 이는 명확히 기독교 내부의 신학적 담론에 해당합니다. 종교개혁 시기 그 구호의 맥락에서 '종교'란 하나님의 은혜가 아니라 인간의 공로나 행위에 기초한 로마 가톨릭의 신심 또는 그 당시 기성 종교의 무능력·부패·형식주의를 지칭하는 부정적 용어였습니다.

20세기 그리스도와의 관계를 강조하며 세속사世俗史의 한복판에서 하나님의 뜻을 실천해야 한다고 주장하고, 종교를 비판한 신학자로는 디트리히 본회퍼Dietrich Bonhoeffer가 있습니다. 본회퍼가 비판한 종교는 불교나 유교 같은 타종교라기보다는 현실 책임에서 도피한 경직되고 형식적인 제도권 기독교institutional Christianity였습니다. 그는 성숙한 인간은 더 이상 '종교'라는 형이상학적 틀을 필요로 하지 않는다면서 '비종교적 기독교'를 내세운 바 있지요.

쇠렌 키르케고르Søren Kierkegaard 역시 비슷한 논법을 전개했습니다. 그는 기독교 문화가 주도적인 덴마크 사회의 기독교 세계Christendom 안에서 집단적 종교나 객관적 지식으로서의 교리를 비판하고, 주체적 개인의 신앙을 강조했습니다. 덴마크 국교회의 안일함을 날카롭게 비판하고, 신약성서의 급진적인 제자도를 강조했지요. 그 역시 종교 비판을 통해 기독교 내부 개혁을 촉구한 구호를 펼친 것입니다.

신학자 칼 바르트Karl Barth 역시 신을 향한 인간의 모든 노력과 체계인 종교를 비판하며 하나님의 계시와 은혜를 강조했습니다. 문화 속에 안일하게 자리잡은 '문화 기독교'Cultural Christianity 혹은 '기독교 세계'Christendom의 경직성을 타파하고, 신앙의 중심을 하나님의 계시로 되돌리려 한 급진적 개혁 담론이었습니다. 그의 맥락에서 종교는 불신앙의 최고 형태가 되고, 계시는 이러한 인간의 종교를 폐기한다고 주장합니다.

결국 기독교가 이미 주류 종교이자 지배 문화가 된 '기독교 세계'라는 특수한 맥락에서 내부 경직성과 형식주의 등의 타파를 위한 신학적·개혁적 구호로 등장한 명제의 맥락을 제거한 채 누군가 기독교는 종교가 아니라고 주장한다면 그것은 왜곡에 다름 아닙니다. 기독교 전통에서 '종교' 비판은 사실 동시대 '기독교' 비판이었던 것이었죠.

기독교는 당연히 종교입니다. 기독교는 삼위일체 하나님과 그분이 거하시는 '하늘'이라는 상징 세계가 일상 세계와는 구별되어 있고, 이 둘 사이를 매개하는 그리스도와 성령이 있으며, 하늘과 땅이 서로 교류한다고 전제합니다. 기독교는 우주가 무엇인지, 지금 어디에 있고 어디로 향하는지를 말하려 합니다. 그리고 그것을 파악한 인간은 그에 걸맞은 제의를 지내고 윤리를 실천합니다. 이를 통해 내적 동기와 정서와 의지가 형성되고 그것을 표현하지요. 또 교회라는 공동체로 모여서 특정한 기능을 수행하지요. 기독교는 종교입니다.

기독교를 타종교와 구별하는 구분점은 무엇일까요? 저는 기독교를 '예수를 그리스도로 믿고 고백하는 사람들의 종교'로 정의하고자 합니다. 그리고 기독교인은 '예수가 자신의 삶에서 중요한 존재임을 인정하고, 스스로 기독교인이라고 자기 정체성을 고백하는 사람'이라고 말할 수 있습니다. 물론 이러한 정의에 대해서 여러 이의가 있을 수 있습니다. 예를 들어, 특정 신조나 교리를 받아들여야만 기독교인이 된다는 신학적·규범적 주장이 있을 수 있습니다. 그렇지만 이런 기준은 어디까지나 특정 교파나 교단 내부의 기준일 뿐이며, 학문적·사회학적 범주로서 '기독교인'을 규정하는 유일한 척도는 아닙니다. 결국 예수를 통해 신적 존재와 진실한 만남을 경험했다고 고백하고, 스스로를 '기독교인'으로 정체화하는 사람을 (종교 현상을 기술하는 학문적 입장에서는) 기독교인의 범주에서 제외할 이유는 없다고 할 수 있습니다.[28]

3) 기독교 문해력과 기독교 교양 교육

저는 방금 '기독교는 종교가 아니다'라는 구호를 기독교 신학사에서 살피고 또 역사, 문화, 사회적 정황 속에서 그 문구의 본래 뜻과 기능을 드러냈습니다. 이러한 능력을 '기독교 문해력'이라고 할 수 있습니다.

기독교 문해력은 기독교를 이해할 때에는 공시적이고 통시적인 두 차원을 모두 아울러 파악하는 능력입니다. '통시적 차원'이란, 기독교가 역사 속에서 정치·경제·사회·문화 그리고 다른 종교와 끊임없이 상호작용하면서 자신의 신학과 제도를 형성해 온 과정을 입체적으로 파악하는 것을 뜻합니다. 이와 같은 역사적·사회적 맥락을 무시하고 기독교를 논하면서 본질주의적으로 단정짓는다면, 피상적이고 지적으로 빈약한 결론에 이를 수밖에 없습니다. 예를 들어, "초대 교회로 돌아가자"라는 구호도 기독교 문해력의 차원에서 점검해 볼 수 있습니다.

왜 초대 교회로 돌아가야 할까요? 실제 역사를 보면, 초대 교회가 탁월한 신앙적 역동성과 힘을 발휘했다고 주장할 수도 있지만, 동시에 심각한 신학적 갈등과 공동체 분열도 경험했습니다. 신약성서의 증언만으로 보더라도, 사도 베드로와 사도 바울 사이에 격렬한 논쟁이 있었고, 예루살렘의 야고보 그룹과 바울의 이방인 선교 그룹 사이에도 깊은 신학적·정치적 긴장과 갈등이 있었습니다. 결국 기독교에 대한 통시적 이해, 곧 역사적 관점에서 과거의 실제를 비판적으로 조망할 수 없다면, 우리는 이상화된 과거에 집착하여 엉뚱한 결론과 이야기에 도달할 수도 있다는 점을 간과해서는 안 됩니다.

기독교 문해력의 공시적 차원이란, 현대 사회의 다양한 영역에서 기독교가 여러 주체들과 맺는 다층적 관계 속에서 기독교를 비판적으로 이해하는 능력을 말합니다. 이것도 통시적 차원의 경우처럼 예를 들어 보겠습니다.

기독교와 정치의 상관관계는 우리가 흔히 생각하는 것처럼 단순하지 않습니다. 많은 사람들이 '정교분리'를 기독교의 필수적인 가르침이라고 여기지만, 이는 마르틴 루터Martin Luther의 '두 왕국론'Two Kingdoms doctrine을 따르는 특정 신학적 입장에 가깝습니다. 반면, 동시대의 개혁가인 장 칼뱅John Calvin은 제네바에서 실제로 신정정치 혹은 교회의 도덕적 권위가 시민 사회 전체를 규율하는 '종교적 공동체'를 실현하려 했습니다.

정교분리의 의미 역시 다양한 해석이 가능합니다. 미국에서 정교분리를 건국의 핵심 원칙으로 삼고 있지만, 그 본질은 '정치와 종교가 완전히 분리된다'는 뜻이 아니라 '정부가 특정 종교(교파)에만 정책적 이익을 주지 않는다'는 설립 금지non-establishment의 원칙에 더 가깝습니다. 종교를 공적 영역에서 완전히 배제한다는 말이 아닌 것이지요. 만일 그것을 의미한다면 미국 대통령이 성서에 손을 얹고 취임 선서를 하는 모습을 볼 수 없겠지요. 역사 속에서 종교와 정치는 서로를 필요로 하고, 이용하기도 하고, 배척하기도 하는 역동적 관계를 맺지요. 정치만이겠습니까. 종교는 경제·문화·사회 등의 여러 영역에서 복잡하고 역동적인 관계를 형성합니다. 구체적 사례는 위낙 많아 모두 말하기 어려운 정도입니다.

이 책은 기독교 교양학의 전망에서 기독교를 풀이하려는 목적을 갖고 있습니다. 따라서 이 책은 어느 한 종파의 신자를 양성하려는 종파적 목적을 가지고 있는 것도 아니고, 종교 현상으로서 기독교를 분석하는 종교학 연구에 머물려고 하는 것도 아닙니다. 특정 신앙 공동체 안에서 품성을 기르려는 종교성을 기르고자 하는 것도 이 책의 목적이 아닙니다. '시작하면서'에서 이미 소개했듯이 저는 교양이 지닌 목적과 형식, 그리고 내용을 바탕으로 기독교와 기독교 신앙을 학문적으로 재평가하고, 상호 보완하며 융합하려 합니다. 기독교와 기독교 신학 자체를 학문의 대상로 삼고, 교양학의 목적, 내용, 방법에 따라 비판적으로 재구성해 보는 것입니다. 이 과정을 통해 기독교와 교양은 서로를 비판하고 구성하면서 서로 성숙한 단계로 나아가도록 돕습니다. 저는 칸트의 말을 빌려 이렇게 말하고 싶습니다. "교양 없는 기독교는 재앙이나 다름없고, 기독교가 빠진 교양은 인류가 오랜 세월 쌓아 온 중요한 문화적·종교적 유산을 잃는 것이라 지적으로 빈곤해질 수밖에 없다."

기독교 교양학은 특정 신앙인을 양성하려는 목적은 아니지만, 이미 신앙을 가진 이들에게는 자기 신앙을 다른 차원에서 객관적으로 성찰하는 계기를 제공하고, 신앙 성숙에 큰 도움을 줄 수 있다고 믿습니다. 다른 한편 비기독교인에게는 신학적 접근이나 문서적 접근에 의해 가려졌던 기독교를 이해하는 기독교 문해력을 키우고, 이를 통해 보다 풍성한 사유와 삶으로 나아갈 수 있습니다. 다시 말해 교양인의 목적에 도달하는 과정에 기독교를 벗삼을 수 있는 것이지요. 이제, 기독교라는 종교를 알아가 보도록 하겠습니다. '예수'부터 시작하시지요.

2장

예수 – 기독교의 중심

기독교와 같이 오래되고 상당한 규모의 신념 체계와 구성원의 조직을 알아 가는 것은 결코 쉽지 않습니다. 더군다나 기독교에 관해서 사람들은 어느 정도 선先이해가 있기 때문에 그 선이해를 벗어난 기독교의 모습을 보기가 어렵습니다. 이럴 경우 저는 종종 외계인들이 지구에 탐사를 와서 보고서를 작성한다고 상상해 봅니다. 그의 눈에 기독교는 어떻게 보일까요?

• ― **외계인의 기독교 탐사**

외계인들은 무사히 지구에 도착했습니다. 자, 그들이 가장 먼저 할 것은 무엇일까요? 지구만이 가진 독특한 자연 현상이나 지질학적 구조도 있겠지만, 그들의 가장 큰 관심사는 무엇보다 자신들과 '소통'이 가능한 지적 생명체를 찾는 것이겠지요. 그 방법이 정보를 얻기에 빠를 테니까요. 다행히 지구에는 소통이 가능한 존재인 '인간'이 있지요. 외계인은 지구의 지형과 생태계를 파악하는 과정에서, 인간이 지구상에서 가장 지적으로 발전한 종임을 파악합니다. 이들을 관찰하다 보니, 인간 중 약 33%가 '기독교'라는 특정 종교를 신봉한다는 데이터를 확보합니다. 이 외계인은 인간이라는 종을 심층적으로 이해하기 위해 그들의 정신세계, 특히 가장 큰 비중을 차지하는 기독교에 대해 탐구하기로 합니다.

외계인은 곧 인간으로 변장하고 실시간 번역기를 장착한 뒤, 전 세계를 탐사하며 사람들에게 기독교에 대해 묻기 시작합니다. "기독교를 가장 잘 알려면 어디로 가야 하나요?" 그러자 사람들은 "저곳이 기독교의 '신전'입니다"라고 답하면서 바티칸 시국의 성 베드로 대성당을 가리킵니다.

　외계인은 큰 건축물, 곧 웅장한 기둥과 압도적인 돔, 끝없이 이어지는 회랑 속으로 발걸음을 옮깁니다. 그는 내부의 장엄한 화려함과 그 공간에 깃든 경건을 느낍니다. 나아가 그는 기독교가 인간 사회에서 차지하는 위엄과 그 역사적 깊이를 생각해 봅니다. 이 외계인은 기독교란 이처럼 거대하고 장엄하며 사람을 압도하는 경험을 통해 신을 만나는 종교라고 잠정적으로 규정합니다.

　잘 알려져 있듯이, 성 베드로 대성당은 장엄함, 아름다움과 동시에 역설적이게도 종교개혁의 원인을 제공하기도 했지요. 로마 가톨릭교회는 이 거대한 성당을 짓기 위한 자금을 마련하는 과정에서 '면벌부'Indulgentia를 판매했습니다.[1] 지금 보아도 압도적인 규모와 예술적 정교함, 웅장한 대리석 기둥과 돔은 보는 사람으로 하여금 미적 경탄을 자아내게 합니다.

　어쨌든 외계인은 이 성당을 바라보며 "지구인의 공학 기술이 지금처럼 발달하지 않았던 전前근대 시절에 이런 거대한 건축물을 세웠다는 것은, 실로 막대한 인적, 물적 자원이 투입되었겠구나!" 하고 감탄합니다. 그리고 성당의 거대한 크기와 화려한 내부 장식, 빛나는 제단과 성유물함, 그리고 금실로 수놓은 화려한 제의복을 입은 성직자들의 모습을 보며 "기독교

성 베드로 대성당 및 주요 성당 건축 비교 도판, 1870년경.

라는 종교는 거대하고 장엄하며, 찬란한 화려함, 곧 물리적 장식과 예술을 통해 신성을 표현하는 것을 중시하는 종교인가 보다"라고 짐작합니다.

한편, 또 다른 외계인은 한국으로 향합니다. "기독교를 알고 싶은데 어디로 가야 하나요?"라고 묻자 길을 가던 사람들이 한곳을 가리킵니다. 그곳은 상가 건물 한 켠에 자리 잡은 작은 교회입니다. 이 외계인은 기독교가 의도적으로 세속적 공간에서 검소함과 소박함을 미덕으로 지향하는 종교라고 생각했습니다. 교회 지도자 역시 바티칸의 위계적 권위를 시각화하는 '제의'祭衣를 입은 성직자들과 달리, 특별한 예복이 아닌 정갈한 일상복 차림입니다. 성 베드로 대성당과 거의 유일한 공통점은 십자가라는 상징뿐 그 외 모든 것이 같은 신앙을 가진 사람들이라고 보기 어려울 정도입니다.

성 베드로 대성당의 미사Missa가 고도로 정형화되고 장엄한 '예전'禮典인 반면, 상가 교회의 '예배'는 그 형식이 훨씬 자유롭고 역동적입니다. 찬양의 방식도 극명한 대조를 이룹니다. 성 베드로 대성당에서는 전문적으로 훈련된 성가대가 복잡한 다성음악을 구현하고 파이프 오르간의 웅장한 연주는 외계인의 청각에도 심미적 감동을 주기에 충분합니다. 반면 상가 교회에서는 신자들이 손뼉을 치며 격정적으로 노래하고, 기도 시간에는 몇몇이 번역기로도 해독 불가능한 소리, 나중에 물어보니 '방언'을 하거나 큰 소리로 부르짖는 통성 기도 현상도 관찰합니다.

로마의 외계인과 한국의 외계인은 각자 관찰한 현상을 토대로 보고서를 작성합니다. 하지만 그 보고서를 받은 상부는 기독교라는 단일 종교에 대한 극단적으로 상반된 기술에 어리둥절합니다. 그들은 '도대체 어떤 모습이 진짜 기독교인가'라는 근본적인 질문을 던지지 않을 수 없습니다.

이 혼란을 해결하기 위해, 외계인 상부는 대표적인 기독교 인물을 직접 만나기로 결정합니다. 미국 남부로 파견된 외계인은 사람들에게 "가장 대표적인 기독교 지도자가 누구입니까?"라고 묻자, 조엘 오스틴 Joel Osteen 이라는 인물을 소개합니다. 마침 그의 집회가 열리는 곳으로 간 외계인은 거대한 예배당을 가득 메운 수만 명의 군중과 대형 스크린을 통해 설교하는 한 남자를 봅니다. 그는 훤칠하고 부유해 보이며, 세련된 명품 정장을 입고 이렇게 강조합니다. "하나님은 부유하십니다. 그리고 하나님은 여러분도 부자가 되기를 원하십니다! 긍정적인 마음을 가져야 합니다!" 이에 외계인은 "기독교는 '부'를 신의 축복과 동일시하고, 사회적 성공을 추구하며, 이처럼 대규모의 미디어 이벤트를 통해 원하는 바를 전달하는 종교구나"라고 결론을 내리고 보고서를 작성합니다.

반면, 인도로 파견된 외계인은 대표적 기독교인으로 마더 테레사 Mother Teresa 를 추천받습니다. 그곳에 가니, 호스피스 병동에서 연고도 없이 죽어 가는 사람들, 어린아이들, 고아들을

조엘 오스틴 목사가 시무하는
미국 레이크우드 교회(Lakewood Church)의 주일 예배 전경.

인도 캘커타의 '마더 테레사 하우스'에서 가난하고 아픈 이들을 돌보는 수녀들.

돌보는 한 수녀가 있습니다. 먹는 것도, 입는 것도, 잠자는 환경도 모두 극단적으로 단출합니다. 이는 의도적인 청빈의 실천이지요. 외계인은 조엘 오스틴의 집회를 보고한 동료와는 완전히 상반된 보고서를 작성해서 상부에 보냅니다. "기독교는 세속적 부를 거부하고, 가난하고 버림받은 이들을 섬기는 자기 비움의 종교"라고 말입니다. 상부는 혼란만 더해졌을 뿐 기독교가 무엇인지 더 알기 어려워졌지요. 그래도 계속해서 정보를 수집합니다.

이번에는 기독교인이 꾸준히, 그리고 빠르게 늘고 있는 지역인 아프리카를 방문한 외계인의 상황을 보겠습니다. 그는 그곳에서 손에 무시무시한 마체테Machete 칼을 들고 어딘가로 향하는 한 청년을 만납니다. 외계인은 그 청년이 누구인지 물어봅니다. 그러자 그 청년은 중앙아프리카공화국CAR의 수도 방기Bangui에서 활동하는 '기독교 민병대'의 일원이라고 자신을 소개합니다. 그가 칼을 들고 있는 이유를 묻자, "원래 우리나라는 기독교 국가인데, 이슬람교도들이 끊임없이 기독교인들을 위협하고 테러까지 저질러 복수하러 가는 것"이라고 답합니다. 그러고는 이슬람교도가 운영하는 가게를 약탈하면서 "저들이 우리의 생명과 재산을 빼앗았으니, 이제는 그들도 당해 봐야 합니다!"라면서 격앙되어 외칩니다.

이 외계인은 "기독교는 자신들의 정체성을 위협하는 타종교에 대해 무력을 사용하며, '눈에는 눈, 이에는 이' 방식의

중앙아프리카공화국 방기에서 마체테를 들고 있는
'안티-발라카(Anti-Balaka)' 기독교 민병대원.

2017년 4월 9일 발생한 이집트 콥트 교회 테러 희생자들의 합동 장례식.

보복적 정의를 추구하는 전투적 집단"이라는, 또 다른 내용의 보고서를 전송합니다.

중앙아프리카공화국에서는 주로 '셀레카' 전前반군인 이슬람교도와 주로 '안티-발라카' 기독교 민병대 간의 폭력 사태로, 2013년 12월 한 달 동안 수도 방기에서만 1천여 명에 가까운 사상자가 발생했습니다. '전쟁 행위'로서의 집단 성폭행이 자행되고, 팔다리를 절단해 고의로 장애를 입히는 등 인간의 존엄성을 파괴하는 끔찍한 행위가 이어졌지요. 10만 명이 넘는 신규 난민이 발생했고 그중 절반은 어린이입니다. 또한 약 6천 명의 어린이가 이들 무장 단체에 '소년병'으로 연루된 것으로 추정되며, 수도 방기 공항 근처에는 약 10만 명의 국내 실향민이 임시 거처에서 노숙 생활을 하고 있습니다. 이를 지켜본 외계인은 "이곳의 기독교는 '눈에는 눈, 이에는 이'라는 원칙에 따라 자신들이 당한 폭력을 그대로 갚아 주려는 사람들이 믿는 종교"라고 결론 내린 보고서를 작성합니다.

이 외계인은 장소를 옮겨 아프리카 북단 이집트로 이동하여 기독교 공동체인 콥트Coptic 정교회에서 거행된 단체 장례식에 참석하게 됩니다. 사람들에게 "무슨 일이냐"라고 묻자, 예배 도중 이슬람 극단주의자의 폭탄 테러로 여러 사람이 부상을 입고 일부는 목숨을 잃었다는 설명을 듣습니다. 외계인은 앞서 중앙아프리카공화국에서 목격한 복수하는 기독교인을 떠올리며, '아마 이 장례가 끝나면 이들도 보복을 준비하지 않을까?'라는 생각을 마음속에 품게 됩니다. 하지만 콥트 기독교인들의 대응은 그의 예상과 완전히 달랐습니다. 그들은 장례식을 마친 뒤에도 공식적으로 화해와 평화의 메시지를 말했습니다. 외계인은 도대체 무슨 일인지 조금 더 알아보기로 했습니다.

    콥트 정교회는 용서를 단지 도덕의 차원이 아니라 신앙적 차원에서 이해했습니다. 그들은 용서가 수동적 체념이 아닌 능동적 힘이며, 초기 기독교 순교자 계보에 현재 희생당한 사람들이 소속하게 된 것이라 이해하며, 용서는 악에 대한 비폭력적 저항이며, 자신들의 신앙에 대한 공적 증언 행위로 평가했습니다.[2] 이것은 놀라운 결과를 가지고 옵니다. 이집트에서 반복적으로 벌어진 극단주의자들의 테러에 맞서, 일부 이슬람 신자들은 콥트 기독교인들이 크리스마스 등 주요 예배를 안전하게 드릴 수 있도록 자발적으로 경비를 섰습니다. 이 장면을 바라본 외계인은 '기독교란 본질적으로 평화를 지향하는 종교였군. 억울하고 고통스러운 박해의 상황에서도 그 감정을 적극적 화해의 메시지로 승화시킬 줄 아는 종교야'라고 생각하면서도 동시에 중앙아프리카공화국에서 목격한 '전투적 기독교'와 이집트에서 경험한 '순교적 기독교'의 극명한 차이 속에서 외계인의 머릿속은 혼란을 느끼게 됩니다.

    광속으로 우주를 여행할 만큼 고도로 지적인 이 외계인들이지만, 기독교에 관해 쏟아지는 이 상반된 보고서들 앞에서 심각한 혼란에 빠집니다. "기독교는 왜 이렇게 복잡한가? 폭력과 화해가, 부의 추구와 청빈의 실천이, 웅장한 건물 및 제도와 작고 소박한 모습이 동시에 공존하는 이 종교는 도대체 무엇인가?" 이처럼 극과 극의 현상들이 하나의 이름으로 뒤섞여 있는 기독교는 이들에게 하나의 통일된 실체로 파악되지 않겠지요.

이제 외계인들은 이렇게 다양한, 심지어 상호 모순적인 생각과 모습의 사람들을 '기독교'라는 단일한 종교로 묶어 주는 공통분모가 무엇인지 궁금해졌습니다. 그러다 마침내 한 가지 사실을 발견합니다. 바로 그들 모두 '예수'라는 한 인물에 관해 말한다는 점입니다. 칼을 들고 서 있던 중앙아프리카공화국의 청년도, 보복 대신 용서를 외치며 장례를 치르던 콥트 기독교인들도 모두 "우리는 '예수'의 가르침을 따르기 때문에 그렇게 행동합니다"라고 답하며, 자신들의 그 상반된 행동을 설명했지요. 그렇다면 외계인들은 "도대체 '예수'는 누구이며, 어떻게 그의 '가르침'이 이토록 정반대의 행동들을 동시에 승인할 수 있는가?"라는 질문 앞에 섭니다.

이제 외계인은 이 모든 현상의 중심에 있는 예수에 관해 알아보려 합니다. 그러나 이 예수 탐구 역시 앞서의 혼란과 유사한 상황에 직면하게 됩니다. 예수라는 단일한 인물에 대해 사람들이 부여하는 의미와 해석 곧 '예수상'이 너무나 달랐기 때문이었습니다. 어떤 이는 예수를 우주의 운명을 두고 악마와 싸우는 '승리자 그리스도'로 묘사했습니다. 또 다른 이는

사람들이 인식하는 다양한 예수의 모습.

한 손에는 AK47 소총을 들고 다른 손에는 담배를 든 군인처럼 그립니다. 또 어떤 이는 예수를 왕관을 쓴 '우주의 통치자'로, 혹은 고결한 도덕적 스승으로, 때로는 환하게 웃으며 사탕을 건네는 '친구 같은 예수'로, 아픈 자를 고치는 신적神的 치유자로, 혹은 동양적 명상에 잠긴 신비주의 수행가 등으로 각자만의 예수를 소개합니다. 이 예수 이해는 그보다 훨씬 더 다양할 것이라고 외계인들은 생각했습니다. 결국 외계인은 '기독교'라는 거대 집단이 하나의 통일된 예수 이해를 공유하는 것이 아니라, 수많은 하위문화와 개인적 신념에 따라 극도로 다원화된 예수 이해를 가지고 있음을 확인할 뿐이었지요.

외계인은 인간이 자신들이 처한 상황과 문화, 처지에 따라 예수를 각기 다르게 인식한다는 사실을 알게 되었습니다. 다시 말해, 기독교인들은 모두 예수를 신앙의 핵심이라 말하며 이를 통해 자신이 기독교인임을 주장하지만, 정작 그들이 고백하는 예수는 각 시대와 문화, 역사, 상황 속에서 다르게 이해된 예수인 겁니다. 결국 외계인은 기독교를 다양한 유형으로 분류하여 보고서를 작성할 수밖에 없었습니다.

● ─ 예수의 네 얼굴

영국의 신학자 우드헤드Linda Woodhead는 예수에 관한 지금까지의 이해를 네 가지 주요 범주로 분류했습니다.[3] 첫 번째 범주는 예수를 '평범한 인간'으로 이해하는 관점입니다. 이 견해에 따르면, 예수는 전통적 교리가 부여하는 신적 속성이나 초월적 능력을 지니지 않은 평범한 '인간'입니다. 이러한 시각에서 예수가 로마제국에 저항한 혁명가나 사회적 운동가, 혹은 뛰어난 윤리 교사, 급진적 사회 개혁가 등의 모습으로 조명됩니다.

이처럼 예수의 신성이 배제된 이해 방식은 오랜 신앙 전통 위에 서 계신 분들에게는 다소 이질적으로 느껴질 수 있습니다. 일부에서는 니케아-콘스탄티노폴리스 신조와 같이 특정한 신조를 고백해야만 기독교인으로 인정받을 수 있다고 주장하기도 합니다. 그러나 기독교 교양학의 관점에서 본다면, 설령 예수를 평범한 인간으로 인식한다 하더라도 그 인간 예수의 삶과 가르침을 자신의 삶에서 결정적으로 중요하게 여긴다면 그 또한 엄연히 기독교인이라 불릴 수 있다고 생각합니다. 종교를 믿음의 체계로 보고 특정 신조에 동의하고, 제도 교회의 통제 하에 있어야 기독교인이라는 주장은 '개인'이 더욱 중요해지고 종교와 양심의 자유를 당연하게 받아들이며, 특정 교파의 신조로 더 이상 사회를 통제할 수 없는 세속화된 현대 사회에서는 그대로 수용되기 어렵습니다.

예수에 관한 두 번째 관점은 그를 '하나님이 고귀하게 만드신 인간'으로 이해하는 입장입니다. 우드헤드에 따르면, 초기 기독교의 '양자론'養子論, Adoptionism이 이 견해를 대표합니다. 이 이론은 예수가 본래 평범한 인간이었다가 하나님께서 그를 자신의 아들로 '입양'하여 능력 있는 존재로 세우셨다고 설명합니다. 이러한 관점은 하나님께서 특별한 구원 사명을 맡기기 위해 예수를 구별된 존재인 '메시아'로 선택하셨다는 신앙과도 맥을 같이합니다. 여기서 예수는 선천적으로 신적 본질을 지닌 존재라기보다는 하나님의 대리자로서 부름을 받아 선택된 구원자로 해석됩니다.

세 번째 유형은 예수를 '인간 안의 신성神性을 일깨우기 위해 온 존재'로 이해하는 관점입니다. 이 시각은 불교의 인간관과 일견 유사한 측면을 지니는데, 싯다르타(석가모니)가 사람들 속에 잠들어 있던 '불성'佛性을 깨웠던 것처럼, 예수 역시 모든 인간 내면에 잠재되어 있는 신성을 일깨우기 위한 존재라는 해석입니다. 이러한 관점은 주로 고대의 '영지주의'Gnosticism나 내면의 '조명' 혹은 명상을 중시하는 이들에게서 많이 볼 수 있습니다. 예를 들어, 퀘이커Quaker 신앙고백은 "모든 인간 안에 '하나님의 씨앗' 또는 '내면의 빛'이 있으며 예수께서는 그 빛을 흔들어 깨우신다"고 표현합니다. 이 고백에 따르면 인간은 예수를 통해 이미 내면에 존재하는 신성을 인식하고 그것을 발현시키는 여정을 걷게 됩니다. 이러한 길을 따라 궁극적으로 신에 가까운 '신화'神化, Deification, 곧 그리스어로 '테오시스'θέωσις의 상태에 이르기를 추구합니다. 여기서 예수는 그 여정을 돕는 영적인 안내자이자 선구자로서 역할을 수행한다고 이해할 수 있습니다.

마지막으로, '정통'orthodox 기독교에서는 예수를 '참 신이자 참 인간' 곧 참된 신성과 참된 인성을 동시에 온전히 지닌 한 인격의 존재로 이해합니다. 이것은 451년 칼케돈 공의회에서 선언한 교리이지요. 예수가 '두 본성'(신성과 인성) 안에서 '한 인격'으로 존재하며, 이 두 본성은 "혼합되거나, 변하거나, 분리되거나, 나뉘지 않는다"는 주장이지요. 사실 이 고백은 유대교 전통은 물론 고대 그리스-로마 세계에서도 떠올리기 어려운 발상이었습니다.

그리스-로마 신화에는 '반신반인'半神半人, demigod이 등장합니다. 그러나 그들은 헤라클레스처럼 신적인 피를 가졌을지언정 올림포스의 신들에는 미치지 못하며, 아주 특별한 경우가 아니면 인간의 운명인 죽음을 궁극적으로 피할 수 없습니다. 인간과 신 사이에는 존재론적 구분이 엄연히 있기 때문이지요. 유대교 전통에서는 여러 논쟁이 있지만 그리스-로마 종교보다도 야웨와 인간 사이의 구분이 훨씬 더 엄격합니다. 이와 달리 기독교는 초기 발전 과정 속에서 예수는 완전한 신이자 완전한 인간이라고 고백했으며, 이 고백이 오늘날까지 이어져 기독교의 정통 교리를 형성해 왔습니다.

일반적인 시각에서 정통 기독교의 "그는 완전한 인간이니 십자가 위에서 완전히 죽었습니다. 그러나 그는 완전한 신이니 죽음에서 부활했습니다"와 같은 주장은 논리적으로는 모순된 것처럼 보입니다. 그런데 사실 이러한 '모순어법'oxymoron 혹은 역설paradox을 사용하는 수사rhetoric는 헤라클레이토스나 제논 등 그리스 철학에도 있었고, 기독교의 많은 핵심 논의 역시 이 모순된 논리에 근거를 둡니다. '역설'이라는 고대 헬라어 단어를 분리하여 문자적으로 보면 'para'와 'dox', 곧 '병행하는 의견'이라는 의미로 볼 수도 있습니다. 패러독스 논법은 모순되는 사실이나 사유를 병행으로 놓는 것을 통해 '더 탁월한 의미'sensus eminentior를 드러내고자 할 때 사용합니다.[4] 이런 패러독스 논법은 셋이면서 하나, 하나이면서 셋이라는 삼위일체 교리나 '인간은 죄인이자 의인'이라는 루터의 논법에도 사용되어 단일 개념으로는 포착할 수 없는 실체와 신앙의 다층성을 표현합니다. 이를 통해 대상에 대한 이해의 폭과 깊이를 더합니다. 따라서 '예수는 완전한 신이자 완전한 인간'이라는 기독교의 고백은 말장난처럼 보일 수도 있지만, 그 안에 보다 깊고 풍성한 이해가 들어 있는 것입니다.

    유형을 만들면 이해하기 쉬우나 도식적인 약점도 있기 마련이지요. 그래도 대략 위의 네 유형이 예수에 관한 다양한 이해를 잘 설명했다고 할 수 있습니다. 유형들 사이를 오고 가는 분들도 있을 것이고, 한 유형에 속해 있지만 다른 유형을 부분적으로 따르는 분들도 충분히 있을 겁니다. 사실 '정통' 유형을 따른다고 해도 '신'과 '인간'에 대한 이해가 다를 것이니 같은 유형의 사람을 만났다고 해서 같은 생각을 한다고 판정하기도 어렵지요. 오히려 다른 유형에 속한 사람들보다 더 깊은 토론을 해야 할 수도 있습니다.

● ─ 역사학으로 예수를 이해한다는 것

외계인들의 보고서에 관한 이야기와 우드헤드의 네 유형을 잘 들어 보셨는지요? 저는 이 책을 통해 21세기 한국인인 우리의 관점에서 보는 기독교와는 또 다른 시각과 모습들이 충분히 존재할 수 있다는 견해가 여러분에게 생겼으면 좋겠습니다.

저는 보편성을 중시하는 교양의 관점에서 예수를 역사학의 방법론을 사용하여 소개하고자 합니다. 그전에 예수를 역사학의 방법으로 이해하려는 시도가 어떤 의미가 있는지를 잠시 살펴보고자 합니다. 예수를 신앙의 대상이 아니라, 1세기 팔레스타인이라는 구체적 시공간 속에서 활동했던 역사적 인물로 바라보고 연구하는, 이른바 '역사적 예수 연구'가 서양 사상사에서 어떤 의미인지를 말이지요.

잘 알려진 다음의 사진은, 2001년 영국 BBC가 방영한 다큐멘터리에서 '법 인류학'forensic anthropology 기술을 활용해 1세기 갈릴리에 살았던 평범한 유대인 남성의 얼굴을 복원한 그림

1세기 갈릴리 남성의 얼굴 법의학적 복원도.

입니다. 예수를 평범한 유대인의 얼굴로 복원하겠다는 생각 배후에는 그를 1세기 팔레스타인 지역 사람, 곧 역사적 인물로 본다는 방법론적 전제가 깔려 있습니다. 다만 앞서 언급했듯, 이러한 접근은 기독교 신학이 전통적으로 이해해 온 예수상과는 차이가 있습니다. 정통 기독교는 예수를 완전한 신이자 완전한 인간으로 바라보았으며, 예수의 모든 말과 삶에 시공간을 초월한 '보편적 진리'가 담겨 있다고 믿었습니다. 이는 진리를 영원하고 불변하는 실체로 이해했던 고대의 진리관과 깊은 관련이 있습니다.

오늘날 우리는 '새로운 진리'라는 말을 종종 사용하지

만, 이 표현은 진리의 속성이 본래 보편적이고 영구적이라고 생각했던 고대 지중해 세계의 사람들에게는 어불성설이지요. 당시 사람들에게 진리란 과거로부터 현재, 미래에도 영원히 지속되는 불변의 실체이자 본질이어야 했습니다. 특히 고대 그리스-로마 철학에서 진리란 역사 속에서 발견되어 새롭게 생겨나는 어떤 것이 아니라, 이미 존재하는 영원불변의 실재 또는 본질을 인식하는 것을 의미했습니다. 플라톤에게 진리는 변하지 않는 '이데아Idea의 세계'에 속하며, 인간이 경험하는 역사(현상 세계)는 그 완전한 진리의 '불완전한 그림자'에 불과합니다. 이 같은 진리 이해는 로마제국의 종교 정책에서도 잘 드러났습니다. 로마인에게 '참된 종교'란 조상 대대로mos maiorum, 조상들의 전통 전승되어 온 전통적 신앙임을 뜻했습니다. 반면, 기독교와 같이 새롭게 등장한 종교는 사회를 어지럽히는 미신으로 보는 시각이 있었기에, 본질적으로 의심과 경계의 대상이었습니다.

예수 당시 로마는 이미 방대한 제국Imperium Romanum을 이루고 있었으나, 그들의 문화적 정체성은 자신들보다 오래된 역사를 가진 주변 문명에 대한 복합적인 감정에 뿌리를 두고 있었습니다. 군사적으로는 그리스 도시 국가들을 무력으로 제압했지만, 문화적으로는 그리스 문명에게 일종의 열등감을 품었다는 기록도 있습니다.[5] 실제로 많은 역사학자들은 로마의 전통 종교를 그리스 종교의 복제 또는 수정판으로 해석하기도 합니다.

 이렇게 형성된 로마제국은 광활한 영토를 다스리며, 종교적 통합과 안정을 위해 불가피하게 종교적 관용 정책을 시행해야 했습니다. 정복한 지역에 오래된 종교가 존재할 경우, 그것이 제국 질서를 방해하지 않는 한 존중했습니다. 비록 공식 법률 용어는 아니었으나, 이러한 오래된 종교는 합법 종교religio licita로 인정을 받아, 법의 테두리 안에서 일정한 보호를 받았습니다. 유대교가 대표적인 사례입니다. 반면, '비합법 종교'religio illicita 혹은 superstitio는 자유로운 집회가 허용되지 않았고, 감시와 처벌의 대상이 되었습니다. 결국 '고대성'이 종교의 합법성을 보장하는 기준이었으므로, 1세기의 유대인 변증가 플라비우스 요세푸스Flavius Josephus는 자신의 민족(유대인)이 고대 이집트를 점령했던 '힉소스'Hyksos 족의 후손이라 주장함으로써, 유대인의 전통 역시 그리스나 이집트에 못지않은 고대성을 지닌다는 점을 강조하여 로마제국으로부터 존중을 받고자 노력했습니다.[6]

 '고대는 모범이며, 현재는 타락'이라는 생각을 저는 원형적archetypal 혹은 퇴행적regressive 역사관이라고 부르겠습니다. '타락한 현재는 늘 위대한 고대보다 열등한 것'이라는 생각이지요. 구약성서에도 이러한 시각이 등장합니다.[7] 구약성서 다니엘서 2장을 예로 들어보겠습니다. 바빌로니아의 왕 네부카드네자르 2세Nebuchadnezzar II는 꿈에서 거대한 조각상을 봅니다. 그 신상이 매우 크고 광채가 찬란하며, 그 모양은 두려움을 줄 만큼 엄청났습니다. 이 신상은 여러 가지 다른 금속으로 이루어져 있었습니다. 머리는 순금, 가슴과 두 팔은 은, 배와 넓적다리는 청동, 종아리는 철, 그리고 발의 일부는 철, 일부는 진흙으로 되어 있었지요(단 2:31-33).

전통적으로 이 신상의 '금 머리'는 바빌로니아를, '은 가슴과 팔'은 메디아-페르시아Medo-Persia를, '청동 배와 넓적다리'는 그리스(헬라 제국)를, '철 종아리'는 로마제국을 상징하는 것으로 해석됩니다. 이 '역사적 퇴행'의 모티프는 고대로 올라갈수록 더 높은 가치의 금속에 비유되는 데서 명확히 드러납니다.

이처럼 고대의 전통과 유산을 존중하는 정서는 언어적 표현에서도 뚜렷하게 드러납니다. 학자들에 따르면, 중세 유럽의 어휘 체계에서는 오늘날 우리가 긍정적으로 사용하는 '모더니티'modernity라는 개념이 실질적으로 존재하지 않았다고 합니다. '현대적'modernus이라는 라틴어 단어는 현재를 가리키는 부사 'modo'('지금, 방금 막')에서 파생된 표현이었습니다. 그런데 이 'modernus'(모데르누스)라는 단어는 '전통적/오래된 것'antiquus의 긍정적 가치와 정면으로 대비되며, '새로운 것', 심지어 '천박한 것'vulgar이라는 부정적 뉘앙스를 지니는 경우가 많았습니다. 이처럼 중세 사회에서도 오래된 것, 전통적인 것이 긍정의 기준이었고, 새롭거나 현대적인 것은 때때로 의심과 경계, 나아가 부정적 평가의 대상이 되었습니다.

이와 달리, 유대-기독교의 관점은 고대국가를 그리워하거나 특정한 황금시대로 복귀하기보다는 이상향인 '하나님의 나라'가 도래한다는 독특한 목적론적 믿음을 가집니다. 루터교 신학자인 오스카 쿨만Oscar Cullmann은 그리스-로마의 '순환론적 시간관'과 유대-기독교의 '직선적 시간관'을 대비한 적도 있지요.[8] 앞서 살펴본 다니엘서의 이어지는 내용을 보면 갑자기 날아온 '뜨인 돌'이 그 거대한 신상을 부수고 오히려 그 돌이 "온 세계에 가득 차게 되었다"(단 2:35)고 예언합니다. 이는 과거로의 회귀가 아닌, '미래'를 향한 희망을 뜻하는 것이지요.

'진리'가 본질적으로 보편적이고 항구적이라면, '신-인간'인 예수를 설명할 때도 보편성과 항구성을 지닌 언어를 사용하는 것이 마땅합니다. 형이상학적 언어가 바로 그 역할에 적합합니다. 그래서 17세기 이전의 예수에 대한 진술, 곧 기독론은 본질적으로 철학적이고 형이상학적인 언어로 이루어졌습니다. 이런 맥락에서 17세기 계몽주의 이후 예수를 교리가 아닌 역사라는 맥락에서 해석하고자 한 시도는 그 자체로 매우 새로운 동시에 혁명적이라 할 수 있습니다.

예수를 영원과 보편의 차원이 아니라, 역사와 특수의 차원에서 이해하고자 한 시도는 인식론적 전환이었고, 동시에 충격을 가져다주었습니다. 역사학은 원칙적으로 구체적인 역사적 사건, 곧 특수한 사실을 보편적이고 영원한 진리로 승격시키는 것을 방법론적으로 거부합니다.[9] 특히 역사주의나 실증주의 사관은 특정한 역사적 맥락을 최대한 엄밀히 복원하고, 그 안에서 개별 인물의 말과 행동, 삶의 진실과 의미를 찾으려 합니다. 물론 이때의 '역사적 진실'은 교리와 달리 자명하지 않으며 그 의미 또한 오직 해당 시공간의 한계 안에서만 성립하게 됩니다. '역사 속 인물'로서 예수를 다루는 연구는 근본적으로 그를 일상 세계의 물리적·사회적 인과율과 상관관계의 틀 안에 위치시킵니다. 이는 예수를 초자연적 존재가 아니라 평범한 역사적 인물로 가정하고 연구를 시작한다는 뜻이기도 합니다.

이러한 역사학적 방법론의 부흥은 르네상스 시기에 본격적으로 시작되었습니다. 이 움직임은 신 중심의 중세 세계관에서 벗어나 인간의 행동과 경험 자체를 적극적으로 탐구하고자 했던 인문주의라는 더 큰 지적 흐름 속에서 이루어진 것입니다. 성서를 읽는 방식 역시 중세를 주도했던 라틴어 불가타 역본에만 의존하지 않고 르네상스 인문주의자들이 강조한 'Ad fontes', 곧 '근원으로 돌아가라'는 원칙에 따라 원전인 그리스어와 히브리어로 직접 성서를 읽으려는 경향이 뚜렷해졌습니다.

이 과정에서 중세 교회의 번역이 원문과 다르거나 특정 교리를 정당화하기 위해 해석이 달라졌던 사례들이 밝혀졌습니다. 가령 예수의 "회개하라,μετανοεῖτε 천국이 가까웠다"(마 4:17)라는 말은 라틴어 불가타 역본에서 '고해성사(참회)를 행하라'poenitentiam agite로 번역되어 있음을 확인할 수 있습니다. 원전을 직접 읽고 이런 오류를 발견한 학자들은 교회가 오랜 세월 제시해 온 교리를 전면적으로 재검토할 필요성을 느꼈습니다. 종교개혁과 계몽주의 시대를 거치면서 이러한 비평의 정신은 자연스럽게 역사적 예수 연구로 이어지게 됐습니다. 이제까지 교회가 교리로 가르쳐 온 정통 기독론을 역사학의 방법론을 통해 검증하고자 했던 것입니다. 말을 풀면, 기독교가 삼위일체의 제2위격으로 여겨 온 '신-인간' 예수를 넘어 1세기 팔레스타인이라는 특수한 시공간을 살아갔던 역사적 인물로서의 예수를 연구하는 시도가 본격화된 것입니다.

이러한 역사적 접근 방식은 기존 교리가 말하던 예수상과는 전혀 다른 이야기를 펼쳐 보여주었습니다. 초창기부터 이런 시도는 많은 의심을 불러일으키기도 했고, 당시로서는 상당히 충격적인 반향을 가져왔지요. 그럼에도 불구하고 그 시각을 지지하는 이들도 적지 않았습니다. 시간이 흐르면서 역사적 재구성이라는 과정 자체가 해석자의 한계 속에 있다는 점 역시 자연스럽게 인식되었습니다.

우리가 잘 아는 의사이자 신학자 알베르트 슈바이처Albert Schweitzer는 19세기 역사적 예수 연구의 역사를 총결산한 명저에서[10] 연구를 수행한 학자들 모두가 결국 자신이 바라는 이상적 예수상, 특히 19세기 자유주의 신학적 윤리를 투영한 역사 속 예수를 내세웠을 뿐이라고 비판한 바 있습니다. 이 연구가 시작된 지 100년이 훌쩍 넘었고, 방법론도 한층 정교해졌지만, 해석학적 순환이라는 한계를 완전히 극복할 수는 없는 일입니다. 연구자의 자기 이해가 예수 연구의 결과 안에 담겨 있음에도 역사 속 인물로서 예수를 연구하려는 시도는 충분히 의미가 있습니다. 추상적인 철학적 언어와 경직된 신앙적 언어의 틀을 넘어서는 이러한 노력은 우리의 예수 이해에 더욱 풍부하고 다층적인 의미를 부여하게 되니까요.

• ─ 역사 속 예수의 가르침과 삶

이제 본격적으로 역사 속 예수에 관해 다뤄 보겠습니다. 기본적으로 역사학적 접근은 예수 시대의 역사, 사회, 정치, 문화적 배경 안에서 예수의 말과 삶을 규명하려는 시도입니다. 그렇다면 먼저 예수가 살던 시대를 알아볼까요?

1) 시대적 배경

1세기 지중해 세계는 로마제국의 통치 아래에서 '팍스 로마나',Pax Romana 곧 로마의 평화[1]가 유지되고 있었습니다. 거대한 로마제국의 시각에서 보면, 예수가 활동하던 팔레스타인 지역은 변방에 지나지 않았습니다. 그러나 그 땅은 거기에 사는 사람들에게는 삶의 터전이었고, 특히 유대인들에게는 유대인의 신 야웨가 직접 약속하고 그들에게 준 소중한 약속의 땅이었습니다. 특히 예루살렘에 세워진 야웨의 신전은 유대인들에게 세상의 중심 axis mundi 과도 같은 존재였습니다.

1세기 유대인 역사가 요세푸스 Flavius Josephus 는 당시 유대 사회를 이끌던 대표적 집단들인 사두개파, 바리새파, 에세네파, 그리고 제4의 철학에 관해 기록했습니다. 그는 이 네 집단을 통해 당시 유대 사회의 종교적, 정치적 주요 흐름을 설명했습니다. 우리는 예수가 바리새파와 부딪히고, 사두개파와 논쟁했으며, 아마도 에세네파의 영향을 받았거나 그 출신이었을 세례자 요한과도 깊은 관계가 있었으며, 결국에는 로마제국에 대한 정치적 반역자로 십자가형을 받았다는 사실을 알고 있습니다. 이것은 예수의 말과 삶을 진정으로 이해하려면, 로마 제국은 물론 팔레스타인 땅에서 영향력을 행사했던 여러 집단과의 복잡한 상호 작용 속에서 고찰해야 한다는 것을 의미하지요. 예수는 이들과 여러 점에서 유사함을 보이지만, 동시에 차별성과 독자성을 분명히 드러냈습니다.

먼저 사두개인과 예수를 비교해 보겠습니다. 사두개인들은 현재의 질서와 상황이 신이 허락한 결과라는 확신을 가지고 있었습니다. 그들은 세상에 여러 불합리와 악이 있지만, 현재보다 나은 내세나 하나님이 극적으로 역사에 개입해 세상을 바꿀 것을 기대하지 않았지요. 따라서 정치적으로도 변화보다는 보수적인 입장이었습니다. 신이 마련한 질서를 흔드는 사람은 신에 대한 도전이었으니까요.

사두개인들은 로마제국의 통치 아래에서 신전 중심 체제의 큰 수혜자였습니다. 사회적으로 성공한 이들이었기 때문에, 당장 누릴 수 있는 부와 안전, 권력을 중요시하며 현 체제를 유지하는 데에 집중했습니다. 이들은 현세의 삶에만 가치를 두었고, 내세나 사후 세계 같은 신앙을 수용하지 않았습니다. 예언자의 급진적 사회 비판 역시 받아들이지 않았으며, 창세기·출애굽기·레위기·민수기·신명기 등 이른바 토라만을 성서로 인정하고 예언서나 성문서 등은 권위 있는 문서로 보지 않았습니다.

이에 반해 예수는 지금 이 땅에서 신의 질서가 충분히 구현된 것이 아니라고 생각했지요. 다만, 자신을 통해 '하나님의 나라'가 지금 시작되고 있음을 강하게 선포했습니다. 최종적으로 신의 참된 통치, 곧 종말에 정의를 행하는 사람은 부활에 참여할 것이라 믿었습니다. 사두개인에게 예수는 그들의 기득권과 신전 체제를 근본적으로 부정하는 위험 인물이었고, 그들의 시각에서 볼 때 '종말'과 '부활'이라는 허황된 꿈에 사로잡힌 미성숙한 혁명가에 지나지 않았을 것입니다.

한편, 바리새파는 하나님이 주신 법을 기반으로 사회를

혁신하고자 했던 일종의 엘리트 개혁 집단이었습니다. 일제 강점기에 비유하자면, 무력 항쟁이 아닌 '실력 양성'을 외쳤던 민족 계몽가들과 유사한 태도를 갖고 있었지요. 사두개파가 신전 중심 체제의 유지에 방점을 두었다면, 바리새파는 법(토라)을 중심으로 한 종교적, 사회적 개혁을 추구했습니다. 그들에게 작금의 문제란 법이 없는 데서 비롯된 것이 아니라, 법의 이상을 제대로 구현하지 못하는 데 있었지요. 따라서 자신들뿐만 아니라 다른 모든 유대인에게 '법'의 철저한 준수를 요구했습니다. 결국 바리새파 개혁의 방향은 불가피하게 그들이 보기에 사회의 악을 저지르는 사람을 구별하고 배제하는 방식으로 드러났지요. 비록 사두개파와의 정치적 권력 투쟁에서는 앞서지 못했으나, 그들은 자신들의 뜻을 따르는 사람들을 중심으로 '거룩한 이스라엘'이라는 이상향을 설정했습니다.

바리새파는 사두개파와 달리 종말과 부활을 믿었으며, 신의 통치를 대리할 메시아에 대한 강한 기대도 품고 있었습니다. 이 점에서는 예수와 부분적으로 유사하다고 볼 수 있습니다. 하지만 결정적인 차이도 있었는데, 예수는 신의 통치를 위해서는 거룩하지 않은 부정한 것들을 배재해야 한다는 바리새파의 핵심 전제를 받아들이지 않았습니다. 오히려 예수는 신과 신이 수여한 법의 핵심에는 '사랑'이 있다고 믿었습니다. 그래서 바리새파가 거룩한 공동체에서 배제한 죄인들 그리고 동족 유대인을 배반한 세금 징수원 등과 함께 식사를 했습니다. 공동체로 다시 불러들인 것이지요. 예수는 이런 식사를 종말론적 잔치처럼 여겼던 것 같습니다. 신이 종말에 잔치를 열고 그 잔치에는 누구든 초대한다고 믿었고, 그 믿음에 따라 지금-여기에서 그 잔치를 실현한 것이지요. 바리새파의 입장에서는 거룩을 위해 엄격한 구별과 배제로 간신히 부정한 이들을 공동체 밖으로 내쫓았는데, 그들을 다시 거룩한 식탁 한가운데로 초대한 예수는 아주 골치 아픈 존재로 보였을 것입니다.

세 번째 주요 그룹인 에세네파는 사두개파에 밀려 예루살렘 신전을 장악하지 못했던 공동체였습니다. 이들은 사두개파가 관리하는 신전 체제에 강한 비판 의식을 가지고 있었습니다. 에세네파는 예루살렘 신전이 언젠가 정화되고 다시 회복되어야 한다고 믿었습니다. 이들은 자신들만이 참되게 하나님께 제사를 드릴 수 있다고 여겼고, 사회와 일정하게 거리를 두며 광야와 사막에 공동체를 이루고 격리 생활을 했습니다. 사해 북서쪽 쿰란$_{Qumran}$ 지역에 거주하며 배타적 규율과 금욕적 생활, 그리고 공동 경제, 엄격한 입회·탈퇴 규칙을 유지했다는 기록이 있습니다.

에세네파에게 무엇보다 중요한 신앙적 실천은 정결례였습니다. 이들은 의복과 몸, 나아가 마음까지 항상 깨끗이 해야 참된 공동체에 머물 자격이 있다고 여겼으며, 실제로 쿰란 유적에서 수십 개에 달하는 정결 예식용 목욕탕이 발견되었지요. 이들은 하루에 여러 차례 물로 몸을 씻었고, 식사 전후와 공동체 의식 직후마다 정결례를 행했습니다. 음식법도 까다로웠고 노동, 예배 등 공동체 전반의 행위에도 엄격한 규율을 적용한 만큼 자연스레 금욕주의적인 태도를 지녔습니다. 또한 에세네파는 예언과 계시 그리고 '새 언약' 또는 '참된 이스라엘의 남은 자' 사상에 큰 기대를 걸었습니다. 이들은 세상의 마지막 때 하나님이 선택한 공동체가 자신들이라 믿으며, 종말론적 투철함과 신앙적 순수성을 굳게 고수했습니다.

에세네파와 예수 혹은 쿰란과 같은 에세네파적 공동체와 초기 기독교의 직접적인 연결 고리는 문헌적으로 입증된 바가 없습니다. 그러나 예수의 가르침에서 에세네파와 유사한 면을 발견할 수 있지요. 먼저 예수 운동도 세례와 회개를 강조하는데, 아마도 에세네파 출신의 세례자 요한에게서 이어받았을 가능성이 큽니다. 공관복음에서 예수는 종말이 임박했다는 선언을 합니다. 이 점은 세상의 악과 부패가 극에 달했고, 하나님이 특정 공동체에 구원을 베푸신다는 종말론적 기대를 지녔던 에세네파와 유사합니다. 그러나 명확한 차이점도 있지요. 은둔하지 않고 세상에 있으려는 운동의 방향, 경계를 높이 올리기보다는 경계 밖 약자와 죄인들을 향한 포용성 등은 예수 운동이 에세네파와 완전히 다른 특성입니다.

이외에도 '제4의 철학'이라 불리는 집단이 존재했습니다.

이들은 로마제국의 통치와 탄압에 맞서 무력 저항을 선택한 유대 저항 세력이었습니다. '제4의 철학'이라는 용어는 유대 역사가 요세푸스가 사용했습니다. 요세푸스는 『유대 고대사』에서 6년 로마가 유대 지역에서 인구조사와 납세를 강제하자 이에 맞서 반란을 일으킨 '갈릴리의 유다'Judas the Galilean를 이 분파의 창시자로 지목했습니다. 이 집단의 핵심 사상은 '오직 하나님만이 우리의 유일한 통치자요 주님'이라는 신정神政 사상에 바탕을 두고 있었습니다. 이 사상은 현실에서 제국을 위한 납세 문제와 연결되었지요. 로마 황제에게 세금을 바치는 것은 하나님에 대한 배교, 곧 신적 권위의 부정이라는 것입니다. 그들은 로마에 대한 납세를 공개적으로 거부했습니다. 때로 암살과 테러, 약탈 등의 과격한 행위도 감행하며, 무장 봉기와 파괴적 저항도 했지요. 그러나 복음서의 예수는 폭력을 옹호하지 않습니다. 전면적으로 납세 거부를 하라고 하지도 않습니다. 이들이 예수와 유사한 것은 하나님의 통치에 대한 기대였습니다.

2) 예수의 회개, 세례 그리고 하나님 나라

앞서 예수가 등장했던 시대적 배경을 살펴보았습니다. 이제 본격적으로 예수와 그 가르침을 다루고자 합니다. 예수가 공개적으로 등장하기 전 역사의 현장에는 세례자 요한이 먼저 등장합니다. "세례자 요한이 활동을 시작하던 때 그는 유대 광야에서 선포했다. '회개하시오. 하늘나라가 이미 가까이 왔습니다!'"(마 3:1-2, 저자 사역). 마태복음 및 다른 공관복음은 세례자 요한이 구약 예언자 이사야의 예언, 곧 "광야에서 외치는 자의 소리"와 관련 있다고 분명히 밝힙니다. "이 사람은 예언자 이사야가 말한 자였다. 광야에 울부짖는 소리가 있다. 주님이 오시는 길을 준비하라는구나. 그분의 길을 고르게 하라는구나'"(마 3:3, 저자 사역). 마태복음은 예수가 세례자 요한의 선포, "회개하시오. 하늘나라가 이미 가까이 왔습니다!"를 그대로 자신의 사역 첫 메시지로 이어받았다고 기록합니다(마 4:17). 일반적으로 '회개'라는 말은 도덕적·윤리적·법적인 죄를 돌이키는 것으로 이해되지만, 원어에서 사용된 '메타노이아'μετάνοια라는 단어는 훨씬 더 깊은 의미를 담고 있습니다. 한마디로 말하자면 "삶의 방식을 완전히 변경하라"는 뜻입니다.

제가 자주 사용하는 예가 있습니다. 가상의 상황이지만 이를 통해 '회개'의 의미를 보다 쉽게 이해할 수 있습니다. 가령 오랜 연구 끝에 좌측 통행이 우측 통행보다 훨씬 더 안전하고 사고율도 낮다는 연구 결과가 나왔다고 가정해 보겠습니다. 이에 따라 정부가 교통법을 개정하여 내일부터 모든 차량이 좌측 통행을 해야 한다고 발표했습니다. 이제 운전자는 새로운 질서에 따라 좌측으로 운전해야 합니다. 그리고 실제로 차를 몰고 나온 사람들은 기존의 습관을 버리고 좌측 통행을 시도할 겁니다. 바로 이것이 '회개'의 의미입니다. 삶의 질서와 가치, 기준을 변화시키는 것을 뜻하지요. 세례자 요한과 예수가 강조한 '하나님의 나라가 가까이 왔다'는 메시지 역시 삶의 방식을 전면적으로 전환해야 하는 이유가 됩니다. 하나님의 통치가 삶의 새로운 기준점이 되었으므로 이에 따라 기존의 방식을 바꿔야 한다는 뜻이지요. 이와 관련하여 저희 장인어른의 경험담을 들려드리겠습니다.

한국전쟁 당시 한 마을에서는 인민군이 오면 인공기를 흔들고, 국군이 오면 태극기를 흔드는 것이 생존 전략이었습니다. 그렇게 해야 마을 전체가 불필요한 고통을 피할 수 있었기 때문이죠. 그런데 인민군으로 강제 차출된 저희 장인어른이 행군을 하던 중, 마을 주민들이 나와 인공기를 흔들며 환영하는 모습을 보았습니다. 하지만 그 와중에도 몇몇 나이 많은 할아버지들은 뒤에서 태극기를 흔들고 있었다고 합니다. 이 상황에서 못된 지휘관이라면 그들을 사살할 수도 있었을 겁니다. 그런데 다행히도 장인어른이 속했던 부대의 중대장은 그 할아버지에게 다가가 "지금은 이걸 흔들면 안 됩니다"라고 조용히 경고했다고 합니다. 질서가 달라지면 행동 방식이 달라져야 하지요. 이전과는 다른 깃발을 흔들어야 하는 것이 바로 '회개'의 본질이라는 의미입니다. 생존을 위해 박쥐처럼 행동하라는 것이 제가 드리는 말의 요지가 아닙니다. 통치 질서에 맞는 행동을 하라는 촉구가 '회개'가 의미하는 바입니다. 질서가 달라졌으니 그 변화된 질서 속에서 살아야 하지요. 요한과 예수 모두 신이 통치하는 그날인 종말이 이미 왔다고 선언하고 있었으니 회개 요청은 당연한 것이지요.

또한 세례자 요한과 예수는 회개를 '침례/세례'(이후에는 '세례'라고 하겠습니다)라는 상징적 제의와 묶습니다. 세례의 기원에 대해서는 학계에서 여러 견해가 존재합니다. 유력한 견해 가운데 하나는 당시 비유대인이 유대교로 개종할 때 시행했던 개종자 세례 예식에서 유래했다는 주장입니다. 유대인 사회에서는 어머니가 유대인일 경우 자신 역시 '선택받은 백성'에 자동으로 속한다고 보았으며, 이 혈통적 정체성을 신앙 공동체의 핵심으로 여겼습니다. 그러나 세례자 요한과 예수는 이런 혈통주의를 근본적으로 부정합니다. 둘은 모두 하나님의 참된 백성이 된다는 것은 유대인 어머니에게서 태어난 '혈통'에 있는 것이 아니라, 하나님의 나라 도래와 주권에 진실로 복종하고 스스로 '회개'함으로써 언약 공동체에 새롭게 속하게 되는 데 있다고 가르쳤습니다.

예수의 가르침에 따르면 하나님은 한 순간도 자신의 주권과 통치권을 내려놓은 적이 없습니다. 그러나 이 땅에는 하나님의 통치를 거부하거나 대적하는 세력이 존재하지요. 그들이 그 통치가 온전히 실현되는 것을 막고 있습니다. 따라서 예수는 제자들에게 "하늘에서와 같이 땅에서도"(마 6:10) 하나님의 뜻과 주권이 실현되기를 기도하라고 가르쳤습니다. 이는 하나님의 통치가 이 세상에 온전히 임하길 바라는 예수 신학의 핵심에 속하지요. 이것이 이른바 '하나님 나라'와 연결됩니다.

예수가 말한 '하나님 나라'βασιλεία τοῦ θεοῦ는 본래 "하나님이 다스리신다"는 문장의 축약입니다. 예수의 하나님 나라는 사람들이 흔히 생각하는 죽어서 가는 '천국'이나 '내세'와 같은 장소를 가리키지 않습니다. 그 의미는 이 땅 위에서, 그리고 역사 속에서 실제로 실현되는 하나님의 주권적 통치에 가깝지요. 이러한 하나님의 통치는 성서 전체에서 일관되게 등장하는 '신전-정원'Temple-Garden 신학의 상상력 속에서 가장 잘 설명됩니다.

성서의 첫 책 창세기 2장의 하나님이 아담과 함께한 에덴동산의 꿈은 마지막 책인 요한계시록 21-22장에 이르러 '새 예루살렘'과 '생명수 강가의 동산'으로 완성됩니다. 하나님 나라는 하나님이 우주를 창조하면서 품었던 그 '창조의 꿈'이 완전히 성취된 것을 의미합니다. 이 하나님 나라에서 인간은 신의 노예나 종이 아니라 파트너이자 공동 창조자로 초대받습니다. 창세기의 에덴 이야기는 인간을 고된 노동에 강제 동원되는 존재가 아니라, 하나님과 함께 정원을 가꾸며 자기실현과 창조의 기쁨까지 누리는 존재로 그립니다. 하나님께서 "보시기에 좋았더라"는 감탄은 인간의 노동 역시 존재의 기쁨과 결실, 그리고 안식을 통해 완성됨을 의미합니다. 이렇게 인간은 에덴의 우주적 확장을 위한 하나님의 파트너가 됩니다.[12] 이러한 신, 인간, 노동의 개념은 고대 근동 신화나 로마의 세계관과 크게 대조됩니다.

메소포타미아의 아트라하시스 신화 등에서 인간은 신들의 노역을 대신하는 노예로 창조됩니다. 로마의 황금시대 관념도 노동 없는 풍요를 이상적 세계로 그렸습니다. 반면, 기독교 전통에서 노동은 징벌이나 노역이 아니라 신과의 파트너십 안에서 창조의 의미를 갖게 됩니다. 그러므로 진정한 하나님의 백성은 단순히 유대인의 혈통을 타고나는 것이 아니라, 신의 통치를 기꺼이 받아들이고, 새로운 창조 사역에 자발적으로 참여하는 사람입니다. 예수는 옛 이스라엘이 이 파트너십에 실패했지만 하나님은 좌절하지 않고, 이제 예수 자신을 통해 새로운 창조를 시작하신다고 보았습니다.[13] 그것이 예수가 근본적으로 주장한 것입니다.

3) 예수의 윤리

예수의 핵심 선포와 가르침은 '하나님 나라'였습니다. 그 가르침에는 그 나라를 설명하는 것뿐 아니라 그 나라의 구성원으로서 어떻게 살아갈 것인지를 설명하는 내용이 있습니다. 흔히 '하나님 나라 윤리'라고 불리기도 합니다. 그리고 그

윤리에는 하나님 나라 백성의 자의식과 정체성이 드러나지요.[14]

마태복음에서 예수는 산상수훈에서 하나님 나라를 일구는 사람들의 정체성과 윤리를 도전적으로 가르치지요. 가령 이런 것들입니다. "옛 사람들은 '그대의 이웃을 사랑하고 그대의 원수를 미워하라'는 말을 들었습니다. 여러분은 그것을 알고 있습니다. 그러나 나는 진심으로 여러분에게 말합니다. 여러분의 원수를 사랑하십시오. 여러분을 박해하는 사람들을 위해 기도하십시오"(마 5:43-44, 저자 사역).

이 말씀은 당시뿐 아니라 오늘날 우리에게도 실천적으로 받아들이기 거의 불가능해 보이는 윤리적 요구입니다. 사실 이웃을 온전히 사랑하는 것조차 쉽지 않은 일입니다. 하물며 원수를 사랑하고, 자신을 박해하는 사람을 위해 기도하라는 명령은 인간 본성을 고려할 때 현실적으로 더욱 어렵게 느껴집니다. 이 구절은 '기독교 윤리의 정점' 혹은 '불가능한 이상'으로 여겨져 오고 있습니다. 그래서 종교개혁자 마르틴 루터는 산상수훈은 지킬 수 없는 것이며, 단지 우리가 죄인임을 알려 주는 본문이라고 언급하기도 했습니다. 그러나 예수는 이 가르침의 실천이 "하늘에 계신 아버지의 완전함에 참여하는 길"(마 5:48)임을 강조합니다.

그렇다면 예수는 왜 이런 말씀을 했을까요? 이렇게 생각해 볼 수 있습니다. 숫자를 배우는 어린아이에게 벡터vector 문제를 풀어 보라고 해도 아이는 해결할 수 없습니다. 하지만 대학에 다니는 이공계 학생이라면 충분히 벡터 문제를 풀 수 있습니다. 같은 방식으로 예수가 청중에게 원수 사랑을 요청했다면 그것은 그 청중의 누구여야 하는지를 혹은 누구인지를 특정하게 상정했다는 의미이지요. 예수는 이렇게 말을 잇습니다. "이렇게 하면 여러분이 하늘에 계신 하나님의 자녀가 될 수 있습니다"(마 5:45, 저자 사역).

우리는 '하나님의 자녀'라는 표현을 익숙하게 접하고 있어서 그 의미를 가볍게 여길 수 있지만 1세기 로마제국의 사회적·정치적 맥락에서는 이 말은 대단히 도발적이고 중요한 의미를 지닙니다. 당시 '하나님의 아들'이라는 칭호는 통치자에게나 사용할 수 있는 것이었습니다. 로마제국 시대이니 로마 황제Imperator에게 사용된 공식적인 칭호였습니다. 황제만이 유일한 신의 아들Divi Filius로 숭배받았지요. 이를 통해 볼 때 예수는 자신을 따르는 청중을 로마 황제만이 독점하던 '신의 자녀'라는 정체성을 가진 사람들로 간주하며, 청중 스스로도 그런 통치자적 자의식을 갖고 살아가라고 격려한 셈이었습니다. 이때 '하나님의 자녀'라는 신분은 마치 황제처럼 태어나면서 저절로 주어지는 것이 아니라 "원수를 사랑하라"는 예수의 가르침을 준수하여 얻는 것이지요. 예수의 말을 주의 깊게 들어 보시지요. "이렇게 하면 여러분이 하늘에 계신 아버지의 자녀가 될 수 있습니다. 그분은 악한 사람이나 착한 사람 모두를 위해 해가 떠오르도록 합니다. 그분은 의로운 사람이나 불의한 사람 모두를 위해 비를 내리십니다"(마 5:45, 저자 사역). 하나님의 자녀는 하나님의 마음과 행동을 따라 하는 존재, 곧 하나님을 닮은 존재라는 것입니다.

당시 사회적 관념에서 통치자는 하나님의 뜻과 권위를 이 땅에서 대리하는 존재로 여겨졌습니다. 그런데 예수는 현실적으로 약하고 소외된 이들, 억압받는 이들, 주변인들을 향해 "온전한 통치자처럼 살아가라"고 격려하며 에덴동산에서 시작된 창조의 역사에 적극적으로 동참하라고 가르칩니다. 이 맥락에서 예수는 실현하기 어려워 보이는 '원수 사랑'이나 '박해자를 위한 기도'와 같은 높은 윤리적 요청을 제시합니다. 이것은 새로운 하나님 나라의 통치자로서 그들을 부르고, 그들에게 그런 정체성과 자의식을 갖도록 합니다. 그들의 현재 신분이나 처지가 어떠하든 하나님의 자녀의 면모와 품격을 갖추어야 한다는 가르침입니다. 예수의 청중은 이제 그저 식민지의 피지배자가 아니라 하나님의 뜻을 세상에 구현하는 주체적 존재가 됩니다.

'신을 닮으라'는 요청을 받을 만한 집단은 통치자 외에 철학자도 있습니다. 예를 들어, 스토아학파Stoicism 철학자인 에픽테투스Epictetus는 자신의 제자들이 어떠해야 하는지에 대해 이렇게 말했습니다. "그는 다른 사람이 자신을 개처럼 밟도록 했고, 그렇게 밟히면서도 자기를 밟는 사람까지 사랑하되,

마치 모든 이들의 아버지 혹은 형제같이 사랑했다"(Epictetus, *Diatribai* 3.22.54). 이 구절은 예수의 "원수를 사랑하라"는 가르침과 놀랄 만큼 유사하게 들립니다. 외부의 모욕이나 폭력에도 완전한 평정심을 유지하는 철학자의 태도를 격려하는 것이지요. 이것은 '원수 사랑'의 첫 단계입니다. 일단 평정심이 있어야 사랑을 시작할 수 있으니까요.

또한 로마제국의 또 다른 대표적 스토아 철학자 세네카Seneca는 저서 『분노에 대하여』*De Ira*와 『관용에 대하여』*De Clementia*에서 비슷한 윤리적 이상을 제시합니다. 세네카는 "많은 사람이 원수를 용서해 왔다"(『분노에 대하여』 3권 26장)고 말하는데, 이 덕목은 일반 민중이 아니라 통치자에게 요구된 것이었습니다. 통치자는 자신의 권력을 자제함으로써 최고의 덕목인 '자비'를 증명합니다. 세네카는 『관용에 대하여』를 젊은 네로Nero 황제에게 바치는 조언 형식으로 집필했는데, 이 책에서 그는 통치자가 노예나 죄인 그리고 원수 앞에서도 관용과 용서를 베풀어야 함을 강조합니다. 생각해 보면 원수를 용서하는 것은 약자가 할 수 있는 것이 아닙니다. 약자는 강자에게 용서한다는 말조차 하기 어렵기 때문입니다. 보복할 힘이 있는 강자가 용서하는 것이지요.

현실적으로 억압받는 민중에게 "원수를 사랑하라" 또는 "너를 박해한 사람을 위해 기도하라"는 예수의 가르침은 매우 가혹한 요구처럼 들립니다. 그러나 예수는 바로 이러한 존재야말로 '하나님 나라'의 참된 시민이라고 말합니다. 하나님 나라의 시민은 스스로 통치자처럼 높은 윤리적 기준과 덕을 갖추고 실천해야 한다는 것이지요. 예수는 신의 통치를 구현하는 공동체가 지혜와 주체성을 갖춘 '삶의 주체'들이 모인 공동체가 되어야 함을 강조합니다. 예수가 청중을 초대한 이 삶의 방식, 다시 말해 '왕 같은 제사장' 혹은 '철학자-왕'의 자기정체성은 고대 그레코-로만(그리스-로마) 세계의 청중에게도 놀랍게 들렸을 겁니다.

4) 예수의 비유, 그리고 기적

예수는 '하나님 나라'를 가르쳤을 뿐만 아니라, '기적'으로 그것을 상징적으로 구현했습니다. 예수의 기적은 '하나님 나라'의 질서가 이 땅에 임할 때, 그것을 따라 살아간다는 것이 무엇을 의미하는지 보여주는 퍼포먼스와 같습니다. 예수는 기적을 통해 '회개한 삶'이 어떠한 상태이며 '하나님 나라가 임했다'는 것이 어떤 현실인지 그리고 현세에서 짓밟히는 존재일지라도 앞서 언급한 '하나님의 자녀'로서의 품위를 지켜 살아갈 수 있음을 증명한 것입니다. 따라서 그의 기적은 단순히 초월적 권위와 능력을 과시하는 행위에 그치지 않습니다.

기적에 관해서 말하면 적지 않은 사람들이 현대 과학의 관점에서 그것이 역사적으로 정말 일어날 수 있는지를 실증적으로 증명하려고 합니다. 그러나 예수는 실증적 검증을 통과하는 데 관심을 기울이지 않고 자신의 기적에서 드러나는 하나님 나라를 가리키는 의미에 초점을 맞춥니다. 이런 관점에서 보면 세금징수업자 마태가 예수에게 부름을 받고 그를 따라간 이야기(마 9:9-13)도 '하나님 나라'가 왔음을 보여주는 기적으로 이해할 수 있습니다.[15]

카라바조Michelangelo Merisi da Caravaggio, 1571-1610가 그린 산 루이지 데이 프란체시 성당 내 콘타렐리 채플Contarelli Chapel에 설치된 3부작 연작을 보겠습니다.

맨 왼쪽의 그림 「성 마태의 소명」을 보면, 한 방향으로 쏟아지는 빛이 눈에 띕니다. 이 빛은 단순한 자연광이나 명암 대비를 넘어 신적 개입을 상징하는 극적인 빛입니다. 카라바조는 바로크 미술의 대표적 특징인 '테네브리즘'tenebrism, 명암법을 구사했습니다. 테네브리즘은 부드럽게 명암을 전환하는 키아로스쿠로chiaroscuro를 더 극적으로 표현하는 기법으로, 그림의 배경 대부분을 깊은 어둠으로 묘사하고 빛을 선별적으로 사용함으로써 인물과 내러티브의 긴장감을 극대화합니다.

그림 속에서 예수는 손을 내밀어 마태를 부르고 있습니다. 예수의 손은 미켈란젤로가 시스티나 성당 천장화 「아담의 창조」에서 묘사한 '신의 손'과 매우 유사한 도상학적iconographic 구도를 취합니다. 이것은 매우 의미심장합니다. 카라바조는 흙먼지로 아담을 만들어 생기를 불어넣어 인간을 창조하는

미켈란젤로 메리시 다 카라바조,
「성 마태의 순교」, 1599-1600.

미켈란젤로 메리시 다 카라바조,
「성 마태의 영감」, 1602.

미켈란젤로 메리시 다 카라바조,
「성 마태의 소명」, 1599-1600.

하나님의 손 모양을 예수의 손에 덧붙여서,[16] 죄인인 세금징수업자 마태를 하나님의 자녀이자 예수의 제자로 창조하는 듯하지요. 세금징수업자에서 하나님 나라를 일구어 가는 파트로서 마태를 부르고 마태는 그에 응답하면서 통치자와 철학자처럼 세속의 가치관을 넘어선 새로운 존재로 거듭납니다. 이것이 기적이 아니고 무엇이겠습니까?

중앙의 제단화 「성 마태와 천사」에는 세금징수업자로서 돈만 좇던 마태가 영감을 받아 복음서를 기록하는 모습이 나옵니다. 오른쪽의 「성 마태의 순교」는 마태가 그 부름과 회개의 삶을 끝까지 실천하다가, 기독교적 삶을 완결하는 순교에 이르는 장면을 강렬하게 전달합니다. 이와 같이 카라바조의 3부작은 소명 Calling, 사명 Inspiration, 그리고 순교 Martyrdom라는 기독교적 삶의 서사가 하나의 연작으로 압축되어 있음을 보여줍니다. 저는 이 3부작이 치유의 기적과 다를 바 없는, 어쩌면 인생 전반에 일어난 재생과 용기의 기적이라고 생각합니다.

예수의 비유도 하나님 나라의 맥락에서 이해해야 합니다. 그의 언어는 도덕적 교훈을 넘어 새로운 삶이란 무엇인지에 대해 문학적이고 일상적인 언어로 전달합니다. 비유 하나를 예로 들어 보겠습니다.

"하늘나라는 밭에 숨겨 놓은 보물과 같습니다. 한 사람이 그것을 발견하고는 다시 숨겨 놓고, 기쁘게 돌아가 자기가 가진 것을 모두 팔아 그 밭을 삽니다. 또 하늘나라는 좋은 진주를 찾아 나선 한 상인과 같습니다. 매우 값진 진주를 발견하고는 돌아가서 자기가 가진 것을 모두 팔아 그것을 삽니다"(마 13:44-46, 저자 사역)

이 비유의 핵심은 '하늘나라'에 관한 소식을 듣고 의미를 깨닫는 순간, 한 사람이 얼마나 강한 감격과 몰입을 경험하게 되는지 보여주는 데 있습니다. 고대 팔레스타인에서는 전란이 일어나면 사람들이 재산을 땅속에 숨겨 두었다가 나중에 다시 찾는 일이 있었으나, 원래 주인이 사고를 당해 그 보물을 찾지 못한 채 땅의 소유권이 이전되는 경우도 종종 있었습니다. 비유에 나온 주인 역시 땅속에 보물이 있다는 사실을 모른 채 소작인에게 경작을 맡겼고, 그 소작인이 밭을 갈다가 우연히 그 보물을 얻게 되는 상황인 것입니다. 실제 유대 랍비 문헌에는 이러한 재산 발견시 소유권 분쟁, 예컨대 밭 주인과 소작인이 보물을 나누거나 가족 간 결혼을 통해 문제를 해결하는 방식에 대한 규정이 나옵니다.

그런데 예수의 비유 속 인물은 전통적 해결책이나 윤리적 판단을 따르지 않고, 오히려 가진 전 재산을 팔아 그 밭을 통째로 사들이는 대담한 선택을 합니다. 표면적으로는 비윤리적이거나 반법률적이라고 볼 수도 있지만, 예수는 바로 이 파격적 행동을 통해 하늘나라 소식을 듣고 그 변화의 힘에 압도된 사람이 기존 사회 규범조차 뛰어넘을 만큼 몰입하게 됨을 강조합니다. 이 이야기는 윤리나 법을 넘어서 오롯이 하늘

나라의 감격과 변화력에 이끌린 인간의 감정과 선택에 대한 이야기인 셈입니다.

뒤이어 나오는 '좋은 진주의 비유'(마 13:45-46)도 같은 맥락에서 이해할 수 있습니다. 한 상인이 자신이 가진 모든 것을 팔아 단 하나의 진주를 샀다고 한다면, 이는 세속적 관점에서는 얼마나 비합리적이고 어리석은 일입니까? 이것은 현대 투자 이론의 기본인 분산 투자 원칙은 말할 것도 없고, 고대 상업 세계의 합리성도 무시한 결정이라 볼 수 있습니다. 그 진주로 무엇을 할 수 있을까요? 집에 전시해서 입장료를 받을 수도 없고, 더 비싼 값에 팔 수 있을지도 장담할 수 없습니다. 결국 그렇게 고가의 진주를 언제, 어떻게, 누구에게 팔 수 있을지조차 불확실한 상황입니다. 비유의 핵심은 두 이야기(보물과 진주) 모두에서 '기쁨과 감격'에 압도된 나머지, 정상적인 경제적 계산 능력이나 사회의 보편적 윤리 판단을 아랑곳하지 않았다는 점입니다. 예수는 하나님 나라를 사람을 완전히 사로잡는 실재로 설명합니다. 그 나라를 만났을 때 오는 기쁨과 감격은 기존의 계산적 사고나 전통적 윤리 체계를 넘어서는 삶을 가능케 한다고 가르치는 것이지요.

비유는 예수의 주요한 가르침 방식인데, 이를 통해 하늘 나라의 감격, 체제나 기존 관념의 전복성, 그리고 때로는 기존 질서에 대한 반사회적 힘을 알려 줍니다. 여러 비유가 있지만 여기서는 앞의 두 짧은 비유를 통해 예수 비유의 특징을 알아

보았습니다.

5) 예수의 십자가형과 부활

회개 요청과 세례 의식, 하나님 나라를 향한 급진적인 현실 변화 선언, 새로운 질서를 향한 가르침, 비유, 기적은 현재 질서를 유지하고자 하는 세력에게 위협적이지 않을 수 없습니다. 로마제국의 직접, 간접적 통치 체제에서 예수처럼 말하고 행동한다면 반체제적 인물로 분류되어 위험에 처할 수밖에 없지요.

예수 이전에 활동한 세례자 요한의 세례 및 회개 운동 역시 예루살렘 신전 제사를 대체하거나 우회하는 체제 전복적 행동이었고, 실제로 세례자 요한은 갈릴리 지역 통치자 헤롯 안티파스Herod Antipas에 의해 참수형을 당했습니다. 민중의 눈에 세례자 요한 및 구약 시대의 예언자 전통 위에 서 있는 것으로 보였던[17] 예수 역시 당시 사회적·정치적 맥락에서 유사한 정치적 운명에 놓일 수밖에 없었습니다.

예수가 사형에 이르게 된 직접적인 원인은 예루살렘 신전에서의 행동에서 찾을 수 있습니다. 희생제사에 사용하는 제물을 사고파는 상인들의 상을 뒤엎고 환전상들을 내쫓으며 공식 제사를 방해한 사건은 신전을 중심으로 구축된 당시의 정치·경제 복합체 전체를 정면으로 부정하는 상징 행위였습니다. 당시 종교 지도자들, 특히 신전 운영의 실질적 권력을 쥔 사두개인과 대제사장 집단 그리고 바리새인까지도 신전 체제를 자신의 종교적 권위 뿐 아니라 현실적 권력과 직접적으로 연결하는 중요한 통로로 삼았으니까요. 쿰란 공동체로 대표되는 에세네파처럼 신전을 비판적으로 보는 소수 집단도 있었지만, 대부분의 유대 분파는 신전 중심 신앙을 인정했습니다. 그래서 예수의 신전 행동은 그들에게 가장 신성한 공간과 신앙의 핵심을 모독하고 부정한 것으로 간주되었을 것입니다.

결국 예수는 유대 기득권층의 반발, 그리고 복음서에 기록된 폰티우스 필라투스Pontius Pilatus[18]의 정치적 방관, 그리고 선동된 유대 민중의 외침이 맞물리면서 십자가형에 처해졌습니다. 이것은 르네 지라르René Girard의 통찰대로 체제가 느끼는 불안과 두려움이 집단적 폭력의 욕망으로 전화되며 '희생양'scapegoat을 찾아내는 구조적 발현 과정으로 볼 수 있습니다.

통상적으로 체제 반역을 이끈 지도자가 처형되면 그 운동도 끝나는 것이 보통입니다. 실제로 예수 이전에도 반란이나 민중 운동을 이끌었던 유대 지도자들, 예컨대 6년 '갈릴리의 유다' 등의 지도자와 그 추종자들은 모두 로마에 의해 무자비하게 진압되어 처형되거나 흩어졌습니다. 그런데 예수 운동은 예수의 십자가형 이후에도 사라지지 않았고, 오히려 더 큰 공동체로 성장했습니다. 예수의 처형 당시 두려움에 질려

흩어졌던 제자들이 얼마 지나지 않아 목숨을 걸고 예루살렘 심장부에 다시 출현했습니다. 그들은 "예수가 부활했다"고 담대히 선포했고, 부활 신앙은 기독교라는 새로운 공동체 그리고 역사상 가장 강력한 전환의 물결을 일으켰지요.

부활은 실증할 수 있는 사건일까요? 신학의 대답은 크게는 두 갈래로 나뉩니다. 하나는 실증할 수 있다는 것입니다. 다른 하나는 부활의 실증적 사실 여부와 관련 없이 신학적 의미를 강조하는 것이지요. 제가 받는 질문은 대게 근대적 의미의 실증주의positivism로 증명할 수 있냐는 것입니다. 그런 질문을 받을 때마다 '역사'란 무엇인가를 다시 생각해 보자는 대답을 먼저 하지요.

20세기 신약성서학의 방향을 만든 루돌프 불트만Rudolf Bultmann이라는 학자의 논법을 따라가 보겠습니다.[19] 대부분의 고대 역사적 사건처럼 예수의 부활 사건도 현대 과학의 방법론으로 실증하기 어렵습니다. 오늘날의 역사가나 과학자가 만족할 만한 객관적이고 실증적인 자료로 입증하기에는 원천적 한계가 있지요. 현대 의학의 기준상 이미 비가역적으로 뇌 기능이 정지된 죽은 사람이 다시 살아난다는 주장은 불가능에 가깝습니다. 여기서 '역사적'이라는 용어 자체의 의미 구분이 필요합니다.

독일 학계의 용어를 빌려 '역사'를 '히스토리셰'historische와 '게쉬흐틀리헤'geschichtliche로 나누면 설명할 수 있습니다. '히스토리셰'는 증명 가능한 과거 '사실'을 뜻한다면, '게쉬흐틀리헤'는 개별 인생이나 공동체의 실존에 변화를 일으키고 현재까지 의미를 지니는 '의미로서의 사건'을 의미합니다. 예수의 부활을 '히스토리셰'의 영역에서는 실증하기 어렵지만, 제자들과 공동체의 삶을 근본적으로 변혁하고 기독교를 탄생시킨 '게쉬흐틀리헤'의 영역, 곧 실존적이고 의미론적 사건에서는 충분히 역사적임을 주장할 수 있습니다. 이것이 불트만의 생각이지요.

21세기 영향력 있는 신약학자인 N. T. 라이트는 불트만을 비판하면서 '히스토리셰' 영역에서도 부활의 역사성을 말할 수 있다고 주장합니다.[20] 그의 핵심적인 주장을 요약하면 "예수의 실제 육체적 부활만이 초기 기독교의 기원을 설명할 수 있다"라는 것입니다. 그는 이미 있던 여러 기독교 변증가들의 증거를 강화하여, 부활의 증거가 비어 있는 무덤이나 제자들의 변화와 같은 정황 증거라고 해도 복음서의 증언들을 통해 예수 몸의 부활을 수용할 수 있다고 논증하지요. 유대교 전통에서 한 개인이 역사 가운데 육체적으로 부활한다는 개념은 거의 희박했고 제자들이 상상이나 집단적 환상으로 이를 꾸며낼 수 없었다는 것이시요.

저는 개인적으로 예수의 부활 사건은 제자들에게 사실보다 더 사실 같은 체험이었다고 생각합니다. 그러지 않고서는 이후의 제자들의 변화와 헌신을 이해하기 어렵다고 봅니다.

그러나 실증적으로 어떤 의혹도 남지 않는다고 주장할 수는 없다고 생각합니다. 예수의 부활은 은유도 망상도, 신화도 사실로도 정리되지 않은 무엇인가가 늘 잔여물처럼 남습니다. 그러한 종류의 사건을 '신비'라고 부를 수 있다면, 저는 신비라고 부르겠습니다.[21]

당시 예수의 제자들은 예수의 부활을 생생한 현실로 받아들였고, 이 체험이 그들의 삶을 근본적으로 변화시켰다는 사실에 대해서는 신학적 견해와 무관하게 역사학적으로도 이견을 제시하기 어렵습니다. 제자들은 더 이상 죽음을 두려워하지 않았으며, '증인'을 의미하는 헬라어 '마르튀스'μάρτυς라는 단어가 후대에는 '순교자'martyr를 의미하는 어원이 될 정도로, 바로 이 부활 신앙의 확신 속에 증언하는 삶을 살았습니다. 기독교라는 새로운 공동체와 신앙은 부활 신앙의 고백confession에서 시작되었습니다.

부활 개념은 그리스 철학이 아니라 후기 유대교의 세계관과 관련이 있습니다. 묵시문학 전통과 바리새파의 가르침에 따르면 하나님은 마지막 날, 곧 자신의 종말론적 통치가 실현되는 시기에 정의로운 사람을 몸으로 부활하게 합니다.

이 부활 신앙은 단순히 내세만을 기대하는 차원이 아니라 신정론神正論, Theodicy의 맥락과 연결되어 있습니다. "하나님이 선하고 전능하시다면 왜 정의롭고 선한 자들이 로마의 압제와 더불어 사회적 부정의, 박해 속에서 고통받아야 하는가?"

라는 고통스러운 질문에 대한 심오한 대답이기도 한 것이지요. 예수는 정의롭고 선하며 하나님의 뜻에 순종했으나 부당하게, 그것도 수치스러운 십자가형으로 죽음을 맞이했습니다. 그러나 그의 죽음은 그의 끝이 아니었고 하나님이 그를 다시 살리셨다는 사실은 제자들에게 신정론적 차원에서 하나님의 정의와 예수의 정의의 승리를 목도하게 하는 사건이었습니다. 예수의 부활을 통해 하나님은 정의롭고 전능하며 선한 분임과 이 세상에서 겪는 정의를 향한 고통은 반드시 부활의 열매를 맺는다는 신앙이 옳다고 증명된 것이지요.

예수의 부활은 근대적 의미의 실증적 역사 연구로 완전히 확증할 수 있는 사건은 아닙니다. 그러나 앞서 논의한 대로 아무리 양보해도 제자들에게는 부정할 수 없는 실제이자 진실이었지요. 부활을 목격했다고 선포한 제자들은 십자가 사건으로 흔들릴 수밖에 없었던 하나님의 정의를 끝내 의심하지 않고 결국 하나님의 승리를 믿게 되었습니다.

저는 여기서 부활과 관련하여 주요한 점을 하나 더 말씀드리려고 합니다. 복음서에서 전하는 부활 사건에는 기독교 신앙 특유의 특징이 드러납니다. 부활한 예수가 자신을 십자가형에 처한 사람들, 예를 들어 로미 당국자나 유대 지도자들 앞에 나타나지 않았다는 사실입니다. 만약 초대 교회가 부활 이야기를 권력의 관점에서 창작하거나 조작했다면 부활한 예수가 직접 원수들 앞에 나타나 그들을 굴복시키는 에피소드,

제가 자주 쓰는 표현인 '승리주의적 과시'를 삽입하는 것이 효과적이었을 것입니다. 그러나 복음서에는 그런 이야기가 없습니다. 꾸미려면 꾸며 냈겠지요. 이것은 예수의 탄생 이야기를 떠올리게 합니다.

마태복음과 누가복음의 예수 탄생 이야기는 예수의 탄생이 구원사적 의미를 지닌 중대한 사건이었지만, 그 방식은 지극히 겸손하게 일어났다고 알려 줍니다. 특히 누가복음에서는 들판에서 양을 치던 별 볼 일 없는 목자들이 아기 예수를 찾았을 뿐, 온 세상이 요란하게 반응하지 않았지요. 예수의 탄생이나 부활의 현현 모두 꼭 필요한 인원 외에는 누군가를 동원하지 않는 이야기이지요. 예수를 죽인 권력자 앞에 의기양양하게 나타나는 승리주의적 기적을 예수는 일으키지 않습니다. 부활한 예수는 오직 자신을 사랑하는, 자신과 함께하려는 제자들, 자신을 증언할 증인에게만 나타납니다. 여기에 기독교의 오의奧義가 있습니다.

이번 장에서는 외계인 탐사라는 관점을 통해 기독교의 다양한 모습과 그것이 예수라는 인물에서 비롯됨을 살펴보았습니다. 특별히 1세기 팔레스타인이라는 구체적 시공간 속 예수와 그의 급진적인 '하나님 나라' 메시지는 당시 로마제국이라는 세계 속에 전혀 새로운 규범과 윤리를 드러냅니다. 나아가 십자가라는 실패와 모순을 뒤집고 제자들의 삶을 근본적으로 변화시킨 것은 '부활'이라는 강력하고도 신비로운 고백이었고, 그곳에서 기독교가 출발했음을 확인했습니다. 다음 장에서는 이 예수를 중심으로 모인 작은 공동체가 어떻게 제국의 변방에서 시작하여 로마제국의 중심을 향해 나아갔는지, 그 성장의 여정에 관해 다뤄 보겠습니다.

3장

기독교의 탄생과 성장

예수와 그를 따르는 운동, 그리고 이후 기독교라는 종교는 연속성과 비연속성을 동시에 가지고 있습니다. 이번 장에서는 제국의 변두리에서 주목받지 못했던 예수 운동이 제국의 국교가 된 과정을 간략하게 살펴보도록 하겠습니다.

● ── 예루살렘 예수 공동체의 탄생과 성장

예수는 '복음'εὐαγγέλιον, 유앙젤리온을 전했고, 마가복음은 "하나님의 아들 예수 그리스도의 복음의 시작"Ἀρχὴ τοῦ εὐαγγελίου Ἰησοῦ Χριστοῦ υἱοῦ θεοῦ이라는 문장으로 시작됩니다.

고대 그리스어 '복음'은 전쟁에서의 승리 등의 기쁜 소식을 의미합니다. 그런데 기독교에서도 예수의 메시지를 이 '복음'으로 표현합니다. 예수의 복음 혹은 예수에 대한 복음이 동시대인들에게 어떤 의미를 가졌는지 이해하기 위해서는 기원전 9년 소아시아 프리엔Priene 달력 비문을 참고할 필요가 있습니다. 그 비문에는 "그 신(아우구스투스)의 탄생은 세상에 (선포된) 복음의 시작이다"ἡ γένεσις τοῦ θεοῦ ἦν τῷ κόσμῳ ἀρχὴ τῶν εὐαγγελίων라고 기록되어 있습니다. 황제의 탄생이 복음으로 선포되었다는 사실은 예수 시대에 복음이 단순한 종교 용어가 아니라, 당대 정치적·사회적 맥락에서도 중요한 의미를 가지고 있었음을[1] 드러냅니다.

프리엔 달력 비문, 기원전 9년경.

'하나님의 아들'이라는 칭호 역시 로마제국의 정치적·사회적 맥락에서 이해될 수 있습니다. 당시 로마 황제가 통치의 정당성을 주장하며 내세우는 것 중 하나는 그가 '신의 아들'$^{divi\ filius}$이라는 것이지요. 여기에서 '신'은 사후에 신으로 승격된 선대 황제를 의미합니다.

로마제국에서 황제가 죽으면 '아포테오시스'^{ἀποθέωσις}라는 과정이 일어난다고 보았습니다. '아포'^{ἀπό}는 '~에서부터, 그 뒤로'라는 뜻이고, '테오시스'^{θέωσις}는 '신이 되다'를 의미합니다. 이 용어는 주로 '사후 신격화'로 번역됩니다.

예수 당시에도 로마에서는 이러한 전통이 여전히 남아 있었습니다. 공화정기 로마는 살아 있는 통치자를 신으로 섬기는 동방 문화를 비판하며 자신들을 구별했으나, 실제로 로마 제국 각지에는 황제 숭배와 황제 가문을 위한 신전이 많았습니다. 다만 도시 로마에서는 노골적으로 황제를 신으로 공개 숭배할 수는 없었으므로, 새로운 황제는 선대 황제가 죽어서 신이 된 후에야 자신을 '신의 아들'divi filius로 내세웠습니다.[2]

이처럼 신적 칭호와 신분은 로마 황제의 통치 이데올로기 및 권위의 중대한 일부였으며, '하나님의 아들'이라는 호칭이 예수와 예수 공동체에 의해 사용될 때 당시 사회·종교적 맥락에서 특별한 의미를 갖게 되었음을 알 수 있습니다.

다시 말해, 로마 황제의 탄생은 복음으로 선포되었고, 황제는 사후에 신으로 신격화되며, 그 뒤를 잇는 새 황제는 신의 아들로 선언되었습니다. 달리 말하면, 로마 황제는 태어나는 순간부터 죽음 이후까지 다양한 공식 제의와 의례를 통해 신성한 존재로 높임을 받았습니다.

이처럼 당대 사회에서 공식적으로 자리 잡은 '복음'과 '신의 아들'이라는 용어가 예수와 그의 메시지에 적용될 때, 이는 단순한 종교적 표현을 넘어서 정치적 함의를 가지게 됩니다.

실제로 '예수가 신의 아들이며, 그의 선포가 곧 복음'이라는 주장에는 그것이 제일의 목적이 아니었다 하더라도 기존 권력 질서에 대한 대항적 메시지가 있다고 볼 수 있습니다. 실제로 예수의 복음은 황제의 복음과 내용적으로 대비됩니다. 황제의 복음이 지배자, 권력자 중심의 소식이었다면, 예수의 복음은 억눌린 이들이나 평범한 이들에게 다가가는, 철저히 민중적인 메시지로 받아들여질 수 있습니다. 이러한 대조 속에서 예수의 복음 선언은 당대 사회에 강한 도전과 변혁적 의미를 지닌 발언임을 알 수 있습니다.

제국의 중심부에서 볼 때 예수와 관련된 사건들은 그저 제국 변방에서 잠시 일어난 작은 소동에 불과했을 것입니다. 예수의 탄생과 죽음, 부활 선언을 둘러싼 모든 과정 그리고 그와 연관된 인물들은 권력의 중심이나 높은 신분을 가진 이들이 아니라, 대체로 당대 사회에서 낮게 평가받거나 무시당하던 이들이었습니다.

마태복음과 마가복음에 따르면 부활한 예수는 제자들에게 제국의 변방 중에서도 예루살렘에서조차 무시받던 곳인 갈릴리 지역으로 가라고 명령합니다. 예수는 복음이 여전히 변방에서 이어지기를 원했던 것처럼 들리기도 합니다.

반면 누가복음에서는 부활한 예수가 제자들에게 예루살렘을 떠나지 말고 머무를 것을 당부합니다. 성령으로 세례를 받을 것이라는 약속을 남기고 예수는 승천하여 더 이상 사람들의 눈에 보이지 않게 됩니다. 이후 예수 운동의 확장과 기독교의 탄생과 성장에 관한 기록은 누가복음의 후속작인 사도행전을 통해 찾아볼 수 있습니다.

사도행전은 복음이 예루살렘 변방에 머물 것이 아니라 온 유대와 사마리아와 결국에는 땅 끝까지 선포되어야 한다는 예수의 명령을 전합니다. 이후 사도행전은 이 과정을 흥미롭게 서술합니다. 일부 학자들은 사도행전과 고대 로마 소설 장르를 비교하기도 하는데, 이는 그만큼 사도행전이 청중의 흥미를 끌기 위한 문학적 장치가 있었다는 뜻이지요. 여하튼 사도행전이 전하는 바를 아래와 같이 간략하게 정리해 보려 합니다.

부활 이후 제자들은 유대의 명절인 오순절을 맞이합니다. 오순절은 밀 추수의 첫 열매를 하나님께 바치는 감사절로, 유월절로부터 50일이 지난 시점에 해당하는 날입니다. 제자들이 모두 한자리에 모여 있을 때 갑자기 하늘로부터 강한 바람 같은 소리가 들려와 그들이 있던 집 전체를 채우게 됩니다. 이어서 불길처럼 여러 갈래로 갈라진 혀의 모습이 사람들 각자 머리 위에 나타나 내려앉는 일이 일어납니다. 그리고 그때 제자들은 모두 성령으로 충만하여 여러 가지 다른 언어로 말하기 시작했습니다.

이 장면은 사도행전이 그리는 예수를 따르는 이들의 공동체인 교회가 탄생하는 순간을 상징적으로 보여줍니다. 오순절 성령 강림 사건을 통해 초대 교회는 다언어, 다민족 공동체로 시작되었으며, 성령의 인도를 받아 새로운 신앙공동체가 출현하게 되었음을 알 수 있습니다. 오순절은 유대교 전통에서 시내산에서 법(십계명)을 받았던 기념일에서 발전했다는 전승이 있는데, 사도행전 저자는 이 절기에 성령이 제자들에게 임해 성령이 바로 '새 언약의 법'임을 상징적으로 보여주고자 한 것으로 이해할 수 있습니다.

앞서 언급했던 것처럼 바리새인과 같은 유대인들의 관점에서 부활은 마지막 날에 하나님께서 일으키실 특별한 사건으로 인식되었습니다. 종말론적 사건으로 '최후의 날'은 하나님의 심판의 날이며, 하나님이 직접 통치하시는 때를 의미합니다. 하나님을 위해 의롭게 살다가 억울하게 죽은 이들을 하나님께서 되살리지 않는다면, 역사 속에서 참된 정의가 실현되지 못하게 됩니다. 따라서 부활은 언제나 하나님의 통치와 깊은 연관성을 띠게 됩니다. 구약의 약속대로(욜 2:28-29 참고), 하나님의 온전한 통치는 성령(하나님의 영, 혹은 예수의 영)이 제자들에게 임하는 사건을 동반합니다. 부활과 성령 강림은 하나님의 공의와 역사의 정의, 그리고 새로운 공동체의 출현을 동시에 상징하는 신학적 의미를 지닙니다.

그렇게 예수와 그의 부활을 통해 하나님은 구약의 옛 약속을 지키시는 분이고, 성령을 통해 지속적으로 함께한다는 신앙을 가진 교회가 탄생하여 급격하게 성장했다고 사도행전은 보도합니다. 사도행전에 따르면 이 과정에서 세 명의 인물이 초기 기독교 성장을 이끄는 주요 역할을 했습니다. 첫 번째 인물은 갈릴리에서부터 예수를 따랐던 베드로입니다. 그는 유대 지방에 거주하는 유대인들을 대상으로 선교했습니다. 그는 예루살렘 시민들을 향해 "여러분이 죽인 예수가 죽지 않고 다시 살아나셨습니다!"(행 3:14-15, 저자 사역)라고 힘주어

선언했고, 예수를 십자가에 못박은 도시 예루살렘에서 교회가 성장하는 데 중요한 원동력이었습니다. 사도행전에 따르면 어느 날에는 3천 명, 또 다른 날에는 5천 명의 사람들이 한꺼번에 예루살렘 교회 공동체로 유입되었습니다. 그들은 서로 재산을 나누고 날마다 떡을 뗐다고 합니다. 여기서 떡을 뗀다는 것은 성만찬 혹은 애찬을 함께 나누었다는 의미입니다. 초기 기독교 예루살렘 교회는 예배(성만찬)와 일상의 삶이 통합된 공동체, 신앙과 실천이 오롯이 하나로 어우러진 공동체였다고 할 수 있습니다.

교회에서 종종 "초대교회로 돌아가자"라는 구호가 들리는 이유는 바로 이 초기 공동체의 이상적인 모습을 떠올리기 때문일 것입니다. 상상해 보면, 당시 성령의 감동을 받아 평소 일상에서는 보기 어려운 말과 이적을 행하는 사람들이 있었습니다. 공동체 구성원들은 네 것, 내 것 없는 삶을 살며, 필요에 따라 재산을 나누고, 함께 식사하고, 기도와 찬송을 했습니다. 이들은 '곧 임할 하나님 나라에서 우리는 행복하게 지낼 것'이라는 강한 믿음을 갖고 있었기에 매우 이상적으로 보입니다. 그러나 초대교회의 성장 과정에는 외부의 극심한 박해라는 고통과 시련 역시 존재했습니다. 대표적으로 베드로는 여러 차례 박해를 받고 감옥에 갇히는 등 어려움을 겪었지만, 끝까지 신앙을 지켰다고 사도행전은 전합니다. 물론 교회 밖에서만 문제가 있던 것은 아니었습니다.

사도행전에 따르면 예루살렘 공동체에는 헬라어를 사용하는 외국 출신 이주자들이 있었는데, 이들은 팔레스타인 밖에서 살던 디아스포라 유대인으로, 말년을 신전이 있는 곳에서 보내고자 예루살렘에 온 사람들이었습니다. 그런데 헬라어를 사용하는 그들과 히브리어(또는 아람어)를 사용하는 현지 유대인들 사이에는 식량 배급 문제와 같은 갈등이 있었습니다. 예를 들어, 히브리어를 쓰는 과부들에게 더 많은 몫이 돌아가거나 그들이 우선적으로 배려받는 상황에서 헬라어를 쓰는 과부들은 배급에서 소외된 것으로 보입니다. 이 문제는 공동체 내 갈등을 심화시켰고, 결국 예루살렘 교회 공동체는 문제를 공정하게 처리하기 위해 일곱 명의 일꾼 διάκονος, 디아코노스을 선출하게 됩니다. 이들은 공동체의 사역과 배급을 관리하며 초대교회의 공정성과 사랑이 실현되도록 노력했습니다.

• ── **사마리아, 그리고 제국 곳곳에 들어선 예수 공동체**

일곱 명의 일꾼 가운데서도 스데반은 초대 교회의 두 번째 성장 변곡점을 대표하는 인물입니다. 그는 외국 출신 유대인 공동체 속해 있었던 헬라파 유대인이었는데, 외국 출신 이주민들이 모이는 '자유인의 회당'에서 논쟁을 벌이게 됩니다. 이 회당은 과거 유대인 포로들이나 그 후손이었다가 자유를 얻고 예루살렘으로 온 사람들이 모인 곳으로 추정됩니다. 스데반은 이곳에서 하나님께서 주신 율법과 신전, 그리고 예수 그리스도에 관해 치열한 논쟁을 겪었습니다. 그 논쟁에서 스데반을 논리적으로 이기지 못한 사람들은 결국 악의적 고발 및 돌로 쳐 죽이는 것으로 문제를 해결하려 했습니다.

사도행전에는 스데반이 이스라엘의 역사와 구약성서 그리고 예수 사건을 연결하여 설명하는 긴 연설이 기록되어 있습니다. 이는 스데반 개인의 해석을 넘어 누가복음과 사도행전을 기록한 저자의 관점에서 구약과 예수 사건을 요약한 것으로 볼 수 있습니다. 스데반은 그 연설을 한 후 예수가 하나님의 오른쪽에 서 있는 것을 지금 보고 있다고 말합니다. 그 고백은 유대인들의 관점에서는 신성모독으로 여겨질 만한 내용이었고, 결국 격분한 사람들은 그를 둘러싸고 돌을 던져 스데반을 죽이게 됩니다.

이렇게 스데반은 기독교 역사상 최초의 순교자가 되었고 그의 죽음을 계기로 유대 지역에서 교회를 향한 박해가 본격적으로 시작됩니다. 이 박해로 기독교인들은 각지로 흩어졌는데, 역설적으로 이것이 도리어 기독교를 더 널리 퍼지게 하는 계기가 되었습니다. 일곱 명의 일꾼 중 한 명인 빌립은 사마리아 지역으로 가서 예수의 복음을 전하기 시작합니다. 이 과정은 사도행전이 제시하는 "예루살렘과 온 유대와 사마리아와 땅 끝까지"(행 1:8)라는 선교 도식과 연결됩니다.

렘브란트 판 레인, 「스데반의 순교」, 1625.

예수 운동 성장의 세 번째 변곡점은 '사울'이라 불린 인물로부터 시작됩니다. '사울'은 히브리어 이름이었고, 그의 라틴어(로마) 이름은 '바울'이었습니다.[3] 사도행전은 스데반이 투석형을 당할 때, 증인들이 자신들의 겉옷을 한 청년에게 맡겼다고 기록하는데(행 7:58), 그가 바로 사울이었지요. 사도행전은 그가 스데반의 죽음을 정당하게 여겼다(행 8:1)고 기록하며, 사울을 단순한 목격자가 아닌 적극적인 동조자로 묘사합니다.

오늘날의 표현을 빌리자면, 사울은 원리주의자라 할 수 있습니다. 그는 바리새파 유대인으로서 스스로를 '젤로테스'ζηλωτής, 번역하면 '열심 있는 자'라고 규정합니다(행 22:3; 갈 1:14). 이 '열심'이라는 단어는 단순한 종교적 열정을 넘어, 유대 역사 속 두 인물의 폭력적인 행동을 참조하는 매우 강력한 이념 성향을 의미합니다.

첫 번째 인물은 민수기 25장에 등장하는 제사장 아론의 손자 비느하스입니다. 그는 이스라엘 남성들이 비이스라엘 여인들과 혼인하고 그들의 신을 숭배할 때, 그들을 창으로 꿰뚫어 죽였습니다. 성서는 이 행위를 하나님을 향한 '열심'으로 규정하며, 그의 행동으로 인해 하나님의 진노가 그쳤다고 기록합니다(민 25:10-13). 두 번째 인물은 기원전 2세기 셀레우코스 왕조가 유대 율법을 금지했을 때 마카베오 전쟁을 일으킨 맛다디아입니다. 그는 비느하스의 '열심'을 본받아 제우스에게 제사 지내려던 동족 유대인을 제단 위에서 죽이고 항쟁의 불을 붙였습니다(마카베오상 2:15 - 28).

사울은 하나님의 율법과 거룩함을 지키기 위해서라면 폭력적인 수단도 서슴지 않는 비느하스와 맛다디아의 '열심'으로 자신을 규정했습니다. 그에게 십자가에 달린 예수를 '메시아'라고 부르는 기독교인들은 하나님의 신성한 가르침을 더럽히는 위험한 이단이었습니다. 따라서 그는 교회를 박해하는 자신의 행동을 하나님의 뜻을 이루는 거룩한 '열심'으로 확신했습니다.

사울이 따랐던 바리새파 유대교 신앙에 따르면 야훼 하나님은 이스라엘을 선택하셨고 그들을 거룩한 백성으로 선택했습니다. 하나님은 법Torah을 그들의 삶의 지침으로 주었고 거기에 기록된 안식일 준수, 할례, 음식법, 정결법 등은 이 언약의 정체성을 지키는 핵심적인 표지였습니다. 그러나 사울의 눈앞에 나타난 예수 운동은 이러한 상징 세계를 정면으로 부수고자 했지요. 그들이 따르는 예수는 토라의 기준에 따르면 '나무에 달려 저주받아 죽은 자'(신 21:23)였고, 부정한 세리와 성매매 여성들과 거리낌 없이 식사 교제를 나누었으며, 안식일에 이삭을 비벼 먹은 제자들을 옹호하며 기존의 법 해석을 전복하려던 위험인물이었죠.

사울의 '열심'이 이들을 향했다는 점은 새삼스러울 것이 없습니다. 다만 그것이 비느하스 및 맛다디아와 다른 점이 있다는 것을 지적할 필요가 있습니다. 비느하스나 맛다디아의 폭력은 지배자들 혹은 사회의 주류를 향한 것인데, 사울의 폭력은 그 반대였습니다. 사실 사울의 신념에 따르면 로마와 야합한 헤롯당원들이나 사두개파 역시 하나님의 뜻을 거스르는 반역자였습니다. 그러나 사울이 박해한 대상은 정치권력을 쥔 이들이 아니라, 사회적 지위와 권력이 없던 예수 추종자들이었습니다. 저는 사울을 보며 김수영 시인이 「어느 날 고궁을 나오면서」에서 "왜 나는 조그마한 일에만 분개하는가"라는 문장이 생각났습니다. 권력의 부정의에는 침묵하거나 옹알거리면서, 반격할 힘이 없는 약자를 향해서는 마음껏 분노를 퍼붓는 이유는 그렇게 해도 자신이 '안전하기' 때문이겠지요. 사울의 열심 또한 이처럼 가장 손쉬운 대상을 겨냥했습니다.

사도행전에 따르면, 사울은 이 위험한 운동을 예루살렘 밖까지 추적하여 제압해야 한다고 확신했고, 당시 종교 지도자였던 대제사장에게 다마스쿠스로 가서 신자들을 체포할 수 있는 공문을 발부 받았습니다. 그러나 다마스쿠스로 향하던 길에 그는 강렬한 빛과 함께 부활한 예수의 현현을 경험합니다. 이 사건은 그의 세계관을 두 가지 측면에서 근본적으로 파괴하고 변화시켰습니다.[4]

첫째, 신학적 변화를 겪습니다. 바리새인 사울에게 '부활'은 역사의 종말에 하나님이 정의로운 사람을 최종적으로 인정하는 사건이었습니다. 그런데 하나님이 율법에 의해 '저주받아' 죽은 예수를 다시 살렸습니다. 하나님이 예수를 '정의롭다'고 선언한 사건이지요. 만약 하나님이 십자가에 달린 예수를 옳다고 판단하셨다면 토라, 더 정확하게는 기존의 토라 해석은 더 이상 유효하지 않습니다. 하나님의 뜻이 담긴 토라에 대한 이제까지의 해석을 완전히 새롭게 해야 하는 것이지요. 둘째, 사울은 사회적, 실존적 전향을 합니다. 그는 "나는 네가 박해하는 예수라"(행 9:5)라는 음성을 듣습니다. 사울은 예수를 직접 박해한 적이 없습니다. 그는 예수의 추종자들을 박해했을 뿐이지요. 그러나 부활한 예수는 자신을 박해받던 무력한 사람들과 완전히 동일시했습니다. 엘리트 바리새인이었던 사울에게 신적 존재가 자신이 경멸하던 무지렁이들과 하나라는 선언은 엄청난 충격이었습니다.

이 사건 후 사울은 자신의 삶 전체를 재조정해야 했습니다. 그의 변화는 '도덕적 뉘우침'이 아니었습니다. 그는 자신이 율법의 의로는 흠이 없다고 자신감 있게 말했지요(빌 3:6). 그의 변화는 윤리적 개선이 아니라 존재와 가치 체계의 전복이었습니다. 사도행전은 이 사건 후 사울이 사흘간 앞을 보지 못하다가 아나니아라는 인물의 도움으로 눈에서 '비늘 같은 것'이 벗겨지며 다시 보게 되었다고 기록합니다(행 9:17-18). 이는 단순한 시력 회복이 아니라 이전과는 완전히 다른 시각으로 세상을 보게 되었음을 상징합니다. 명민했던 사울은 이 충격적인 체험을 토대로 십자가의 예수, 그리고 부활하신 그리스도를 중심으로 하는 새로운 신학적 질서를 재구성했습니다. 그는 자신이 알고 있던 하나님에 대한 인식 자체를 예수를 통해 계시된 하나님으로 새롭게 정립했습니다.

이 거대한 세계관의 전환은 즉각적인 실천의 변화로 이어졌습니다. 바리새인 사울에게 절대적이었던 안식일, 오순절 같은 절기나, 선민의 표지였던 할례는 더 이상 절대적인 것이 아니게 되었습니다. 오히려 그는 할례가 그리스도 안에서 생성하는 새로운 정체성을 방해하는 장애물이 될 수 있다고까지 주장했습니다(갈 5:2).[5] 확실한 것은 사울은 자신이 가졌던 기존의 바리새파 신앙 체계에 머무를 수 없었다는 점입니다. 그는 가만히 앉아 있는 사람이 아니었습니다. 그는 자신이 박해했던 그 공동체와, 그들과 스스로를 동일시하신 그리스도의 복음을 들고 지중해 세계 곳곳을 누비는 사도가 되었고, 로마에서 순교하기까지 '땅끝'까지 복음을 전하는 예수 운동의 세 번째 변곡점이 되었습니다.

선교의 세 인물 스데반은 약 34년경, 베드로는 대략 64-66년 네로 황제의 박해 시기에, 바울 역시 67-68년경 네로 치하에서 순교했다고 추정합니다. 이 세 명의 순교자는 기독교 성장에 변곡점에서 자신의 삶을 불태웠습니다.

• ─ 기독교 선교의 성공 원인들

초기 예수 운동 선교사들은 예수의 부활을 증언했고, 그 증언으로 인해 수난과 죽음까지 감수하면서 신앙을 삶으로 살아내는 데 열정을 쏟았습니다. 이러한 적극적인 선교 활동은 고대 지중해 세계에서 독특하고 이례적인 현상이었습니다. 잘 생각해 보면, 아테네 사람이 아테네의 신을 선교하러 돌아다니거나 포세이돈 신앙을 열심히 전파하는 모습은 쉽게 상상하기 어렵습니다. 그러했다는 문헌도 찾기 어렵고요. 헬레니즘-로마 시대의 전통적인 종교들은 대부분 지역 공동체의 정체성과 결부되어 있었으며, 외부로 신앙을 적극적으로 확산시키는 구조나 세상에 전파하는 식의 신학적 요구를 갖지 않았습니다. 동방에서 유입되던 일부 신흥 미스터리 종교들조차 주로 개인적 구원이나 비밀 의례에 집중했을 뿐, 예수 운동처럼 조직적으로 곳곳을 다니며 선교했다는 흔적은 많지 않습니다. 그러한 기독교 선교의 신학적 동기는 아마도 종말과 선교를 향한 예수의 명령에서 찾을 수 있지 않을까 합니다.

초기 예수 운동 증인들의 삶은 결코 순탄하지 않았습니다. 그들이 따르고 고백하는 예수가 로마제국에 의해 사형선고를 받았던 십자가 처형자의 신분임을 감안하면 당연한 일이지요. 신앙의 핵심이 사회적으로 낙인 찍힌 사형수에게 있다는 것 자체가 사회적 불이익과 오해, 박해의 원인이 되었습니다.

　기독교인들은 종종 미신과 광기에 사로잡혀 질서를 어지럽힌다는 비난을 받거나 조롱의 대상이 되기도 했습니다. 1세기 후반에서 2세기 초반 로마 속주 비티니아-폰투스의 총독이었던 플리니우스Gaius Plinius Caecilius Secundus는 황제 트라야누스에게 기독교인 심문 내용을 보고하면서 이런 인상을 더욱 분명히 남깁니다(「서한」 10.96). 그는 기독교인들은 '지나치고 그릇된 미신'superstitionem pravam et immodicam에 빠져 있다고 평가했습니다. '미신'superstitio이라는 용어는 국가의 전통 종교가 아니면서 기존 사회질서에 위협이 되거나 이질적으로 보이는 신앙을 폄하하거나 조롱할 때 사용됐습니다. 플리니우스가 직접 심문한 내용에 따르면, 기독교인들은 매주 아침 한 차례 모여 그리스도를 신으로 찬양하고, 사기, 간음, 배교와 같은 부정한 행위를 하지 않겠다고 맹세한 다음, 함께 식사하는 정도의 생활만을 영위하고 있었습니다. 이 관찰을 토대로 플리니우스는 기독교가 사회에 특별히 해를 끼친다기보다는 '완고한 고집'inflexibilem obstinationem이 문제라고 비판하지요. 다만 그는 이 '미신'의 소규모 집단이 빠른 속도로 퍼져 나가고 기존 로마 질서 및 문화에 쉽게 동화되기를 거부하기 때문에 이를 제어할 필요가 있다고 보았습니다.

　이처럼 초기 기독교인들은 사회적으로도 소수였으며, 제국의 전통적인 공인 종교 및 문화와는 근본적으로 다른 가치를 품었기에 박해와 차별, 불신의 대상이 되었습니다. 초기 증인들의 신앙과 실천은 외부 시선으로는 쉽게 이해되거나 환영받지 않았지만, 도리어 이러한 차별과 오해가 공동체 내부 결속과 신뢰를 더욱 견고하게 만드는 역할을 한 측면도 있습니다.

기독교는 초기에 간헐적인 지역적, 일상적 박해를 겪다가 3세기에 이르러 로마제국 전역에서 조직적이고도 체계적인 박해의 시대를 맞이합니다. 이 시기 로마제국은 기독교 교회와 신자들을 체계적으로 말살하고자 다양한 정책과 폭력을 동원했으나 이러한 박해에도 불구하고 기독교는 오히려 더욱 넓고 빠르게 확산되었습니다. 오히려 박해는 신자들의 결속력과 신앙의 강인함을 증명하는 계기가 되었고, 결과적으로 교회 공동체는 커지고 강해졌습니다. 카르타고의 순교자 테르툴리아누스는 "그대들이 우리를 베면 벨수록 우리는 더욱더 자라난다. 순교자의 피는 기독교인의 씨앗이기 때문이다"(*Apologeticum, caput* 50)라고 말하며, 박해와 죽음을 두려워하지 않는 기독교인의 용기와 신념, 그리고 박해를 통해 오히려 더 단단해지는 공동체의 역설적 성장 가능성을 강조했습니다.[6] 결국 로마제국의 억압에도 불구하고 기독교는 순교와 견고한 신앙 공동체를 통해 제국 전체로 퍼져갔으며, 이는 훗날 기독교가 제국 공인 종교로 인정받는 하나의 결정적 전환점이 되었음을 알 수 있습니다.

선교 와중에 순교를 마다하지 않았다는 것이 선교 성공 원인의 전부는 당연히 아닙니다. 기독교의 확산에는 로마 제국의 사회적, 문화적 인프라가 여러 측면에서 중요한 역할을 했습니다. 우선 언어 환경에서 헬라어(그리스어)의 영향력이 컸습니다. 기독교 메시지와 신약성서는 헬라어로 번역되고 기록되었는데, 당시 로마제국에서 헬라어는 라틴어와 더불어 거의 공용어처럼 쓰이고 있었습니다. 이는 서로 다른 지역과 민족, 계층에 속한 사람들이 기독교 메시지를 쉽게 접할 수 있는 언어적 토대를 제공했지요.

둘째, 도로망과 치안도 선교에 유리하게 작용했습니다. 로마제국은 사방으로 뻗은 도로 체계를 갖추고 있었고, 그 도로망에서의 여행과 이동이 비교적 수월한 시대였습니다. 이를 '팍스 로마나'의 증거로 제시하기도 했지요. 이런 환경은 사도들과 선교사들이 다양한 도시와 지역을 방문하며 복음을 전하는 데 물리적 장애를 줄여주었습니다.

셋째, 도시 내 유대인 회당의 존재도 중요했습니다. 로마제국 곳곳에는 고대 디아스포라 유대인의 회당이 자리하고 있었고, 기독교 선교사들은 대개 그 회당을 먼저 방문해 예수가 메시아임을 선포하며 선교를 시작하곤 했습니다. 사도행전에서도 사울이 유대인 회당이 있는 도시를 중심으로 선교 활동을 전개한 기록이 이를 뒷받침합니다(행 13:14, 17:1 - 2 참조).

이러한 인프라와 문화적 환경은 기독교뿐 아니라 당대의 여러 종교, 예컨대 미트라교 등에도 동일하게 적용될 수 있었습니다. 미트라교는 로마 군인들 사이에서 특히 인기가 높았던 경쟁 종교였으나, 결국 기독교가 제국의 주도적 종교가 된 데에는 추가적이고 결정적인 요인이 필요합니다. 다시 말해 동일한 사회적 조건과 인프라를 공유했음에도 왜 기독교가 장기적으로 우위를 점했는지, 기독교가 가진 특별한 매력과 구조, 공동체성, 메시지의 보편성 등 추가적 원인을 말해야 합니다. 저는 다음의 몇 가지를 꼽습니다.

　기독교가 로마제국 내에서 최종적으로 승리할 수 있었던 첫 번째 요인은 초기 기독교가 자신들을 둘러싼 강한 사회적 오해와 편견을 효과적으로 극복했다는 점입니다. 몇 가지 예를 들어 보겠습니다. 기독교 공동체에서는 서로를 '형제, 자매'로 부르는 전통이 있었는데, 이는 당시 로마 사회에서 오해를 불러일으켰습니다. 외부의 시선으로 볼 때 이 호칭과 공동 식사, 함께 모여 예배하는 모습 등은 근친상간이나 혼음을 하는 성적으로 문란한 집단이라는 루머를 만들기도 했습니다(Minucius Felix, *Octavius* 9.5). 하지만 이러한 오해는 비교적 짧은 시간 안에 해소되었습니다. 기독교가 엄격한 성 윤리와 금욕을 강조하는 신앙이었기 때문이지요. 기독교인들은 결혼과 성, 가족의 의미에 대해 절제되고 책임 있는 태도를 보였으며, 이것이 기존 로마 사회의 성 풍속과는 뚜렷하게 구별되는 특징이었습니다. 결과적으로 기독교 공동체의 도덕적 기준과 청렴한 삶은 오히려 많은 로마인에게 윤리적, 사회적 신뢰감을 심어주었고, 성생활과 관련된 부정적 편견을 극복하는 데 결정적인 역할을 했습니다. 기독교의 명확하고 엄격한 성 윤리는 도리어 많은 이들에게 새로운 대안적 삶의 방식으로 매력과 신뢰를 얻기도 했습니다. 좀더 상세하게 말해 보겠습니다.

로마 사회에서는 기혼 남성이 성매매를 하거나, 자신이 소유한 노예를 성적으로 이용하는 것에 대해 사회적으로 별다른 비판을 하지 않았습니다. 심지어 노예 소년을 성적으로 유린하는 행위조차 정당화되곤 했습니다. 문제가 되었던 것은 오직 다른 자유민 남성의 아내와의 부적절한 관계인 간통이었고, 이것은 로마 사회에서 금지되었습니다. 로마의 초대 황제 옥타비아누스는 자신의 통치 초기에 혼인과 간통에 관한 법률을 제정하여 Lex Julia de adulteriis, 기원전 18-9년경 귀족 사회의 만연한 간통 문제와 이에 따라 발생한 출산율 저하 문제에 대응해야 할 정도였습니다. 따라서 로마 시민권을 가진 남성은 간통을 제외하면 성적 욕망을 거의 제한 없이 충족할 수 있었고, 여성이나 노예, 어린이, 남성 간의 성관계에서도 광범위한 허용이 이루어졌습니다. 다만 남성 간 성관계에서 수동적인 역할을 맡는 것은 수치로 여겨졌지요. 한편 자유민 여성, 그리고 자유민 남성의 아내를 향한 순결, 정절은 엄격히 요구되었고, 남편

이 아내의 간통을 알면 아내와 그 상대를 법적으로 처벌하거나 극단적으로 죽일 권리까지 있었습니다.

로마 사회의 성적 풍경을 배경으로 두면 기독교의 절제되고 일관된 성윤리는 로마 사회에서 이질적으로 보일 만큼 엄격했습니다. 기독교의 성 윤리는 철저하게 혼인 관계 내에서만 성관계가 허용된다고 규정했습니다. 기독교인이 되면 로마인 남성이라 하더라도 혼인 관계 외의 성관계는 금지되었습니다. 성매매는 물론이고, 노예와의 성관계 역시 허용되지 않았습니다. 단순히 동성 간 성관계에서 수동적인 역할을 하는 것만이 아니라, 혼인 관계가 아닌 모든 성관계가 금지되고 부끄러운 일이 된 것이지요. 로마 시민 남성의 입장에서 보면 이는 자신들의 성적 자유를 억압하는 강력한 제약이었습니다. 그러나 기존 로마 사회에서 성적으로 착취당하던 계층의 사람들, 특히 여성과 남녀 노예들에게는 매우 안전한 보호막이 되었습니다. 예를 들어, 기독교인이 된 주인은 더 이상 자신의 남자 노예를 성적으로 착취할 수 없었습니다. 어린 소년들도 성적 대상이 될 위험에 처하지 않았습니다. 기독교라는 울타리 안에서 더 많은 사람들이 안전해진 것이지요. 특히 아내들은 이 성윤리의 큰 덕을 보았습니다. 성관계는 오직 혼인 관계에서만 허락되었고, 이혼도 엄격히 금지되었으니 버림 받을까봐 걱정할 일이 사라지게 된 것이죠.

기독교 공동체에서 시행되던 성만찬 역시 외부인들에게

오해를 받았습니다. 당시 기독교인들은 예수가 제정한 성만찬을 기념하며 떡과 포도주를 나누면서 그것을 '예수의 몸과 피'라고 불렀습니다. 이를 이해하지 못한 외부인들은 기독교인들이 식인을 행하는 종교라고 비난하기도 했습니다. 특별히 초기 기독교인들이 유아를 살해한다는 왜곡된 소문도 있었습니다. 비밀스러운 모임에서 피를 마신다고 하니 희생되는 존재가 연약한 어린아이라고 추정한 것이지요. 낯선 사람들이 사회의 금기를 어긴다고 생각하는 경향은 동서고금 어디에나 있는 듯합니다. 초기 한국 선교시에도 선교사들이 아이들을 살해하고 식인을 한다는 괴담이 있었지요.[7] 그러나 이러한 오해도 어렵지 않게 극복되었습니다. 기독교인들이 아이를 대하는 태도가 로마 가부장제보다 더 책임감 있고 따뜻했기 때문이지요.

로마제국 시대의 가부장제에서 핵심 요소는 '아버지의 권리' patria potestas 였습니다. 그 권리의 핵심은 가족구성권으로 가족의 생사 여부를 결정할 권한까지 가졌습니다. 예를 들어, 로마인 남성이 길을 가다가 구걸하는 아이를 눈여겨 보다가 '이 아이가 내 아들이었으면 좋겠다'고 생각하면 입양을 통해 자신의 아들로 삼을 수 있었습니다. 입양된 그 아들은 친아들과 동일한 권리와 책임을 갖게 됩니다. 반대로 자신과 자신의 정식 아내 사이에서 태어난 자식이라 할지라도 그가 보기에 보잘것없다고 판단하면 아이를 버릴 수 있었습니다. 이처럼 아이의 생사 여부는 아버지의 결정에 달려 있었습니다. 기독교인들은 이러한 가부장제적 권한 방식을 따르지 않았습니다. 기독교 가정에서는 낳은 아이를 버리지 않았고(*Epistle to Diognetus* 5:6) 부모의 책임을 다했습니다. 따라서 기독교인들이 유아를 살해한다는 주장은 사실과 전혀 맞지 않았고, 시간이 지나면서 이러한 오해 역시 어렵지 않게 극복되었습니다.

또한 초기 기독교 운동은 용기와 절제, 그리고 어려운 상황에서도 타인을 위해 헌신하고 사랑을 실천했던 모습을 보여주었습니다. 이러한 모습은 많은 이들에게 신뢰를 주었고, 기독교 공동체에 대한 인식을 바꾸는 중요한 계기가 되었습니다. 이러한 특징은 '팬데믹'(전염병) 시기에 두드러지게 나타났습니다. 전염병은 우리가 흔히 생각하는 것처럼 어쩌다 한 번 발생하는 특별한 사건이 아니라, 역사 속에서 반복적으로 등장합니다. 우리 역시 코로나19를 겪었고, 그 이전에 메르스도 경험했습니다. 18-19세기는 콜레라의 시대였으며, 중세에는 흑사병(페스트)이 유럽을 휩쓸었습니다. 또한 말라리아를 비롯한 각종 전염병은 언제나 인류 사회를 위협해 왔습니다.

초기 기독교 역사에서 제국에 전염병이 돌았을 때, 기독교 공동체가 형성된 지역의 평균 수명은 다른 지역보다 높았습니다. 그 이유는 기독교인들이 전염병 환자들을 쉽게 버리지 않고 돌보았기 때문입니다. 165년과 251년에는 제국을 공포로 몰아넣은 안토니우스 역병Antonine Plague과 키프로스 역병Cyprian Plague이 발생했습니다. 이 두 전염병은 사망률이 30-50%에 이를 정도로 치명적이었지요. 이러한 대재앙 속에서 전염병을 피해 피신하거나 조금이라도 증상이 보이는 이들을 도시 밖으로 내다버렸던 사람들과 달리 기독교인들은 환자를 방치하거나 버리지 않고 정성을 다해 돌보았습니다. 특별한 약이 있을 리 없었지만 이들은 격리된 환자들에게 깨끗한 물과 음식을 정기적으로 제공하고, 그들을 간호하며, 함께 기도해 주었고, 이러한 헌신은 환자의 생존율을 높였습니다.

기독교인들의 헌신적인 돌봄과 공동체적 연대는 결국 로마 황제 율리아누스Flavius Claudius Julianus의 유명한 '패배 선언'을 이끌어 냅니다. 그는 기독교 가문 출신임에도 기독교 신앙을 버렸기에 흔히 '배교자 율리아누스'라고 불립니다. 그러나 그것보다는 '로마 전통주의자 율리아누스'라는 표현이 더 중립적일 수 있습니다.

그는 기독교 가정에서 태어났으나 성장 과정에서 헬레니즘 철학과 로마의 전통 종교를 더 우월하게 여겼습니다. 그는 황제가 된 후 아폴론이나 유피테르 같은 로마의 전통 신들을 섬기는 것이 갈릴리 출신 예수를 믿는 기독교보다 훨씬 더 낫다고 확신했고, 고대 로마 전통 종교 부흥 정책을 강력하게 추진했습니다. 그러나 그 시도는 결국 실패로 돌아갔습니다. 무엇보다 민중들에게는 관념적인 철학이 아니라 삶 속에서 실천되는 기독교인들의 사랑과 연대의 힘이 더 강력했기 때문입니다. 그는 한 전통 종교 대제사장에게 보낸 편지에서 기독교가 성공한 이유를 정확히 짚어내며 이렇게 한탄한 것으로 전해집니다. "유대인 중에는 구걸하는 이가 한 명도 없고, 저 불경건한 갈릴리 사람들(기독교인)이 자기네 가난한 사람들뿐만 아니라 우리의 가난한 사람들까지도 먹여 살리는데, 정작 우리 사람들은 우리에게서 아무런 도움도 받지 못하고 있음을 만인이 보고 있으니, 이는 실로 수치스러운 일이다."[8]

초기 기독교는 적극적으로 사회적 연대를 실천했고, 이 상황을 주도했던 여성들의 리더십은 기독교 선교에 큰 힘이 되었습니다. 남성 중심 사회였던 때에 어떻게 이런 일이 가능했을까요? 여러 요인이 있겠지만 고대 로마 사회에서 여성의 위치를 살펴보면 그 답을 찾을 수 있습니다. 당시 여성의 역할은 공적 영역이 아닌 주로 돌봄과 환대의 영역인 가정에 국한되었습니다. 그런데 초기 기독교 공동체는 별도의 공적 건물이 아닌 가정 교회에서 모였기 때문에 여성들은 이 돌봄과 환대의 영역을 중심으로 공동체 내에서 자연스럽게 핵심적인 역할을 수행할 수 있었습니다. 이것이 기독교를 남성과 여성 모두의 종교가 되게 한 중요한 요인이었고, 기독교 선교의 성공 이유이기도 합니다. 당시 로마의 종교 지형도를 보면 이는 이례적인 일이었지요.

로마의 전통 종교를 제외하고 기독교의 가장 강력한 경

쟁자 종교는 미트라교였습니다. 페르시아에서 유래한 이 종교는 비밀스러운 컬트였기에 정확히 알기 어렵지만 구원, 세례, 공동 식사 등 기독교와 흥미로운 유사점을 가졌습니다. 그러나 결정적인 차이점은 미트라교는 제국의 군인들이 주로 믿었던 철저한 남성 중심의 종교로, 여성의 참여를 배제했다는 것이지요. 다른 한편, '베스타의 처녀'Vestal Virgins처럼 혼인을 하지 않는 극소수의 여성에게만 리더십이 국한된 종교도 존재했습니다. 이와 달리, 기독교는 성별, 인종, 사회적 지위에 관계없이 누구나 받아들이는 '보편성'을 핵심 가르침으로 삼았습니다(갈 3:28 참조). 기독교 공동체는 이처럼 평등과 연민, 사랑을 기반으로 하면서도, 동시에 엄격한 윤리적 태도와 초월적인 구원의 이상을 함께 제공하는 독특한 종교였습니다.

지금까지 살펴본 요인들이 기독교의 내적 성장 동력이었다면, 교회의 폭발적 성장을 견인한 결정적인 외적 요인 또한 존재합니다. 그것은 기독교가 박해받던 '미신'에서 제국의 '공인 종교'religio licita가 되고, 최종적으로는 국교로 자리매김한 것입니다. 이 전환점은 우리가 잘 알고 있는 콘스탄티누스 황제가 313년 선포한 소위 '밀라노 칙령'이었습니다. 이 조치로 기독교는 마침내 박해의 시대를 끝내고 제국 내에서 합법적인 종교로서의 지위를 얻었습니다. 이러한 결정의 배경에는 312년 로마에서 벌어진 밀비우스 다리 전투 전날 밤의 유명한 계시가 있다고 전해집니다. 전승에 따르면, 콘스탄티누스는 '이 표식으로 승리하라'In Hoc Signo Vinces는 계시와 함께 '키-로'Chi-Rho, ☧ 혹은 십자가 형태의 환상을 보았고, 이 상징을 병사들의 방패에 그리게 한 후 전투에서 극적인 승리를 거두었다고 하지요. 콘스탄티누스 황제 자신은 임종 직전에 세례를 받았지만, 그는 재위 기간 내내 교회 건축 지원, 성직자 세금 면제 등 기독교에 대한 호의와 지원을 한 것은 사실이고 결과적으로 기독교를 제국의 실질적인 중심 종교로 격상시켰습니다.

313년 밀라노 칙령에 이어 기독교의 역사에 결정적인 전환점이 된 또 다른 사건은 바로 380년 테오도시우스Theodosius 황제가 선포한 '데살로니카 칙령'입니다. 이 칙령은 기독교를 여러 공인 종교 중 하나를 넘어 로마제국의 유일한 국교로 선포했습니다. 그 주요 내용은 『테오도시우스 법전』Codex Theodosianus에 다음과 같이 기록되어 있습니다.

> 우리의 관용과 온화함 아래 있는 모든 민족이 사도 베드로가 로마인들에게 전한 신앙, 그리고 지금 로마의 교황 다마수스Damasus와 알렉산드리아의 주교 페트로Peter가 고백하는 신앙을 따르기를 바란다.… 우리는 이 신앙을 따르는 자들에게 '가톨릭 기독교인'이라는 이름을 허락한다. 나머지 자들은 어리석고 미친 자들로서 '이단'으로 간주되어야 하며, 그들의 예배 장소는 교회로 불릴 수 없다. ─『테오도시우스 법전』 XVI.1.2

데살로니카 칙령을 통해 제국의 국교가 된 기독교는 이제 긴 고난의 시기를 끝내고 '유토피아'를 이루었을까요? 작은 공동체에서 시작하여 세상을 뒤덮었지만, 얻은 것만 있지는 않습니다. 잃은 것도 많지요. 기독교가 제국의 필요성에 부응하며 거기에 자신을 끼워 맞추면서 타락한 면도 있습니다.

12세기에 튀르키예 하기아 소피아Hagia Sophia의 벽면에 제작된 프레스코화를 보겠습니다. 이 그림에는 성모자聖母子와 요하네스 2세 콤네노스 황제Johannes II Komnenos, 그리고 에이레네 황후Irene가 등장합니다.⁹ 그림 속에서 성모 마리아는 중앙에 위치하고, 마리아에게 안긴 아기 예수는 손짓을 통해 자신이 통치자임을 드러내고 있습니다. 예수의 왼손에는 말씀이 들려 있고, 오른손은 복을 내리는 제스처를 취하고 있습니다. 한편, 좌우의 황제와 황후는 예물을 드리는 것인지 받는 것인지 확실하지 않습니다. 예물을 받는 것이라고 본다면, 그들이 예수 그리스도로부터 권력과 재산, 말씀을 받는 존재로 묘사되었다고 볼 수 있습니다. 또는 예물을 드리는 것으로 보면, 황제와 황후는 예수 그리스도께 기도와 재물을 바칠 정도로 신실하다는 것으로 해석할 수 있습니다. 그런데 여기서 가장 눈여겨볼 점은 황제와 황후가 성모자상 곁에 배치되어 있으며, 그 높이는 성모자보다 아주 약간 낮을 뿐이라는 사실입니다. 자신들이 성모자와 비슷한 지위임을 노골적으로 드러내는 것이지요. 이는 권력이 신앙의 이름으로 자신의 정치적 정당성

튀르키예 하기아 소피아 성당 벽면에 있는 '콤네노스 모자이크'.

을 확보하려는 시도입니다.

　제국과 기독교가 긴밀하게 엮이면서 교회가 얻은 '득'은 박해의 시대를 끝내고 안정과 부유함을 획득했다는 것입니다. 그러나 앞서 살펴본 '실'도 분명했습니다. 기독교가 국교화되고 로마제국의 지배 체제로 편입되는 과정에서, 초기에 가졌던 예수 정신인 체제 저항성과 역동적인 생명력을 상당 부분 상실했습니다.

　380년 테오도시우스 칙령으로 국교가 되기에 앞서, 기독교는 먼저 정치 권력의 주도하에 내부적인 '정비 작업'을 거쳐야 했습니다. 325년에 열린 제1차 니케아 공의회가 그 작업이었습니다. 이 공의회는 사실상 제국 종교로서의 기독교를 탄생시키는 신호탄이었습니다. 이는 기독교 역사상 최초의 세계 공의회로, 로마의 황제 콘스탄티누스가 직접 소집했다는 점에서 아이러니가 있습니다. 황제의 목적은 신학적 진리 탐구 이전에 기독교를 활용해 분열된 제국을 사상적으로 통합하려는 데 있었습니다. 그의 비전은 '하나의 제국, 하나의 황제, 하나의 법'이라는 로마의 이상을 '하나의 교회, 하나의 신앙'으로 완성하려는 것이었지요.

그러나 황제가 구상한 통합에는 거대한 걸림돌이 있었으니, 바로 기독교 내부의 신학적 다양성이 너무나 컸다는 점입니다. 특히 '아리우스 논쟁'은 교회 내에서 좀처럼 합의에 이르지 못한 대표적인 사건입니다. 로마제국의 3대 도시 중 하나였던 알렉산드리아에서 활동하던 아리우스Arius는 "예수 그리스도는 창조된 피조물이며 성부 하나님과 동등하지 않다"고 주장했습니다. 이 논쟁은 교회 내부에서 큰 갈등을 일으켰고, 이를 해결하는 것이 니케아 공의회의 중요한 안건이었습니다. 공의회에서 아리우스주의는 이단으로 규정되었습니다. 그러나 아리우스파가 완전히 사라지지는 않았습니다. 심지어 오늘날까지도 여전히 그 사상을 계승하는 집단은 존재하지요. 이 외에도 공의회에서는 부활절 날짜를 통일하는 문제가 논의되었습니다. 당시 동방 교회는 유대력(유월절)에 맞추어 부활절을 기념했지만, 서방 교회는 춘분 후 첫 보름달이 뜬 이후 첫 일요일에 부활절을 기념했기 때문입니다.

제가 니케아 공의회의 정치적 배경을 말씀드렸지만, 저

는 '공의회의 모든 것이 정치적이므로 별 가치 없다'고 주장할 의도는 없습니다. 거기서 기독교 신앙의 정체성을 명확히 하려는 시도가 있었고 그것을 평가하지 않을 이유도 별로 없습니다. 공의회는 오늘날까지 중요한 신조로 이어지고 있는 그 유명한 '니케아 신조'를 확립하여 기독교의 신앙 내용을 정리하고 공식적인 교리를 확정했습니다.[10]

● 정치화된 종교 권력과 종교화된 정치 권력, 그리고 교회의 대분열

기독교가 국교가 되면서 종교와 정치 권력은 서로를 필요로 했고, 서로를 변화시켰습니다. 물론 정치와 종교는 인류가 문명을 갖게 된 이후 완전히 분리된 적은 없었고 기독교와 로마제국의 만남 역시 인류 문명사를 보면 그다지 새로울 것도 없습니다. 다만 기독교와 로마제국는 특정한 시대와 장소에서 만났기에 그 특수한 특징과 사건들이 발생한 것이지요. 제국은 제국의 통일이라는 자기 발전 논리를 종교의 권위에 빚지려 했고, 기독교는 교리의 확산과 보존을 정치의 힘에 빚지는 공생 관계가 형성되었습니다.

정치와 종교는 이처럼 큰 차원에서 서로 협력하기도 하지만, 때로는 격렬하게 갈등하기도 합니다. 역사적으로 상징적인 두 사건이 있습니다. 한 사건은 1077년의 '카노사Canossa의 굴욕 사건'입니다. 성직자 임명권Investiture을 두고 다툰 신성로마제국의 하인리히 4세가 자신을 파문한 교황 그레고리오 7세에게 용서를 구하기 위해 3일간 눈 속에서 맨발로 성문 앞에 서 있었던 사건이죠. 이는 교황권sacerdotium이 세속 권력imperium을 굴복시킨 대표적인 사례입니다.

다른 사건은 1309년부터 1377년까지 이어진 '아비뇽 유수'Avignon Papacy입니다. 이는 반대로 프랑스 왕 필리프 4세의 강력한 압력으로 교황청이 로마에서 프랑스 아비뇽으로 옮겨진 사건이지요. 교황권이 세속 권력에 굴복한 상징적인 사건입니다.

이처럼 중세 천 년5-15세기 동안 정치 권력과 종교 권위는 하나의 유기체 안에서 벌어진 협력과 갈등 사이를 오고 간 관계였습니다. 5세기 말 교황 젤라시우스 1세Gelasius I는 양자의 복잡한 관계를 '두 개의 권력'duo sunt이라는 틀로 정리했습니다. 곧 하나님은 세상을 통치하기 위해 영적 권위sacerdotium, 교황의 권리와 세속 권위imperium 또는 regnum, 황제의 권리라는 두 개의 권력을 제정하셨다는 겁니다. 하지만 이 격렬한 상층부의 권력 투쟁과는 무관하게, 결국 지배를 받는 일반 백성들laboratores, 일하는 자의 눈에는 정치라는 물리적 힘과 종교라는 정신적 힘이 서로 견고하게 맞물려 천 년 동안 자신들을 지배한 하나의 거대한 권력으로 보일 뿐이었습니다. 이러한 민중의 인식은 당대 사회를 이데올로기적으로 정당화했던 세 가지 신분Three Orders 개념에 의해 더욱 강화되었습니다. 당시 이데올로기는 기도하는 자oratores, 성직자와 싸우는 자bellatores, 귀족가 하나님의 질서에 따라 일하는 자laboratores, 백성를 지배하고 보호하는 구조가 정당하다고 설명했습니다. 백성의 관점에서 기도하는 자(종교의 정신적 힘)와 싸우는 자(정치의 물리적 힘)는 분리된 권력이 아니라 자신들의 노동력에 기반하여 사회를 지탱하는 단일한 지배 계급의 두 얼굴일 뿐이지요. 교회는 세속 권력의 정당성을 하나님의 이름으로 보증해 주었고, 세속 권력은 교회의 교리와 재산을 물리력으로 보호해 주었습니다.

제국과 교회가 얽혀 있었기 때문에 로마가 동로마제국과 서로마제국으로 분할될 때 기독교도 동방 교회와 서방 교회로 분리되었습니다. 이후 서로마제국이 먼저 멸망했고, 두 교회는 사이에는 문화적·사상적으로 차이가 있었지만 서로를 인정했지요. 그러다가 기독교는 1054년 로마(서방)와 콘스탄티노플(동방) 사이의 신학적, 정치적 갈등이 절정에 달하면서 '대분열'Great Schism을 겪게 됩니다. 서방 교회(훗날 로마 가톨릭)와 동방 교회(정교회)로 나뉘게 된 것이지요. 이후 16세기에는 이 서방 교회 내부에서 종교개혁Reformation이 일어나, 로마 가톨릭으로부터 개신교가 분리되어 나오면서 기독교의 지형은 더욱 다양해졌습니다.

한국의 기독교는 주로 19세기 말 이후 서방 교회의 선교

(로마 가톨릭과 개신교)를 통해 수용되었기에 많은 분에게 '기독교'는 곧 서방 교회를 의미하며, 동방 교회는 상대적으로 생소하게 느껴질 수 있습니다. 그러나 우리가 기독교 신앙의 전체적인 다양성과 그 뿌리 깊은 역사를 이해하려면, 동방 정교회에 대한 기본적인 개념을 아는 것이 필수적입니다. 여기서는 동방정교회에 대해서 간략하게만 언급하겠습니다.

• ─ **동방정교회**

동방 정교회 신자들은 자신들이야말로 초대 교회의 신앙과 실천을 변함없이 계승해왔다는 강한 자의식을 가지고 있습니다. 그들에게 '전통'Paradosis은 단순히 오래된 관습이 아니라, 성서, 7대 세계 공의회의 결정, 교부들의 가르침, 그리고 무엇보다도 성스러운 예전을 통해 이어지는 살아있는 신앙 그 자체를 의미합니다. 그들은 자신들의 예배와 신학, 그리고 이콘Icon을 통한 신앙 고백이 사도 시대부터 이어진 기독교의 원형을 그대로 보존하고 있다고 강조하지요.

꼭 그런 것은 아니지만 교회 건축 양식도 차이가 있습니다. 정교회 건물은 돔dome 형식의 비잔틴 양식을 취하고 있는데, 이는 동로마제국을 중심으로 발전한 동방 교회의 대표적인 건축 특징입니다. 천국과 신성함을 상징하지요. 이와 반대로 서방 교회는 고딕Gothic 양식을 취하지요. 하늘로 뾰쪽한 첨탑으로부터 직선적 위계과 공간의 수직성이 두드러집니다. 이렇게 신학적 지향점의 차이가 시각적으로 드러나듯 교회 체제 역시 다릅니다.

서방 교회가 베드로의 후계자로 믿는 교황을 정점으로 하는 중앙집권적 구조를 지니며, 교황은 전 세계 교회에 대한 보편적 수위권首位權을 갖는다고 주장하는 반면, 동방 교회는 지역 자치를 중시하여 콘스탄티노플, 러시아, 그리스 등 각 지역의 총대주교Patriarch들이 '동등한 가운데 첫 번째'primus inter pares라는 명예적 지위를 갖는 연합체적 성격이 강합니다. 의사결정 역시 각 지역 총대주교와 시노드(주교 회의)에서 이루어집니다.[11]

또한 두 교회는 사용하는 예전력liturgical calendar에서도 차이를 보입니다. 오늘날 널리 쓰이는 그레고리우스 역법은 1582년 로마 교황 그레고리우스 13세가 기존의 달력을 개정한 것인데,[12] 많은 동방 교회에서는 이를 받아들이지 않습니다. 서방 교회의 교황이 제정한 것을 순순히 수용할 리가 없지요. 동방 교회는 전통적인 율리우스력을 계속 사용합니다. 이로 인해 부활절이나 성탄절의 날짜가 서방 교회와 다릅니다. 두 전통의 달력 차이는 단순한 시간 계산의 문제가 아니라, 전례적 전통과 교회 정체성의 차이에서 발생한 것입니다.

신학적인 면에서도 1054년 대분열을 초래한 결정적인

차이가 있습니다. 대표적인 것이 바로 삼위일체론의 '필리오케'Filioque 논쟁입니다. 동방 교회는 니케아-콘스탄티노플 신조 원안대로 "성령이 성부로부터 나오신다"qui ex Patre procedit 라고 고백하며, 성부의 유일한 근원성을 강조합니다. 서방 교회는 여기에 "성령이 성부와 성자로부터 나오신다"qui ex Patre Filioque procedit 라고 하여, 라틴어 '필리오케'그리고 아들로부터라는 문구를 신조에 추가했습니다. 동방 교회는 이 추가를 신조의 무단 변경이자 성령의 위상을 격하하는 신학적 오류로 간주합니다.

구원에 대한 이해 역시 두 전통 간의 근본적인 차이를 보여줍니다. 서방 교회는 구원을 설명하기 위해 '법정적' 혹은 법률적 용어와 은유를 핵심적으로 사용합니다. 캔터베리의 안셀무스Anselmus Cantuariensis의 '만족설'이 대표적입니다. 그는 죄를 하나님께 진 빚으로 이해하고, 유한한 인간은 이 빚을 갚을 수 없기에 신이자 인간이신 그리스도가 대신 빚을 갚아야 했다고 보았지요. 이것은 법정적이고 상업적인 은유입니다. 이에 기반해 서방 신학은 법정적 측면을 강화하여 '죄'를 하나님의 공의를 침해한 법적 위반으로, '심판'을 그 필연적인 결과로, 그리고 '은혜'를 그리스도의 보속을 통한 사면으로 이해하는 경향이 강합니다. 따라서 사죄와 용서가 구원의 핵심 개념이 됩니다.

이 법정적 은유는 복음의 한 측면을 잘 설명하지만, 예수의 사역 전체를 법정적 관점으로 축소시킬 위험이 있습니다.

우리의 일상은 법정에서 이루어지지 않습니다. 그럼에도 서방 교회의 예배 안에서 신자들이 정기적으로 사죄의 고백을 하고 사제나 목회자가 용서를 공식적으로 선언하는 예식은 이 법정적 사고방식이 신앙 실천에 얼마나 깊이 각인되어 있는지를 보여줍니다.

반면, 동방 교회의 구원론은 법정적 모델보다는 치유적, 존재론적 그리고 변형적 모델에 가깝습니다. 핵심 문제는 법적 죄책이라기보다, 죽음과 부패에 묶인 인간 본성이 신으로부터 소외된 상태이지요. 따라서 구원은 이 소외를 극복하고, 인간이 하나님의 은총에 참여함으로써 점차 신과 하나가 되어가는 신화神化, Theosis를 통해 이루어집니다. 아타나시우스 Athanasius Alexandrinus는 그리스도가 인간이 되신 것은 우리가 신이 되게 ἵνα θεοποιηθῶμεν 하기 위해서라고 선언(*De Incarnatione Verbi Dei*, 54.3)하기도 했지요.

이 '신화'의 개념은 서방 교회의 관점에서 볼 때 사변적으로 보일 수 있습니다. 이는 인간이 본성상 신이 된다는 의미는 아닙니다. 인간은 결코 신이 될 수는 없지요. 그것의 정확한 의미는 우리가 접근할 수 없는 신의 '본질'οὐσία, 우시아이 아닌, 우리에게 스며드는 신의 '에너지'ἐνέργειαι, 에네르게이아이 혹은 '은총'χάρις, 카리스에 참여한다는 의미입니다. 이처럼 구원을 점진적인 변모의 과정으로 이해하기에 동방 교회에는 '헤시카즘'Hesychasm과[13] 같은 깊은 명상 기도와 신비주의적 수련 전통이 발전했습니다.

동방 교회의 신학과 함께 살펴보면 서방 교회 신학의 장점과 한계를 더 선명하게 볼 수있습니다. 우리에게 익숙한 서방 교회의 법정적 은유로 복음을 해석하는 관점은 순기능과 역기능을 동시에 갖고 있는 것이지요. 토머스 홉스는 종교가 궁극적으로 보이지 않는 힘에 대한 두려움을 극복하기 위해 생겨난 것이라고 주장합니다. '심판'이나 '죄'와 같은 법정적 은유는, 홉스의 지적처럼 종교를 두려움의 기제로 작동시키는 경향이 있습니다. 사회를 통제하려는 정치꾼들에게도 유용하지요. 저는 기독교의 이름으로 죄책감과 수치심에 과도하게 집중하고, 이를 통해 신자들을 통제하거나 조작하려는 종교적 시도들을 볼 때마다, 그것이 과연 예수의 복음에 합당한 해석인지 깊은 의문을 가집니다.

마르틴 루터의 종교개혁 역시 이러한 법정적 논리의 연장선상에서 탄생했습니다. 그는 죄와 하나님의 무서운 심판, 그리고 그 형벌로서의 지옥이라는 법정적 공포Anfechtungen에 좌절하다가, '오직 은혜'로만 의롭다 하심을 얻는다는 감격에 도달했습니다. 그러나 그의 위대한 깨달음조차 결국 죄인을 의롭다 선언하시는 하나님의 법정적 논리 속에서 이해된 것이기는 하지요. 이러한 법정적 은유의 안경을 잠시 벗고, 구약성서와 신약성서를 (동방 교회가 강조하듯) 치유와 신화의 관점으로 읽으면, 이전에 잘 보이지 않던 기독교 메시지의 풍요로운 차원들이 새롭게 다가옵니다.

　동방 교부 신학의 핵심은 "그분(그리스도)이 취하지 않으신 것은 치유되지 않았다"τὸ γὰρ ἀπρόσληπτον ἀθεράπευτον라는 나지안조스의 그레고리오스Γρηγόριος Ναζιανζηνός의 유명한 명제에 집약되어 있습니다. 구원은 법적 선언 이전에, 그리스도가 우리의 타락한 본성 전체를 취取하심으로써 치유하시는 존재론적 과정이라는 겁니다. 조금 더 설명해 보겠습니다. 예수는 성육신할 때 모든 인간적인 요소 심지어 타락한 인간의 연약함까지 흠 없이 취했습니다. 이를 통해 인간의 모든 부분이 그리스도 안에서 근원적으로 치유되고, 구원이 이루어질 수 있다는 것이지요. 치유와 변화, 신화의 모델은 기독교 복음을 설명해 온 하나의 주요한 흐름입니다. 물론 이 설명에도 장점과 한계는 있습니다. 다만 적지 않은 한국의 기독교인들이 서방 교회의 법정적 은유를 기독교 복음의 전부인 것처럼 착각하고 있는 현실이 가끔 안타깝게 느껴집니다.

　예배 형식에서도 동방 교회와 서방 교회는 뚜렷이 다릅니다. 동방 교회는 '성스러운 예전'에서 그리스어나 고대 슬라브어 같은 전통적인 언어를 사용하여 장엄하고 신비로운 분위기를 연출합니다. 이는 예배의 목적과도 깊이 관련됩니다. 인간은 '신화'되어야 하는데, 이 장엄하고 신비로운 예전이 지상에서 천상의 예배를 미리 체험하게 해주는 중요한 통로이어야 하기 때문이지요. 반면 서방 교회는 라틴어를 기반으로 발전했지만, 20세기 제2차 바티칸 공의회 이후 가톨릭과 종교개혁 이후 개신교에서 신자들이 말씀을 이해하는 것을 중시하여 각국의 현대 언어로 예배를 진행하는 경향이 강합니다.

성례전, 특히 성찬례에서도 해석의 차이가 드러납니다. 동방 교회는 부활의 생명을 상징하는 누룩 있는 빵을 사용합니다. 반면 서방 교회는 대체로 유월절 만찬의 전통에 따라 누룩 없는 빵을 사용합니다. 이는 그리스도의 순수함과 고난, 희생을 강조하려는 신학적 의도가 담겨있지요.

또한 예술에서도 동방 교회는 이콘icon이라는 2차원의 성화聖畫를 중심으로 신학을 발전시켰습니다. 동방 교회는 8-9세기 성상 파괴 논쟁Iconoclasm을 겪으며, 이콘을 '천상으로 열린 창'이자 신학의 시각적 표현으로 확고히 정립했습니다. 서방 교회는 르네상스 이후 3차원적인 조각 예술을 적극적으로 수용하며 동방교회와는 다른 전통을 형성해 왔습니다.

동방 교회와 서방 교회는 1054년 대분열을 기점으로 서로를 파문했으며, 이 분열은 수백 년간 이어졌습니다. 1965년에서야 로마의 교황 바오로 6세Paul VI와 콘스탄티노플의 총대주교 아테나고라스 1세Athenagoras I가 공동 선언을 통해 상호 공식적인 파문을 철회하고 화해를 도모하기 시작했지요. 물론, 이것으로 모든 긴장이나 갈등이 해결된 것은 아닙니다.

두 전통은, 그리고 그 전통 내에서 다른 의견을 가진 집단은 심지어 서로 죽여가며 갈등했지만, 한발자국 물러서서 보면 결국 하나의 집안 이야기일 수 있습니다. 불교도의 눈에 보면, 동방 교회와 서방 교회의 갈등은 결국 내부 문제일 뿐이겠지요.

이번 장에서는 제국의 변방에서 황제의 용어를 전복하며 시작된 작은 예수 운동이 어떻게 로마 세계로 퍼져나갔는지 그 여정을 살펴보았습니다. 베드로와 스테반, 그리고 박해자에서 사도로 급진적인 전환을 이룬 사울의 순교적 증언은 이 운동의 첫 번째 동력이었습니다. 그러나 로마의 박해 속에서 교회가 성장할 수 있었던 결정적 요인은, 전염병 속에서도 이웃을 돌본 강력한 사회적 연대와 여성과 약자를 보호한 새로운 윤리 공동체의 매력이었습니다. 이 거대한 흐름은 마침내 콘스탄티누스와 테오도시우스 황제를 통해 기독교를 제국의 국교로 만들었지만, 이 '승리'는 권력과의 결탁이라는 무거운 대가를 치러야 했습니다. 결국 이 힘은 신학의 통일을 위한 니케아 공의회를 거치며, 오늘날까지 이어지는 서방 교회의 '법정적 구원관'과 동방 교회의 '신화'神化라는 차이와 갈등을 초래하기도 했습니다.

다음 장에서는 기독교 역사에서 대표적인 사건들을 살펴보도록 하겠습니다.

4장

기독교 역사의 빛과 그림자

칼 마르크스Karl Marx는 『루이 보나파르트의 브뤼메르 18일』에서 역사에 관한 아주 유명한 말을 남겼습니다. "헤겔은 '세계사적으로 중요한 의의를 지니는 모든 사건과 인물은 반복된다'고 말한 바 있다. 그러나 그는 다음의 말을 덧붙이는 것을 잊었다. '한 번은 비극으로, 다음은 소극笑劇으로 끝난다'는 사실 말이다."[1] 마르크스가 볼 때 형 나폴레옹은 비극을, 동생 루이 보나파르트는 소극을 상징하는 인물이겠지요. 그의 말처럼 완전히 동일한 역사는 반복될 수 없지만, 어떤 사건은 실제로 과거에 비슷하게 일어난 듯한 기시감을 불러일으킵니다. 이른바 '유형'類型이 비슷하기 때문입니다. 이번 장에서는 기독교 역사에서 유사하게 반복되는 몇 가지 유형의 사건인 기독교 신앙과 전쟁, 신앙과 이성의 관계, 희생양과 마녀사냥 등을 살피면서 기독교 역사의 빛과 그림자를 알아보고자 합니다.

• ― **기독교 신앙과 전쟁**

전쟁은 폭력이 가장 극단적으로 발현된 형태입니다. 기독교가 인간 사회 및 역사와 깊은 관계를 가진다면, 전쟁의 역사 역시 피할 수 없을 겁니다. 대표적으로 십자군 전쟁을 들 수 있겠지요. 여기서는 이를 통해 기독교 신앙과 폭력의 관계에 대해 살펴보겠습니다.

1) 십자군 전쟁

십자군 전쟁Crusades은 1096년부터 1291년까지 벌어진 일련의 군사 원정이었습니다. 주요 배경은 셀주크 투르크의 중동 점령이었습니다. 셀주크 투르크는 오늘날의 이란과 이라크 지역에서 카스피해까지, 그리고 이베리아 반도와 튀르키예 지역까지 세력을 확장하고 있었습니다. 이들은 1071년 만지케르트 전투에서 동로마제국을 대파하여 아나톨리아 대부분을 장악했고, 예루살렘과 안티오키아까지 점령함으로써 기독교인들의 성지순례가 중단되는 사태가 벌어집니다. 이에 동로마제국의 황제 알렉시오스 1세가 서유럽 교황과 군주들에게 잃어버린 신앙의 영토를 회복하자고 호소하며 군사 지원을 요청했습니다.

예루살렘은 기독교, 이슬람교, 유대교 신자들 모두에게 중요한 성지였고, 일생에 한 번은 꼭 방문하고자 열망하는 장소였지요. 그러나 그곳을 이슬람이 장악하고 있는 한, 기독교인들은 성지순례시 안전이 위협받는다고 여겼습니다. 당시의 성지'순례'는 오늘날의 성지'여행'과는 전혀 다른 의미를 지닙니다. 이를 이해하려면 오늘날 네팔과 티베트의 오체투지 성지순례를 떠올리면 쉬울 것입니다. 그들은 몇 걸음에 한 번씩 길바닥에 머리끝부터 발끝까지 엎드리는 오체투지를 하며 성지를 향해 나아가는데, 이는 순례가 곧 수행의 길임을 보여줍니다. 그들은 오체투지를 반복하여 수개월에서 수년에 걸쳐 성지까지 가는 동안 자신의 죄와 고통이 씻긴다고 믿습니다.

이처럼 당시 기독교인들에게도 성지순례는 단순한 여행이 아닌 속죄와 자신의 신앙을 확인하는 고행이었습니다. 이러한 순례의 시원은 콘스탄티누스 황제의 어머니 헬레나가 326년에 80세의 나이로 예루살렘을 순례한 것으로 추측되지요. 이러한 배경에서 십자군 전쟁의 목표는 성지 예루살렘과 그 주변 지역을 이슬람 세력으로부터 되찾는 것인 동시에, 출정 자체가 신앙의 열정을 내세운 여정이기도 했습니다.

물론 알렉시오스 1세가 내세운 신앙적 명분이 완전히 거짓은 아니었을 것입니다. 그러나 대부분의 학자들은 그의 주된 목적이 자신의 영토를 되찾고 지배력을 확장하는 데 있었다고 봅니다. 당시 서방 교회의 수장이었던 교황 우르바노 2세는 동로마제국 황제의 요청을 기꺼이 받아들였습니다. 그는 성지 탈환을 명분으로 삼아 분열되어 있던 서유럽 기독교 세계를 결집시키고, 이를 통해 자신의 교황권을 강화하고자 했습니다. 신앙을 앞에 내세웠지만, 실제로는 정치적 목적이었지요. 우르바노 2세는 십자군 전쟁 참여를 독려하기 위해 참여자들에게 죄의 사면과 천국 입성을 약속했습니다. 이때 중요한 역할을 한 것이 이른바 '면죄부'인데, 이후 종교개혁의 단초가 되기도 했습니다. 실제로 면죄부는 죄 자체를 사면하는 것이 아니라 죄로 인한 벌을 면제하는 것이므로 '면벌부'가 더 정확한 명칭입니다.[2]

이와 같이 십자군 전쟁을 기독교 신앙의 성지탈환이라는 종교적 요소만으로 이해해서는 안 됩니다. 당시 지도자들의 정치, 종교, 경제적 요인이 중요하게 작용한 사건으로 조망해야 십자군 전쟁을 보나 질 이해할 수 있습니다. 더 설명해 보겠습니다. 11세기 유럽은 인구 증가와 소비의 활성화로 토지와 자원이 점점 부족해졌습니다. 당시 사회에서는 상공업보다는 토지가 주요 생산수단이었기 때문에, 새로운 정복지 확보에 대한 욕구가 강해졌습니다. 특히 11세기경 유럽 인구는 대략 3천 850만 명으로 추정되지만, 1340년경에는 약 7천 350만 명으로 두 배 가까이 늘었습니다. 이로 인해 농업 생산력 증대와 경작지 확장이 필수적이었고, 숲과 습지의 대개간 시대가 도래했습니다. 인구 증가와 더불어 상업적 동기도 커진 상황에서 십자군 원정은 상인들에게도 경제적 기회를 제공했습니다. 여기에 더해 십자군에는 낭만적인 동기도 있었습니다. 기사들에게 순례는 단순한 종교 행위가 아닌, 신앙심과 용맹, 명예를 증명하는 모험이었습니다.

　십자군 전쟁은 공식적으로 총 아홉 차례 진행되었으며, 이 외에도 소규모 원정이나 비공식적 활동들이 있었습니다. 그중에서 특히 중요한 네 차례를 살펴보겠습니다. 먼저 제1차 십자군 전쟁1096-1099은 약 3년간 지속되었고, 예루살렘을 탈환하는 데 성공했습니다. 하지만 십자군은 예루살렘을 점령하면서 많은 이슬람교도와 유대인들을 학살했습니다. 탈환이라기보다는 참혹한 살육에 가까웠습니다. 또한 십자군은 예루살렘을 탈환했지만, 동로마제국 황제의 영토 회복이 아닌 자신들만의 네 개의 십자군 국가(예루살렘 왕국, 에데사 백국, 안티오키아 공국, 트리폴리 백국)를 세웠습니다. 제2차 십자군 전쟁 1145-1149은 1차의 영광을 생각하며 유럽의 왕들이 대대적으로 출정한 전쟁이었지만, 큰 소득 없이 끝났습니다.

　이후 1187년 이슬람 군주 살라딘에게 예루살렘을 다시 빼앗기자, 이를 되찾기 위해 제3차 십자군이 출정합니다. 이 전쟁은 약 3년간[1189-1192] 이어집니다. 결과적으로 예루살렘 탈환에는 실패했지만, 십자군과 이슬람 진영은 상호 협정(자파 조약)을 맺었습니다. 이 협정으로 기독교 순례자들이 예루살렘을 자유롭게 방문할 수 있게 되었으며, 십자군이 점령한 해안 지역 역시 그대로 유지하기로 했습니다. 이는 한쪽의 완전한 승리가 아닌 절충적 평화였습니다.[3] 이러한 제3차 십자군을 배경으로 제작된 영화가 「킹덤 오브 헤븐」입니다. 그러나 이 협정 이후에도 예루살렘 탈환 열망은 사그라들지 않았고, 교황 이노첸시오 3세는 제4차 십자군을 소집해 새로운 전쟁을 촉발합니다.

제4차 십자군 전쟁[1202-1204]은 전략적 요충지인 이집트를 경유해 예루살렘을 탈환하려는 계획으로 시작되었습니다. 십자군은 베네치아 공화국과 협력해 대규모 함대를 건조했으나 예상보다 병력이 적게 모였습니다. 이로 인해 십자군은 베네치아에 약속했던 함대 비용을 주지 못했고, 베네치아는 그 대신 십자군에게 자신들의 경제적 경쟁 관계에 있던 헝가리 보호령이자 가톨릭 도시 자라Zara를 공격하라고 요구합니다.[4] 결국 십자군은 사라를 점령, 약탈했고, 이에 분노한 교황은 십자군 전체를 파문합니다. 하지만 파문 이후에도 십자군은 동로마 제국 황제 알렉시오스 3세의 조카 알렉시오스 4세의 요청을 받아들여, 콘스탄티노폴리스를 포위하고 그를 공동 황제로 옹립했습니다. 하지만 알렉시오스 4세는 약속한 재정을 마련하지 못하고 시민 반발로 폐위되어 처형당했습니다. 약속이 좌절되자 십자군은 1204년 4월 콘스탄티노폴리스를 공격해 대규모 약탈과 학살을 자행하는 비극이 일어납니다.

　이렇게 제4차 십자군은 예루살렘을 탈환하겠다는 원래의 목표와는 완전히 다른 참극을 낳았습니다. 결국 이 사건은 동방 정교회와 서방 가톨릭교회 사이의 갈등을 되돌릴 수 없을 정도로 심화시켰습니다. 이미 1054년에 '대분열'로 두 교회가 공식적으로 결별한 상황이었는데, 콘스탄티노폴리스 약탈은 둘 사이를 되돌릴 수 없게 하는 결정적 사건이 되었습니다.

　여러 십자군 전쟁의 비극적인 사건들 중에서도 1212년에 있었던 '어린이 십자군'은 특히 슬픈 이야기입니다. 이 운동은 프랑스의 양치기 소년 에티엔Étienne과 독일 청년 니콜라우스Nikolaus가 예수로부터 직접 계시를 받았다고 주장하면서 시작되었습니다. 이들은 어린이가 전쟁 대신 순수한 신앙으로 이슬람교도를 평화롭게 개종하여 성지를 되찾을 수 있다고 믿었습니다. 실제로 독일 쾰른에서는 약 2만 명, 프랑스에서는 약 3만 명의 추종자들이 출발했으며, 여정에는 6-7세의 어린아이부터 빈곤한 청년, 농민 등 다양한 사회계층이 참여했습니다.

　여기서 주의해야 할 점은 흔히 '어린이'라고 번역되지만 라틴어 '뿌에리'pueri는 실제로 '사회적 약자'란 의미가 강했으며, 순수한 청소년 중심의 운동이라는 전설은 사실보다 과장된 면이 있습니다. 또 '뿌에리'는 시골의 젊은 노동자들의 집단을 의미하기도 했습니다. 지금은 그런 모습이 많이 사라졌지만, 제가 어렸을 때만 해도 시골에서는 동네 곳곳에서 허드렛일을 도와주면서 하루하루를 살아가는 사람들이 있었습니다. 어린 나이에 고향을 떠나 이곳저곳을 떠돌며 생계를 유지하는, 혹은 가정을 꾸릴 능력도, 정착할 곳도 없이 마을에서 일을 거들어 주며 살던 사람들이었지요.

강렬한 열정이 휩쓸던 중에도 상황을 냉정히 바라본 사람이 없지는 않았습니다. 프랑스 왕 필리프 2세는 어린이 십자군의 움직임이 비상식적이라 판단해 해산 명령을 내렸습니다. 그러나 일부 참가자들은 아랑곳하지 않고 알프스를 넘어 이탈리아로 향했고, 그 과정에서 중도에 포기하거나 끝까지 바닷가에 도착한 이들도 있었습니다. 그들은 바다가 갈라질 것이라 믿었으나, 그런 기적은 일어나지 않았습니다. 일부는 마르세유에서 예루살렘행 배를 태워주겠다는 사람들을 따라 떠났다가 노예로 팔리기도 했습니다. 결국 이 '어린이 십자군'은 실패이자 비극, 그리고 블랙코미디로 남았습니다.[5]

십자군 운동은 이탈리아 도시국가들(베네치아, 제노바, 피사 등)에게 동방 무역 루트 확장의 계기가 되어 경제사적으로 평가를 받기도 했으나, 전반적으로는 비참한 인명 피해와 좌절이 훨씬 더 크게 남았습니다.

계몽주의 시대의 비판적 사상가들, 대표적으로 볼테르Voltaire는 어린이 십자군 같은 비합리적 열광을 과장하여 교회를 비난하는 도구로 삼았습니다. 그러나 어린이 십자군은 교회의 공식적 운동이 아니었고, 오히려 교황청과 몇몇 국가의 지도자들은 이를 중단시키려 노력했습니다. 실제로 필리프 2세는 해산 명령을 내렸고, 교황 이노센스 3세 또한 공식적으로 이를 금지하고 중단시켰다는 기록이 있습니다. 그럼에도 신앙을 명분으로 한 대중적 극단주의가 출현한 것은 교회의 통제력 밖에 있는 사회적 구조와 분위기가 이미 극단으로 치닫게 조성되어 있었다는 사실을 시사합니다. 어린이 십자군의 유도된 자발성, 종교적 정당화, 그리고 이로 인해 발생한 참혹한 결과들은 오늘날 그와 같은 현상이 반복되지 않도록 경각심을 일깨웁니다.

2) 전쟁을 바라보는 기독교의 세 시선

기독교 신앙을 명분으로 치르는 전쟁은 21세기의 세속화된 세계에서도 여전히 이어지고 있습니다. 2022년 2월 24일 우크라이나를 침공한 러시아 대통령 푸틴은 침공 초기 공식 연설에서 '동방 정교회의 보호'를 명분으로 내세웠습니다. 실제로 러시아 정교회는 이 전쟁을 공식적으로 지지하며 '성

전'聖戰, Holy War이라는 용어를 사용했습니다.⁶ 또 2003년 이라크를 침공한 미국 대통령 부시 역시 공식 연설에서 '하나님'이나 '기도', '미국의 신앙적 전통'을 반복적으로 언급하며 전쟁을 정당화했습니다.⁷ 역사 속에서 '기독교 신앙'이 전쟁 정당화의 명분으로 사용되어 왔음은 부정하기 어렵습니다. 저는 여기서 기독교 신학자들이 그간 전개한 전쟁에 관한 이야기를 조금 덧붙이고자 합니다.

기독교 내에서 전쟁에 대한 이론은 크게 정당한 전쟁론, 평화주의, 거룩한 전쟁이라는 세 가지 유형으로 나눌 수 있습니다. 이를 하나하나 살펴보겠습니다. 먼저 '정당한 전쟁론'justum bellum의 대표자는 아우구스티누스Augustinus입니다. 아우구스티누스는 단순히 책상에서 전쟁에 관한 사변을 늘어놓지 않았습니다. 그는 전쟁의 참혹함을 목도했으며, 그 피해자들을 돌보다가 생을 마감했습니다. 그는 원래 마니교Manichaeism 신자였습니다. 마니교는 우주와 인간 세상을 근본적으로 선과 악, 빛과 어둠이라는 이원론적 틀로 이해했는데, 두 실체가 독립적으로 존재하고 세상에 혼돈과 고통은 어둠이 빛을 침범함으로 발생한다고 보았습니다. 그러나 기독교로 회심한 아우구스티누스는 악을 실체가 있는 것이 아닌 '선의 결핍'이라고 주장했습니다.⁸

전쟁만큼 적을 명확히 알아볼 수 있는 상황은 흔치 않습니다. '우리'를 공격하는 '저 사람들'이야말로 '악 그 자체'로 보기 쉽지요. 그러나 아우구스티누스는 선과 악을 동등한 실재로 놓는 것은 악에게 더 큰 힘을 줄 뿐임을 지적합니다. 악이 선의 결핍이라면 필요한 것은 선의 증진입니다. 반면 '악'을 실체로 규정하고 적대에 집착했을 때 악과 싸운다는 나 역시 악의 증가에 힘을 보탤 위험도 있지요. 하여 선의 부재일 뿐인 악은 도리어 더 큰 힘과 실재감을 가질 위험이 있습니다. 아우구스티누스의 이런 주장을 순진한 발상이라고 비판할 수도 있지만, 다시 한 번 그가 전쟁 기간 중에 목숨을 잃었다는 점을 상기할 필요가 있습니다. 그는 가장 '현실적인' 주장을 하고 싶었을 겁니다.

아우구스티누스는 고대 로마의 키케로$_{\text{Cicero}}$ 등의 사상을 계승하고 발전시켜 '정당한 전쟁론'을 체계화했습니다. 그는 전쟁 자체가 근본적으로 죄악이며 가급적 피해야 함을 강조했으며, 오직 불가피할 때만 도덕적으로 정당화될 수 있다고 주장했습니다. 그에 따르면, 정당한 전쟁이란 세 가지 핵심 조건을 모두 충족해야 합니다. 첫째, 정당한 권위$_{\text{legitima potestas}}$가 전쟁을 선포하고 수행해야 합니다. 국가나 합법적 통치자만이 전쟁 개시 및 수행의 권한을 가질 수 있습니다. 둘째, 정당한 대의$_{\text{justa causa}}$가 있어야 합니다. 이는 불의에 대한 응징, 방위, 평화 회복 등 도덕적으로 정당한 이유에 근거해야 한다는 의미입니다. 셋째, 올바른 의도$_{\text{recta intentio}}$에서 비롯되어야 합니다. 복수심, 탐욕, 지배욕 등이 아니라 정의와 평화를 위한 목적이어야 하며, 악을 억제하고 더 큰 악을 방지하는 것이어야 합니다. 아우구스티누스는 이러한 조건이 없다면 인간 사회는 비극의 반복에서 벗어나기 어렵다고 보았습니다.

'정당한 전쟁론'은 정당한 명분과 권위, 올바른 의도에서 더 나아가, '전쟁에서의 정의'Jus in Bello로 확대됩니다. 이는 전쟁 수행 과정에서도 도덕적 정당성이 반드시 요구된다는 의미입니다. 이것은 다음과 같은 것을 중요하게 여깁니다. 수단과 방식이 정당해야 합니다. 전투 행위의 대상은 상대 전투원과 군사시설로 제한되며, 민간인 또는 비전투원을 의도적으로 공격하는 행위는 금지됩니다. 비전투원 보호 원칙도 있습니다. 부상병이나 포로에 대한 무차별적 폭력은 금지되며, 인도적 처우가 요구됩니다. 비례성 원칙도 있지요. 과도한 힘 사용 및 불필요한 대량살상 행위, 무차별적 파괴는 금지됩니다. 또 무기 사용 제한에 관한 정의도 있습니다. 대량파괴무기, 생화학무기, 고문 등 직접적인 악과 연계된 수단은 국제법 및 윤리적 기준에서 금지됩니다. 이러한 '전쟁에서의 정의' 원칙은 근대 이후 국제법 발전 과정에서 구체적으로 체계화되었고, 제네바와 헤이그 협약 등으로 실행되며 오늘날 전쟁의 도덕적, 법률적 한계를 규정하는 핵심 기준으로 자리잡았습니다.

정당한 전쟁, 전쟁에서의 정의에 이어 최근에는 '전쟁 이후의 정의'Jus post bellum 개념도 등장했습니다.[9] 이는 전쟁 후에도 정의롭고 평화로운 질서를 회복, 유지하자는 윤리적·법적 원칙을 의미합니다. 현대에는 전쟁 후 질서의 정의로운 관리와 복구, 화해의 중요성이 크게 강조되고 있습니다. 먼저 패전국에 대한 과도한 보복이나 처벌을 경계하고, 공정하고 지속가능한 질서 회복을 추구해야 합니다. 둘째, 승자의 이익만을 앞세워서는 안 되고, 패자와 민간인 등 모든 당사자가 윤리적, 법적 규범에 따라 권리를 보호받고 화해를 이룰 수 있도록 해야 합니다. 셋째, 전쟁 책임자에 대한 처벌, 피해에 대한 배상, 복구, 공정한 평화 협상과 재발 방지, 화해 조치가 핵심입니다. 궁극적으로 승자 독식이 아니라, 모든 당사자가 정의롭고 지속가능한 질서를 회복하는 데 중점을 둡니다. 이처럼 정당전쟁론의 세 가지 정의 모두 기독교의 전쟁 윤리 전통과 깊이 연관되어 있다고 할 수 있습니다.

기독교에는 '기독교 평화주의'라는 또 다른 전쟁에 관한 이론이 존재합니다. 이는 예수의 산상수훈(마 5장 등)에 나타난 "악한 자를 대적하지 말라", "네 원수를 사랑하라"와 같은 비폭력 교훈에 근거해 모든 폭력과 전쟁, 무력 사용을 원칙적으로 거부합니다. 오직 평화적, 비폭력적 방법만으로 갈등과 분쟁을 해결해야 한다는 것이 기독교 평화주의의 핵심입니다.

초기 교회는 평화주의적 경향이 강했습니다. 테르툴리아누스는 대표적 평화주의자로, "주께서는 베드로로 하여금 무장을 해제케 하시며, 모든 군사로 하여금 무장 해제케 하셨다"(『De Idololatria』, XIX), "기독교인은 오직 칼 없이만 전쟁할 수 있다. 주께서 칼을 폐지하셨다"¹⁰라고 단언했습니다. "기독교인은 칼을 내려놓고 쟁기를 들어야 한다"는 그의 유명한 말은 초기 평화주의의 정신을 대변합니다.

3-4세기까지 기독교는 전쟁과 폭력에 대해 평화주의적 입장을 견지하는 경우가 많았는데, 이는 당시 교회가 로마 제국의 국교가 아니었기에, 국가 권력과 직접적으로 연관되지 않았던 맥락에서 이해할 필요가 있습니다. 오늘날에도 메노나이트Mennonite, 아미시Amish, 퀘이커Quaker 등 '평화 교회'들과 마틴 루터 킹 주니어Martin Luther King Jr.와 같은 인물에 의해 평화주의 전통이 계승되고 있습니다. 다만 현실적으로 부당한 폭력이나 위협에 무저항만을 강요하는 것이 도덕적인가 하는 비판도 제기될 수 있습니다.

절대적 평화주의는 모든 폭력을 '본질적인 악'으로 규정하며, 어떠한 경우에도 폭력의 사용을 거부하는 원칙을 지킵니다. 그러나 이런 신념이 현실에서는 오히려 더 큰 비극을 초래하거나, 악을 방치하는 결과로 이어질 수 있다는 비판이 가능하지요. 가장 큰 문제는 개인의 신념을 지키는 행위가 타인을 보호해야 할 사회적 책임을 외면하는 결과로 이어질 수 있다는 점입니다. 예를 들어, 르완다 집단 학살과 같은 극단적인 사례는 이러한 딜레마를 명확히 보여줍니다. 절대적 비폭력 원칙이 오히려 거대한 악을 막지 못하고 더 큰 비극을 초래할 수 있다는 한계를 드러낸 것입니다. 결국 절대적 평화주의는 '폭력 사용'이라는 악과 '무고한 타인의 고통을 방관'하는 악 사이에서 어려운 선택을 해야 하는 윤리적 문제에 직면합니다.

마지막으로, '거룩한 전쟁론'이 있습니다. 십자군 전쟁에서 보았듯이 거룩한 전쟁론은 특정 종교적 신념과 명분을 내세워 오히려 전쟁을 신성한 의무로 여기는 사상입니다. 이는 단순한 영토나 자원 분쟁을 넘어, 신의 이름으로 수행되는 선과 악의 우주적 투쟁으로서 전쟁 자체를 성스러운 실천으로 규정합니다. 거룩한 전쟁론의 핵심은 전쟁 참여를 신앙의 증명으로 보고, 영적, 초월적 보상(참가자의 죄 사면과 순교자의 천국 입성 등)을 약속한다는 데 있습니다. 실제로 십자군 전쟁 때 교황은 참가자들에게 죄의 완전 사면과 순교자에게 천국에 갈 특권을 약속했습니다. 이슬람 극단주의가 주장하는 '지하드'Jihad 역시 순교자에게 보상으로 천국을 강조하며 참여를 독려합니다. 또한 전쟁에 참여하지 않는 것은 불신앙이나 배교로 간주되어 공동체 내부에 강력한 사회적 압력과 강제성이 작동합니다. 개인의 이성적 판단이나 양심보다 집단의 종교적 열망이 우선시되고, 전쟁 거부자에게는 배신자, 이교도, 변절자 낙인이 붙습니다.

거룩한 전쟁론은 상대를 단순한 적군이 아니라 신을 대적하는 '이교도', '악마'로 규정하면서 적을 비인간화하는 문제가 발생합니다. 이는 모든 윤리적, 도덕적 자제 장치를 해제하고, 무자비한 폭력과 학살, 인권침해를 정당화하는 기제로 작동합니다. 이런 인식은 역사적으로 사회에 심각한 분열과 돌이킬 수 없는 상처를 남긴 위험한 이데올로기로 비판을 받지요.

앞서 살펴본 십자군 전쟁은 기독교 역사에서 명보다 암이 더 두드러지는 사건입니다. 그러나 이 전쟁을 통해 배울 것은 단지 과거의 비극을 직면하는 것만이 아닙니다. 기독교 신앙이 어떻게 악한 일에 이용당할 수 있는지, 그리고 이를 극복하려는 역사적·신학적 노력이 무엇이었는지를 분명히 인식하는 기회이기도 합니다.

우리는 아우구스티누스나 테르툴리아누스와 같은 위대한 신앙의 선배들로부터, 절망과 전쟁이 반복되는 인간 사회에서 신앙의 윤리를 어떻게 지켜낼 것인지, 그리고 세계의 폭력과 비극에 맞서는 기독교의 메시지는 무엇인지 배울 수 있습니다. 특히 아우구스티누스의 '정당한 전쟁론'은 이후 서구 전쟁윤리의 토대로 발전했고, 테르툴리아누스와 초기 교부의 평화주의 역시 기독교 내 다양한 윤리적 발전의 중요한 기초를 마련했습니다.

●― 신앙과 이성

비기독교인들은 물론 기독교인들마저 기독교가 이성과

과학을 무시한다는 혹은 상관하지 않고 자기 주장을 한다는 통념이 널리 퍼져 있습니다. 실제로 학교 현장에서 만나는 많은 학생들은 '기독교는 반이성적이고 반과학적'이라는 암묵적인 선입관을 가지고 있는 듯합니다. 특히 반지성주의적 기독교 집단의 태도가 그 이미지를 더 악화시키고 있지요. 학생들에게 왜 그런 인식을 갖게 되었냐고 물으면, 역사적으로 기독교가 지배하던 서양 중세가 '암흑시대'이며, 갈릴레오 갈릴레이 사건을 보면 기독교가 이성과 과학을 억압하지 않았느냐고 반문합니다. 하지만 정말로 기독교 신앙은 이성이나 과학과 대립하며, 그것들을 억누르려고만 했을까요? 이 장에서는 이른바 '암흑시대'라 불린 중세 및 서양의 교양 교육과 함께 루터의 종교개혁, 그리고 갈릴레오 재판 등을 간략히 살펴보며 기독교가 역사적으로 반지성주의였는지를 가늠해 보려 합니다.

로마제국은 영토가 확장되면서 더 이상 로마 한 도시만을 중심으로 통치하는 것이 어려워졌습니다. 이에 콘스탄티누스 황제는 330년에 수도를 로마에서 비잔티움(콘스탄티노폴리스, 현재의 이스탄불)로 옮겼습니다. 이 새로운 수도는 동서 교통 및 군사적 요충지로서 제국의 중심지가 되었습니다. 이후 테오도시우스 1세347-395가 사망하면서, 제국을 두 아들, 아르카디우스Arcadius와 호노리우스Honorius에게 각각 동로마(비잔티움)와 서로마제국을 나누어 통치하게 함으로써 공식적으로 분리되었습니다. 이로써 로마제국은 동서로 분열되어 각각 독립적인 정치 공동체가 되었습니다.

동로마제국(비잔틴 제국)은 수도 콘스탄티노폴리스를 중심으로 안정적으로 존속한 반면, 서로마제국은 내부 분열과 외부 침입, 특히 게르만족의 남하로 인해 급속히 쇠퇴했습니다. 게르만족의 침입과 이주는 기후 변화와 잦은 흉작, 식량 부족 등의 이유 때문이었습니다.[11] 서로마제국은 476년 게르만족의 왕 오도아케르Odoacer에 의해 멸망했고, 동로마제국은 천 년 가까이 존속하며 유럽 문명을 유지했습니다. 서양 중세는 일반적으로 476년 서로마제국의 멸망에서 시작되어, 르네상스와 근대로 이어지는 15-16세기까지로 봅니다.

중세 시대는 크게 세 시기로 나눌 수 있습니다. 중세 초기 5-10세기, 중세 절정기 11-13세기, 그리고 중세 후기 14-15세기입니다. 이 중 중세 절정기는 문화, 경제, 사회 전반에서 나름의 발전이 이루어진 시기로 중세 절정기라는 명칭 자체가 흔히 퍼진 '중세는 암흑시대'라는 통념에 반대하는 것이지요. 그 시대 나름의 창조적 성취가 있었기 때문에 현대 역사학자들은 '암흑시대'라는 표현을 과도한 편견이라고 주장하기도 합니다.

'암흑시대'라는 표현을 좀 더 살펴볼까요? 이 용어는 14세기 인문주의자 페트라르카 Francesco Petrarca가 고대 그리스-로마와 자신이 살던 동시대를 비교하면서 처음 사용했습니다. 그는 중세를 문화적, 지성적으로 퇴보한 시대로 보았습니다. 어쩌면 그는 과거는 아름답고 이상적이며, 현재는 그보다 타락했다는 회고적 이상주의를 가지고 있었을지도 모릅니다.

　이후 중세가 퇴보의 시대라는 생각은 17-18세기 계몽주의 사상가들과 19세기 역사학자들에 의해 널리 퍼졌습니다. 계몽주의자들은 중세를 '암흑시대'Dark Ages로, 자신들의 시대를 '빛의 시대'Enlightenment로 대조했지요. 대표적으로 영국의 역사학자 에드워드 기번Edward Gibbon은 『로마제국 쇠망사』에서 기독교의 승리가 로마의 몰락과 암흑시대의 도래로 이어졌다고 주장했습니다.[12] 이러한 이미지는 서구에서 일본을 거쳐 우리나라로 전해졌고, 오랫동안 중등학교 교과서에 영향을 끼쳤습니다. 저 역시 학창시절 중세를 암흑시대라고 배웠던 기억이 납니다.

　중세는 고대 로마와 비교할 때 대규모 건축, 철학, 문학, 과학의 업적이 줄어들고, 철학과 과학이 신학에 종속되며, 점성술 및 신비주의가 널리 퍼졌다는 비판이 별다른 반론 없이 수용되었습니다. 교회의 권위가 인간성과 합리성을 억압하고 종교 재판, 마녀사냥 등이 성행했다는 지적도 흔히 볼 수 있습니다. 또 봉건적 분권 체제로 인한 정치적 혼란 역시 중세의 부정적 이미지 형성에 기여했지요. 그러나 실제로는 그렇기만 한 것은 아닙니다.

　서로마제국 붕괴 이후 서유럽에서 학문적 침체가 일부 나타난 것은 사실입니다. 게르만족이 라틴어를 잘 쓰지 않고 기록 보존이 어려웠기에 라틴어 문해력이 저하됐고, 고전 문헌도 보존에 위기를 맞았습니다. 그러나 800년 샤를마뉴Charlemagne 대제가 프랑크 왕국의 왕이자 서로마 황제로 즉위하면서 큰 변화가 일어났습니다. 그는 행정, 군사, 기독교 신앙, 교육의 전반적 개혁으로 제국의 재건과 통합을 꾀했습니다. 이를 흔히 '카롤링거 르네상스'Carolingian Renaissance로 부르기도 합니다. 당연하게도 이러한 교육과 학문의 발달은 통치와 교회의 필요에 의한 것이었습니다. 당시에 학문을 위한 학문, 예술을 위한 예술의 개념이 있었을 리는 없지요.

샤를마뉴는 787년 수도원과 대성당에 학교 설립을 명령했고, 궁정에도 궁정 학교를 두어 학자들을 초빙하여 교육을 장려했습니다. 이 시기 알퀸Alcuin은 라틴어 표준화에 앞장섰고, 수도사들은 기존의 어려운 고딕체 대신 읽기 쉽고 베끼기 편한 카롤링거 소문자를 개발했습니다. 이 글자는 현대 로마자 알파벳의 기원이 되었으며, 라틴어가 종교와 행정 등 사회 여러 분야에서 사용하는 표준어로 자리 잡는 데 크게 기여했습니다.

정치가 안정된 시기에는 중세에도 교육이 활발히 이뤄졌고, 학문도 체계적으로 발전했습니다. 수도원과 대성당은 학문과 교육의 중심지 역할을 하며 이교 문헌으로 간주되던 고대 그리스-로마 저작도 필사하여 보존했습니다. 교회는 지식 계승과 전파했고, 로마 붕괴 이후 행정적 공백을 메우는 기능도 담당했습니다.

경제적으로도 교회는 유럽 농지의 3분의 1을 차지하는 대지주로, 이를 통해 병원과 고아원을 운영하고, 빈민 구제와 자선 활동 등 여러 역할을 했습니다. 저는 중세 교회를 지나치게 미화하려는 것이 아닙니다. 종교적 열망과 광기, 억압의 측면도 물론 존재했습니다. 다만 이성과 논리, 실천적 변화 역시 꾸준히 축적되어 왔다는 점도 강조하려는 것이지요. 불가지론자인 미국 종교사회학자 로드니 스타크Rodney Stark는 서구문명의 발전을 '이성의 승리'로 본다면, 그 핵심에 기독교가 있었다고 평가합니다.[13]

개인적으로 중세가 어둠이 아니라 도리어 '빛의 시대'라는 주장을 처음 접한 것은 이미 30년도 더 전에 이탈리아의 유명한 미학자 움베르토 에코Umberto Eco의 중세 미학에 관한 책을 읽었을 때였습니다.[14] 그는 중세의 미학을 '빛의 미학'이라고 단정했지요. 실제로 중세에 지어진 성당의 스테인드글라스를 보면, 빛이 얼마나 강조되었는지를 알 수 있습니다. 이 빛은 단순한 장식이 아니라, 신성한 지혜와 이성적 깨달음의 상징이기도 합니다.

중세 시대의 교양 교육도 나름의 발전을 이루었습니다. 이 책의 주제가 '기독교 교양'이니 이에 대해서 간략하게만 언급하겠습니다. 먼저 카시오도루스Cassiodorus, 485-585를 말하지 않을 수 없습니다. 그는 중세 학문의 발전에 큰 기여를 한 인물로서

카시오도루스 초상 삽화, 11세기경.

중세 초기 수도원 운동이 시작되었을 당시 중요한 역할을 했습니다. 수도원 운동은 본래 기도와 종교적 생활을 위해 헌신하는 사람들이 중심이 되었지만, 카시오도루스는 이를 학문과 교육의 중심지로 발전시키는 데 기여했습니다.

6세기 이탈리아 출신의 정치가였던 그는 수십 년간 이탈리아를 지배했던 동고트 왕국을 보필한 인물이었습니다. 정치에서 은퇴한 후, 그는 로마에 기독교 학교를 설립하고 교사를 고용하여, 종교적 문화와 자유학예自由學藝, Liberal Arts을 가르치는 교육기관을 운영했습니다. 앞서 얘기했듯, 오늘날 우리가 '교양학'이라고 부르는 학문 체계인 '삼학'三學, Trivium과 '사과'四科, Quadrivium의 개념을 체계적으로 정리한 것도 바로 카시오도루스입니다.

'삼학'Trivium은 문법Grammar, 수사학Rhetoric, 논리학Logic이며, 사과Quadrivium는 음악Music, 대수Arithmetic, 기하학Geometry, 천문학Astronomy으로 구성되어 있습니다. 이 삼학과 사과는 사람이 자유인답게 살기 위해 반드시 갖추어야 할 지식으로 간주되었습니다. 이 지식이 무엇인지를 두고 시대와 장소마다 다양한 제안이 있었지만 카시오도루스는 이를 정리하여 체계화함으로써 서양 교육사에서 중요한 전환점을 마련했습니다. 그는 수도원 내에서 성서 주석을 작성하고, 수도사들에게 학문적 도움을 주기 위해 『성과 속의 교범』*Institutiones Divinarum et Saecularium Litterarum*과 같은 책을 편찬하기도 했습니다. 그 책의 1부에서는 종교적 문헌과 내용을 다루고, 2부에서는 교양학, 곧 앞서 언급한 삼학, 사과에 대한 내용을 정리했습니다.

이러한 체계는 이후 중세 지식 구조의 기초가 되었고, 성경 잠언에 나오는 "지혜가 그의 집을 짓고 일곱 기둥을 다듬고"(잠 9:1)라는 구절과 연결되면서 중세 교육의 표준으로 자리 잡게 되었습니다. 카시오도루스 자신은 위대한 학자는 아니었지만, 그의 책은 개설서임에도 불구하고 표준적인 교과서로서 매우 중요한 역할을 하게 됩니다.

교육의 중요성은 이전부터 강조되어 왔고, 학문을 어떻게 가르쳐야 하는지에 대한 논의도 존재했지만, 그것이 강력하게 보존되고 널리 보급되며 중요한 가치로 자리 잡으려면 체계적인 틀이 필요했습니다. 그 틀을 제공한 것이 바로 중세 기독교 수도원에서 이루어진 교육 시스템이었습니다. 삼학과 사과를 정립한 인물이 카시오도루스 이전에 이미 아우구스티누스였다는 주장도 있습니다.[15] 만약 아우구스티누스가 이 개념을 먼저 정리했다면 그 기원은 더 오래되었겠지요. 『기독교의 가르침에 대하여』*De Doctrina Christiana*와 『학문에 관한 책들』*Disciplinarum Libri*에 7과에 대한 신학적 정당화가 뚜렷이 나와 있습니다. 이 작업이 있었기에 교양 교육의 안착이 더 강하고 손쉽게 일어났을 겁니다.

기독교의 역사에서 신앙은 이성보다 늘 우위에 있었지만, 그렇다고 이성을 폄하하는 태도가 주류가 된 적은 드뭅니다. 또 이성과 신앙을 적대적인 관계로 설정하려는 시도도 결코 주류 견해가 아니었습니다. 중세 시대에도 마찬가지입니다. 중세 신학의 대표라고 할 수 있는 토마스 아퀴나스Thomas Aquinas, 1224/5-1274는 신앙과 이성을 구분했으나 둘의 자리를 각각 마련했습니다. 중세 스콜라 사상의 기틀을 놓은 캔터베리의 안셀무스 역시 신앙과 이성을 양립과 조화의 관계로 설정했습니다.[16] 중세 교회의 타락과 신학을 비판하며 '오직 믿음'sola fide을 내세우던 종교개혁 시기에도 이는 마찬가지였습니다.

기독교가 인류 사회에 끼친 중요한 기여 중 하나로 '종교 개혁'을 꼽습니다. 여기서 '종교 개혁'이라는 번역이 적절한지는 다시 생각해 볼 필요가 있습니다. 영어로는 그저 'The Reformation'이라고 하지 앞에 '종교'라는 단어를 붙이지 않습니다. 그 사건을 다른 개혁과 구분하기 위해 종교 개혁은 늘 대문자 "R"로 시작합니다. 이 개혁과 그 결과는 종교 영역에만 머물지 않습니다. 그러나 이곳에서는 길게 말할 수는 없고, 개혁 과정에 중요한 사건이었던 보름스 회의 때 루터의 말을 한 번 곱씹어 보고자 합니다.

루터는 보름스 의회에서 황제와 추기경 앞에서 이렇게 말했다고 합니다.

성서의 증거나 명백한 이성에 의해 반박되지 않는 한 교황들과 교회 회의들만을 믿지는 않겠습니다. 왜냐하면 그들이 자주 잘

못을 범하고 스스로 모순을 보여왔다는 것이 명백하기 때문입니다. 저는 제가 인용한 바 있는 성서 말씀들을 통해 확신하고 있습니다. 그리고 저의 양심이 하나님의 말씀에 사로잡혀 있는 한, 저는 아무것도 철회할 수도 없고 철회하지도 않겠습니다. 양심에 반하여 행동하는 것은 안전하지도 못하고 올바르지도 못하기 때문입니다. 하나님이여 저를 도우소서. 아멘.[17]

이 말을 정말 루터가 했는지를 두고는 논쟁이 있지만, 이 말이 종교 개혁의 핵심 정신을 상징적으로 품고 있다는 데에는 큰 이견이 없을 겁니다. 이 문장의 핵심 단어는 세 개입니다. 하나님의 계시인 '성서', 인간에게 부여된 '이성', 그리고 내면의 '양심'입니다. 그의 양심은 하나님의 말씀에 사로잡혀 있고, 그의 이성은 교황들과 교회 회의들의 잘못과 모순을 파악했습니다. 이 세 가지가 종교개혁의 핵심 키워드입니다. 지금 루터를 이끄는 세 가지 중 성서는 외부의 권위이고, 이성은 인간 보편의 권위이며, 양심은 내 안에 갖고 있는 권위입니다. 이 권위들은 당시 절대적 권력을 갖고 있던 교황이나 교회의 권위를 거부합니다. 루터의 선언은 보편적 진리와 이에 대한 인간의 이성과 양심이라는 근대적 주체를 형성하게 합니다.

근대적 주체와 근대 과학은 서로 궤를 같이 합니다. 근대적 주체가 아닌 경우 '과학을 배운다'는 것은 위대한 학자의 글을 읽고 그것을 무비판적으로 수용하는 것이었습니다. 예를 들어, 아리스토텔레스는 공을 던지면 어느 순간 정점에 도달한 후 거의 직선으로 뚝 떨어진다고 설명했습니다. 그러나 실제로 우리가 공을 던져 보면 공은 포물선 운동을 합니다. 백 번을 던지든, 천 번을 던지든 마찬가지입니다. 또 그는 무거운 것과 가벼운 것을 같은 위치에서 떨어뜨리면 무거운 것이 먼저 떨어진다고 했습니다. 그러나 실험을 해 보면 둘은 동시에 떨어지지요. 이 경우 비 근대적 태도는 "위대한 아리스토텔레스님께서 말씀하셨는데, 내가 잘못 본 것이 아닐까?"입니다. 외부의 권위에 따라 자신의 관찰을 조정하는 것이지요. 그러나 근대 과학은 아무리 위대한 학자가 주장했더라도 실험과 관찰을 통해 눈으로 직접 본 것을 더 신뢰합니다. 진리의 근거가 되는 기준이 외부에 있는 서적이나 누군가의 말이 아니라 자기 자신의 눈과 경험이 진리를 판정하는 근거가 되는 것, 이것이 근대 주체의 핵심이며, 여기에 근대 과학의 출발점이 있습니다.

위 단락에서 언급한 것 중 무거운 것과 가벼운 것을 동시에 떨어뜨리는 실험을 한 인물은 누구일까요? 흔히 알려져 있기로는 갈릴레오가 피사의 사탑에서 실험했다고 하지요. 그 실험이 사고실험이었다는 게 더 설득력 있는 주장이긴 하지만요. 그 실험보다 더 유명한 그의 말이 있습니다. "그래도 지구는 돈다." 천동설을 내세우던 교회에 저항하여 지동설을 주장했으나 마침내 권력에 굴복할 수밖에 없었던 갈릴레오지만, 결코 진리를 외면하지 않았다는 전설 같은 에피소드 중에 등장하는 말입니다. 물론 이 말 역시 사실이 아니라는 주장이 정설입니다.

아무튼 갈릴레오 사건은 종교와 과학 사이에 갈등이라기보다는 보다 복잡한 요소들이 얽힌 다층적 문제였습니다. 간략하게 설명하자면, 크게 세 가지 점을 말할 수 있습니다. 첫째, 이 갈등은 당시 아리스토텔레스를 따랐던 주류 과학과 소수 과학의 갈등이라고 볼 수 있습니다. 갈릴레오가 따랐던 사제 코페르니쿠스의 경우 소수 의견인 지동설을 주장한 사람이지만, 1543년 교황 바오로 3세에게 자신의 지동설 저서 『천구의 회전에 관하여』를 헌정하기도 했고, 당시 유럽에서 가장 명망 높은 천문학자들을 보유하고 있던 예수회도 지동설을 진지하게 살펴보고 있었습니다. 당시 주류 과학계는 지동설이라는 소수의 의견을 신중하게 대하고 있었지만, 갈릴레오는 천동설에 대해 과장되고 신랄한 조롱을 퍼부었습니다. 그러나 정작 그는 학계가 지동설을 충분히 수용할 만한 설득력 있는 입증을 하지 못했습니다. 가령 그는 해수면의 높낮이가 주기적으로 변하는 조석 현상이 지구의 운동 때문에 발생한다고 주장했지만, 그 현상은 우리가 잘 알다시피 달의 중력 때문이지요.

둘째, 갈릴레오는 지동설이 성서를 올바르게 해석한 결론이라고 주장했습니다. 사실 그의 재판이 '종교' 재판이 된 것은 이 주장 때문입니다. 그때는 종교개혁이 일어난 지 얼마 안 됐을 때였고, 가톨릭은 자신의 권위를 세우기 위해서 성서 해석권을 교회가 갖고 있다는 주장을 강력하게 하던 때입니다. 당시 가톨릭교회와 갈등 중이던 메디치 가문의 후원을 받은 갈릴레오가 교회와 사제 외의 사람들도 성서 해석을 적절하고 올바르게 해석할 수 있다고 주장한 것은 종교개혁에 반감이 가득한 가톨릭에게 종교개혁적 주장을 한 셈이지요.

셋째, 갈릴레오 개인의 성격적인 문제가 있었습니다. 그는 1632년 『두 우주 체계에 관한 대화』라고 하는 책을 출판합니다. 이 책은 살비아티(지동설 옹호), 사그레도(중립적 중재자), 심플리치오(천동설 옹호)가 대화를 하는 내용으로 구성되었지요. 심플리치오Simplicio는 이탈리아어로 '바보'를 뜻하기도 하는데, 책에서 천동설을 지지하는 멍청한 인물로 나옵니다. 그런데 갈릴레오는 추기경 때 자신을 후원했고, 당시에는 교황이었던 우르바노 8세가 갈릴레오에게 한 말을 이 책에서 심플리치오가 하도록 했습니다. 교황은 개인적인 모욕감을 충분히 느꼈을 만하지 않았을까요? 그뿐 아니라 그는 자신을 지지하던 예수회마저 적으로 돌리고 맙니다. 가톨릭교회가 반종교개혁을 추진하면서 교회 권위의 추락에 가장 민감할 때 갈릴레오는 정치적 상황을 읽는 능력이 없었고, 독선적인 태도를 보였던 것입니다. 결국 그의 재판은 종교 대 과학 재판이 아니라 가톨릭의 성서 해석권에 도전한 '종교' 재판이 된 것이지요.

저는 지금까지 기독교 신앙과 이성 간의 관계가 '대결의 역사'라고 말하지 않았습니다. 그러나 그렇다고 해서 기독교 신앙이 이성을 억누른 사례를 무시하고자 하는 것은 아닙니다. 사실 합리성을 거부하는 것은 종교만의 문제는 아닙니다. 그러나 사회의 반지성주의, 열광주의, 극단주의 배후에는 자주 종교적 맹신이 자리잡고 있다는 점 역시 부정할 수 없습니다. 과학부정론 역시 신앙의 이름으로 정당화되는 사례도 얼마든지 있지요. 지금 우리는 생물학계의 주요 견해인 진화론을 송두리째 부정하는 과학부정론이 한국 개신교 내에 만연한 것을 봅니다. 이는 명백한 퇴행이라고 할 수 있습니다.[18] 이런 사례에도 불구하고 기독교 역사 전체를 살펴보면 신앙과 이성이 언제나 격렬한 대립구도가 아니었음을 말씀드리고 싶습니다.

• ─ **희생양과 마녀사냥**

기독교는 초기에 사회의 희생양으로서 부당한 박해와 폭력을 당했지만, 이후에는 가혹한 폭력을 정당화하기도 했습니다. 로마제국 초기에 기독교에 대한 박해가 있었다는 사실은 잘 알려져 있습니다. 대표적인 사건은 64년 '로마 대화재'

입니다. 6일 동안 로마가 불타오르면서 시민들은 네로 황제가 일부러 불을 지른 것이 아니냐고 의심했습니다. 네로는 정상이 아니었지만 방화범도 아니었지요. 그런데 그는 화재로 고통받는 시민들이 진짜 원인을 찾는 것이 아니라 그들의 분노와 불안을 해소해 줄 '희생양'을 찾는다는 것을 알고는 그 책임을 소수 집단인 기독교인들에게 돌렸습니다. 이것은 '희생양 찾기'의 대표적인 사례입니다. 당시만 해도 기독교는 로마인들에게 위험한 미신이었고, 소수였으며, 로마의 전통 신들을 섬기지 않고 황제 숭배 역시 거부하며 인류를 혐오하는 자들로 간주되었습니다. 그런 사람들이 부당하게 박해를 받더라도 누구도 나서서 그들을 위해 변호하거나 싸워 줄 사람은 없었습니다.

그렇다면 화재는 왜 발생했을까요? 그 원인을 찾자면 기독교인이 아니라 도시 환경에서 찾는 편이 더 설득력 있습니다. 예를 들어, 당시 도시 로마의 거주 형태는 화재에 아주 취약했습니다. 로마 인구의 약 90%가 인슐라Insula라고 부르는 오늘날 아파트 형식의 공동주택에 살았습니다. 방은 한 칸 혹은 두 칸으로 매우 좁았는데, 도시에 많은 인구가 모여 살기 때문에 불가피하게 취할 수밖에 없던 주거 형태였습니다. 당연하게도 이 공동주택은 화재나 지진, 전염병에 매우 취약했습니다. 인슐라에는 노예나 가난한 사람, 일용노동자, 노약자 같은 하류층 서민들이 많이 살았지요. 그래서 도머스Domus라 불리는 단독주택에 살았던 상류층에 비해 재난이 닥쳤을 때 더 큰 피해를 입기 마련이었습니다. 결국 이 화재로 발생한 사회의 불안과 폭력 욕망은 누구도 지지해 주지 않을 사회적 소수자인 기독교인들에게 쏠렸습니다.

　시간이 지나 기독교인들이 사회의 주류였던 중세 유럽에서 흑사병이 돌았을 당시, 원인 모를 전염병과 이에 따르는 극심한 공포가 사회 전체를 엄습했습니다. 한 때 부당하게 박해를 받았던 기독교인들은 유대인을 희생양으로 삼아 그 불안과 분노를 해소하고자 했습니다. 억울한 피해자가 권력을 획득하고 난 후 가혹한 가해자가 된 셈이지요. 유럽 전체 인구에 많게는 60%의 목숨이 사라져갈 때 지도자들은 유대인들이 우물에 독을 풀었다는 거짓 소문을 퍼뜨렸지요. 성난 군중들 역시 유대인을 의심했습니다. 왜냐하면 자신들은 죽어 나가는데 유대인 지역의 사망률은 현격히 낮았기 때문입니다.

　유대인들은 율법에 따라 외출하고 돌아오면 손을 깨끗이 씻었습니다. 또한 음식도 가려 먹었고, 식사 규율을 엄격히 따랐습니다. 이러한 율법의 생활 습관 덕분에 흑사병이 창궐했을 때도 유대인 밀집 지역에서는 사망률이 상대적으로 낮았던 것입니다. 그러나 당시 군중들은 흑사병의 원인을 자세히 따지거나 위생적인 생활이 전염병 방지에 도움이 된다는 사실에 주목하기 보다는 사회적 소수자인 유대인을 향해 폭력을 행사했습니다. 그들은 누군가에게 자신들의 화를 쏟아내고 그 책임을 뒤집어 씌우고 싶었던 것이지요. 그렇게 유럽의 군중들은 유대인들을 박해했습니다. 유대인 박해가 절정에 이르자 이를 보다 못한 교황 클레멘스 6세가 '유대인들은 무죄'라는 내용의 교황 칙서를 발표하기도 했습니다. 그러나 1348년 유대인 박해를 금지하는 공식 명령에도 유대인 학살은 멈추지 않았습니다.

이런 일은 역사에서 반복해 일어납니다. 20세기 초 1923년 일본 관동대지진이 발생했을 때 퍼진 루머는 놀랍게도 중세 흑사병 때의 그것과 일치합니다. 당시 일본에서도 수만 명이 사망하는 대재앙이 발생하자, 분노한 군중들은 "조선인이 우물에 독을 풀었다"는 황당한 소문을 퍼뜨렸습니다. 대한민국 임시정부에 따르면 조선인 약 6,661명이 학살당했습니다.

군중들이 두려움과 불안, 그리고 폭력을 향한 욕구가 치솟아 누군가를 희생양 삼는 현상을 보면 프랑스계 미국인 학자인 르네 지라르René Girard의 '희생양 이론'이 떠오릅니다. 그의 이론에 따르면, 인간 문화는 모방적 갈등과 대리적인 희생양 메커니즘이라는 두 원리에 의해 발전해 왔습니다. 공동체가 내부 갈등으로 붕괴될 위기에 처했을 때, 그 긴장과 불만을 해소하기 위해 특정 개인이나 소수 집단에게 증오를 집중시키는 방식으로 질서를 유지한다는 것이지요. 이는 집단적 폭력 성향이 특정 대상을 향해 전이되는 현상이라고 할 수 있습니다. 그는 공동체가 지속적으로 존속하고 번성해 나가기 위해서 '초석적 폭력', 곧 문화의 시발점으로 기능하는 집단의 폭력이 발생한다는 점을 설득력 있게 주장했습니다. 그에 따르면 기독교는 희생당하는 존재인 그리스도가 무고했음을 선언하고, 더는 새 희생양을 요구하지 않는 공동체를 가르친다는 점에서 그 위대함이 있습니다. 복수의 악순환을 끊고 사랑과 화해를 통한 새로운 질서를 꿈꾸게 한다는 것이지요. 지라르는 기독교가 끊임없이 강조하는 핵심 메시지 중 하나가 "예수께서 죄인으로 돌아가신 것이 아니라, 희생되었다. 우리의 죄를 짊어지셨다"라고 말합니다. 이는 기독교가 희생양 메커니즘을 폭로한 종교라는 뜻입니다. 실제로 희생당한 어린 양이 죄가 없다는 기독교의 가르침은 인류 역사에서 특정한 희생양을 설정하고 그에게 죄를 전가함으로써 폭력을 정당화해 온 인간 사회의 구조를 근원적으로 돌아보게 합니다. 이는 기독교가 인류에게 던지는 매우 중요한 성찰의 계기라고 할 수 있습니다. 지라르는 기독교 신앙이 종교적 선언만이 아니라, 인류 문명의 원리와 인간 사고의 구조, 그리고 공동체의 본질을 드러내며, 이에 대한 깊은 통찰과 대응 방안을 제공한다고 설명합니다. 그의 '희생양 이론'은 예수 그리스도의 희생을 해석하는 탁월한 통찰이라고 할 수 있습니다.

지난 코로나19 팬데믹 기간에 세계는 희생양 만들기를 했을까요? 여기서 즉답하지는 않겠습니다. 독자 여러분이 한번 생각해 보시지요. 세계적으로 또 우리 사회에서도 여러 희생양 만들기 사례가 있었다는 걸 떠올릴 수 있겠지요. 그때도 사회적 소수자, 누구도 보호해 주려고 하지 않는 집단 혹은 주류가 적대하는 집단, 특정 국가들이 싫어하는 특정 국가가 '희생양'으로 등장했습니다. 저는 코로나19 팬데믹을 겪으면서 인간 문명이 여전히 희생양을 찾아내고 공격하는 방식으로 우리의 불안과 두려움을 해소하려고 한다는 것을 재차 깨달았습니다.

희생양에 관해 말할 때는 저는 '중세 시대의 마녀사냥'이라고 자주 쓰이는 문구를 떠올리기도 합니다. '중세 시대는 암흑 시대'라는 계몽주의자들의 말은 중세라는 '희생양'에 온갖 부정적인 요소를 다 집어넣은 듯합니다. '중세 시대의 마녀사냥'도 그러한 것인데, 사실 마녀사냥이 절정에 달한 때는 중세가 아니었습니다.

중세의 정확한 시기에 대해서는 학자들 간에 약간의 견해 차이가 있지만, 보통 5-15세기까지로 보는 것이 일반적입니다. 일부 학자는 콜럼버스가 신대륙을 발견한 1492년을 중세의 끝으로 보기도 하지요. 중세 동안 마녀에 대한 믿음과 이단 재판이 존재했던 것은 사실이지만, 우리가 흔히 떠올리는 마녀사냥은 중세가 끝나가던 1484년 교황 이노센시오 8세가 발표한 교서와 『마녀들의 망치』*Malleus Maleficarum*가 출간된 이후 본격적으로 시작되었습니다. 그렇다면 마녀사냥이 가장 많이 일어났던 시기는 언제일까요? 바로 '빛의 시대'라고 불리기를 원했던 16-17세기, 곧 르네상스와 종교개혁 시대 이후입니다. 학자들은 마녀사냥이 대략 18세기까지는 지속되었다고 간주합니다. 그것이 본격적으로 시작한 후 약 300년간 유럽과 미국에서 조직적으로 이루어진 것이지요. 약 10만 명이 악마와 계약하여 마법을 행한다는 고발 및 재판을 받았고, 그중 약 3-6만명이 처형되었다고 합니다.

마녀사냥에 대한 첫 번째 오해는 '마녀'라는 용어 자체 때문에 발생합니다. 이에 해당하는 라틴어는 여성의 경우 '말레피카'malefica, 남성은 '말레피쿠스'maleficus입니다. '마녀'라는 번역은 일본에서 비롯된 것이지요. 마녀사냥의 주요 희생자는 75-85%가 여성인 것이 맞지만, 남성도 15-25%에 달했습니다. 특히 스칸디나비아 지역에서는 남성과 여성의 희생자 비율이 5:5로 나타나기도 했습니다. 여기에는 어린이들도 포함합니다.

마녀사냥은 종교적, 사회적, 정치적, 경제적 요인과 복잡하게 얽혀 있습니다. 먼저 종교와 관련된 연구가 있습니다. 미국 버지니아 조지 메이슨 대학의 피터 리슨 Peter T. Leeson과 제이콥 러스 Jacob W. Russ는 1300-1850년 사이의 총 8만 건의 마녀재판을 분석하고 2018년 연구 결과를 발표했습니다. 기독교 종파 간의 전쟁, 특히 30년 전쟁 1618-1648과 같은 가톨릭과 개신교 간의 대립이 마녀재판의 증가와 밀접한 상관관계를 보였다는 것이 그들의 연구 결과입니다.[19] 종교개혁이 확산되면서 사회 불안이 커지고, 정치 권력이 충돌하며 전쟁이 벌어지는 상황과 마녀사냥이 동시에 빈번하게 발생했다는 것이지요. 가톨릭과 개신교 간의 갈등이 극심했던 독일과 스위스에서 가장 많은 마녀재판과 처형이 이루어졌습니다. 그러나 이 30년 전쟁이 1648년 베스트팔렌 조약을 맺으면서 끝나자, 마녀사냥도 급격히 줄었습니다. 리슨과 러스는 마녀사냥을 가톨릭과 개신교 간에 더 많은 신도를 확보하기 위한 대중 경쟁이 만들어 낸 홍보 전쟁의 일환으로 해석하기도 했습니다. 가톨릭과 개신교는 더 많은 마녀를 '발견'하여 그를 '사냥'함으로써 악으로부터 사람들을 보호해 줄 능력이 자신들에게 더 있다는 것을 알리고 싶어했습니다.

마녀사냥이 일어난 시기가 소빙하기 1300-1850 가운데 있다는 것에 주목한 연구도 있습니다.[20] 기후변화는 경제적 생산물을 낮췄을 것이고, 이것이 가져온 경제적 위기는 집단적 박해 심리를 높였다는 주장입니다. 연구들은 이를 실증적 데이터로 입증했지요. 이외에도 마녀사냥을 일으킨 경제적 요인은 더 있습니다. 마녀로 판정된 사람들의 재산은 마을 공동 재산이 되거나 권력자들의 몫이 되었습니다. 처형되지 않더라도 체포 이후 재판, 심지어 처형에 이르기까지 모든 비용은 고발된 사람이 치러야 했으니 누군가에게는 소위 좋은 비즈니스가 되었지요. 사회가 안정되어 강력한 권력이 사회를 통제했다면 사람들의 광기는 쉽게 발현되지 않았을 겁니다. 그러나 그때는 지역을 통제할 만한 중앙 정부 세력도 흔들렸지요.

'마녀'는 이미 말했듯 여성만을 가리키지는 않지만, 대게 가족이 없고 나이가 많은 사회적으로 소외된 여성들이 표적이 되기 쉬웠습니다. 그들 중 약초 등을 통해 마을에 의료서비스를 제공하던 이들도 꽤 있었는데, 그들이 사망하고 나면 마을에서 유일하게 의료적 지식을 축적한 곳은 교회가 되었지요. 이 책의 처음 '시작하면서'에서 소개한 영화 「몬스터 콜」에도 마을의 목사와 괴팍하고 욕심 많으나 실력 있는 제약사 사이의 대결이 나옵니다. 흥미롭지요?

'중세의 마녀사냥'이라고 하지만 중세가 아닌 시대에 가장 활발했으니 그 문구에서 마녀사냥 당하는 것은 '중세'입니다. 또 이미 지라르를 통해 살펴보았지만 '마녀사냥'이라는 희생양 찾기가 중세라는 시대에만 국한된 것이 아닙니다. 사회적 고통 속에서 희생양을 찾는 것은 보편적인 인간의 행태 중 하나였습니다. 물론 종교는 여기에 정당성을 부여했지요. 마녀사냥은 흑사병, 기근, 전쟁과 같은 사회적 위기와 맞물려 있었고, 초기 자본주의의 태동과 함께 토지 사유화가 진행되면서 사회적 약자들이 주요 표적이 되었습니다.

마녀사냥은 현재도 계속되고 있습니다. 2019년 세이프 차일드 아프리카Safe Child Africa라는 단체가 촬영한 사진이 전 세계적으로 회자되었습니다. 이 단체는 아프리카의 여러 지역에서 마녀로 몰린 아이들이 불에 태워지는 등 잔혹한 방식으로 희생되고 있다는 사실을 알렸습니다. 이러한 사건들은 21세기에도 여전히 계속되고 있는 것이지요. 아프리카 여러 국가들은 공식적으로 마녀를 색출하고 처형하는 행위를 금지하고 있지만, 마녀사냥은 여전히 계속되고 있습니다. 뉴스를 찾아 보면, 이러한 사례들이 얼마나 많이 보고되고 있는지 확인할 수 있습니다.

마녀사냥은 시간뿐 아니라 여러 영역을 가로지르면서 일어납니다. 정치적으로 1950년대 미국의 매카시즘은 공산주의 색출이라는 명분을 내세워 여러 사람을 탄압했지요. 다른 한편 1960-70년대 중국의 문화대혁명론자들은 약 300만 명의 중국인들을 자본주의자로 몰아 불이익을 주거나 처단했지요. 오늘날에는 오프라인 공간만이 아니라 '사이버 공간'에서도 마녀사냥이 이루어지는데, 그 강도와 세기는 지난 세기의 그것과 다르지 않습니다.

기독교 교양학은 예수의 고난, 재판, 처형, 그리고 부활 신앙을 면밀히 설명하면서 개인과 사회의 '마녀사냥' 매커니즘을 꿰뚫어 보고, 부당하게 고통 당할 수 있는 사회적 약자를 보호하는 일에 관심을 기울일 수 있습니다. 비판적 사고, 의사소통의 합리성, 사회적 관용 등이 교양학의 주요 목표이니까요.

이번 장에서는 폭력, 이성, 희생양 등 기독교 역사, 아니 세계 역사에서 빈번히 일어나는 사건의 명과 암을 살펴보았습니다. 이를 통해 기독교 교양학을 배운다는 것은 우리가 했던 실수를 반복하지 않고, 과거를 통해 현재의 우리를 배우면서 사랑과 희망으로 미래를 열어가려는 시민정신의 함양과 깊은 관련이 있다고 하겠습니다.

5장

기독교의 확장

세계적인 종교라고 불리는 기독교, 이슬람, 불교는 모두 자신이 가진 진리와 구원의 소식을 다른 이들에게 전파했습니다. 이것을 선교라고 부를 수 있지요. 사람들은 저마다의 이유로 이 종교를 수용하고 믿게 되었습니다. 이번 장에서는 기독교의 선교와 관련된 여러 사항들을 살핍니다. 이를 통해 선교가 가진 여러 측면들을 기독교 교양학의 전망에서 살펴보고자 합니다.

• ─ **기독교의 선교**

1) 배타성, 배타주의, 그리고 성육신 신앙과 선교

가끔 배타성과 배타주의를 혼동하는 일을 봅니다. 이 둘을 쉽게 구분하도록 저는 이기성과 이기주의를 구분해 주고는 합니다. 모든 생명체는 자신을 이롭게 하는 성질인 이기성을 가지고 있습니다. 이기성이 없는 생물이란 존재할 수 없습니다. 독립영양생물이라 해도 외부로부터 자신의 존재를 보호하고자 합니다. 반면 이기주의는 자신의 이기성만을 관철하려는 태도입니다. 그래서 공동체를 이루고 살 때 이기성은 수용되고 때로는 권장되지만, 이기주의는 배척되지요. 우리는 가까운 사람이 제대로 이기성을 발휘하지 못하면 그것을 걱정하면서 그가 이기성을 적절하게 수행하도록 격려하고 지지합니다. 반대로 이기주의적 자세를 보이는 사람이면 그와 멀어지려고 하지요. 그의 이기주의가 나의 이기성을 해치니까요. 이와 유사한 논리로 배타성과 배타주의를 구분할 수 있습니다.

배타성은 '그것'을 그것이 되게 하며 다른 것과 구분 짓는 고유한 성질이라 할 수 있습니다. 따라서 배타성이 없는 종교, 사상, 이데올로기 등은 존재할 수가 없습니다. 특정 진리는 자신만이 가지고 있다는 배타성이 없으면 굳이 그 종교로 존재할 이유가 없거든요. 내가 따르는 A라는 사상이 다른 사상과 구분되어 A 사상만이 가진 고유함이 없다면 굳이 A 사상주의자가 될 이유가 없지요. 모든 종교는 진리에 관해 배타성이 있습니다. 그렇다고 그것이 배타주의를 지지해 주는 것은 아닙니다. 배타주의는 나의 배타성만을 내세우는 것이지요. 배타주의를 내세우는 이들은 혼합주의를 경계하고 순수성을 지키려는 노력이라고 자신들을 변호합니다. 이해는 됩니다. 그러나 배타주의자라 해도 그는 그 종교의 공동체만이 아니라 다른 종교, 사상, 이데올로기를 가진 사회, 특별히 우리 사회와 같은 다양하고 세속화된 사회에서 살아갑니다. 사회의 구성원으로 종교의 자유, 양심의 자유, 표현의 자유를 누리면서 다른 이들의 배타성을 억누르는, 자신과 다른 존재와의 공존을 거부하는 배타주의자는 오늘날 사회에서 쉽게 수용되기 어렵습니다. 배타주의는 필연적으로 낯선 존재에게 폭력적으로 대응하는데, 이러한 태도는 기독교의 경우 오히려 기독교의 본질을 왜곡하는 심각한 결과로 이어집니다.

배타주의자 앞에서 기독교의 핵심 사상인 '원수 사랑'은 종교의 순수성을 지키려는 노력, 진리를 지키려는 의지에 반하여 후순위로 밀립니다. 배타주의자는 자신의 생각과 행동을 종종 진리를 향한 사랑, 하나님을 향한 사랑, '원수'의 회개를 돕기 위한 사랑의 행동이라며 꾸미기도 합니다. 그러나 배타주의자의 그러한 행태는 자기 기만적-자기 충족 행태로 의심받습니다. 누군가 자신을 배타주의자로 부른다면 한 번쯤 '내가 삶의 불안과 두려움에서 벗어나려는 노력을 과도하게 하고 있지 않은가' 하고 돌아볼 필요가 있습니다.

교양 교육의 측면에서 배타주의는 사회 구성원 사이에 증오와 갈등, 차별, 사회적 분열, 소외, 폭력 등을 야기하며 바람직하지 않은 것으로 판정합니다. 자기 종교가 가진 진리의 고유성과 배타성은 얼마든지 말할 수 있습니다. 그러나 다양한 이들과 함께 살아가는 사회에서 종교가 배타주의 태도를 내세우는 것은 수용되기 어렵지요. 특히나 기독교의 경우, 성육신 신앙의 전망에서 배타주의를 다시 점검할 필요가 있습니다.

성육신은 기본적으로 자기 비움을 전제로 합니다. 자기 비움은 성자인 예수가 자신의 신적 본질을 고집하지 않고 육신이 되고, 진정한 인간 본성을 갖는 겁니다. 이것은 배타주의적 태도와 근본적으로 결을 달리합니다. 성육신 신앙은 타자의 구원을 위한 사랑을 통해 자기 우월성 및 정체성의 경계를 넘어가야 한다고 고백합니다. 하나님을 하나님으로 보존하면 성육신은 없는 것이지요. 그러나 세상을 향한 사랑은 결코 건널 수 없는 신성과 인성 사이의 경계를 넘게 합니다. 배타주의자들은 자기 주장을 하기 앞서 성육신 신앙이 가진 함의를 깊게 숙고할 필요가 있다고 생각합니다.

세계에 널리 퍼진 종교와 사상은 자신만이 가진 진리의 고유성이 있다고 여기고, 다른 것들은 이를 가지지 못했다고 생각합니다. 또 그 진리를 자신뿐만 아니라 다른 이들도 깨달아야 한다고 생각하기에 이를 전파하지요. 이미 우리가 다루었듯 예수도 메시지를 전하기 위해 유랑을 했고, 바울도 그러했습니다.

2) 기독교의 선교의 흐름

초기 기독교가 로마제국의 국교로 채택된 이후에도 제국 곳곳에서 선교 활동이 일어났습니다. 기독교인이 된 이유는 여러 가지였습니다. 종교적인 이유로 개종하는 사람도 있었지만 국교가 된 후 출세를 위해 기독교인이 되는 경우도 있었습니다. 이른바 기독교에서 이단이나 이교도들로 간주되는 이들은 강제 개종당하는 경우도 있었지요. 이단이면 법적 지위도 잃고 재산도 몰수당하곤 했습니다.

서양 중세 때에는 왕이나 지도자를 먼저 개종시키고 이

후로 그들이 다스리는 지역 주민들도 단체로 기독교인이 되는 사례가 종종 있습니다. 가령 프랑크 왕국의 클로비스 1세의 경우 이러한 선교의 대표적인 사례지요. 그가 496년(혹은 498)에 세례를 받으며, 프랑크족의 공식적이고 대대적인 기독교 개종이 일어났습니다. 제국의 변방으로 선교사를 파송하기도 했습니다. 아일랜드에 선교한 상투스 파트리키우스Sanctus Patricius나 게르만족에게 선교한 상투스 보니파티우스Sanctus Bonifatius 등이 대표적인 인물입니다. 어떤 경우는 군사적으로 정복한 후에 피정복민을 강제 개종하는 사례도 있습니다. 9-11세기 바이킹 상인들은 기독교인들과의 교역을 위해 경제적인 이유로 개종하기도 했고요. 이는 비교적 제국 전체가 안정적이거나 지도력이 확고할 때 일어난 선교라고 할 수 있습니다. '선교'라기보다는 기독교의 '확장'이라고 부르는 편이 더 적절해 보입니다.

중세가 끝날 때까지 예외 사례도 있지만 기독교는 주로 유럽 세계에 있었습니다. 전승에 의하면 사도 도마가 남인도에 도착해서 교회를 설립했다고도 하고, 네스토리우스 교단은 페르시아, 중앙아시아, 인도, 중국, 몽골 선교를 했습니다. 흔히 경교景敎라고 불리며 중국에서 꽤 신도를 끌어모았습니다. 중국은 당나라7-10세기 초 시기였고, 몽골과 중앙아시아 부족들은 10-13세기 경교로 집단 개종했습니다. 그럼에도 기독교는 여전히 유럽의 종교였습니다. 이 상황은 르네상스와 종교개혁 이후로 달라지게 됩니다. 크리스토포로 콜롬보Cristoforo Colombo의 1492년 8월 3일의 출항이 연 '신세계'의 발견 덕분이었습니다.

우리나라에서는 '콜럼버스'로 불리는 콜롬보는 크게 세 가지 동기로 대항해 시대의 문을 엽니다. 첫째, 오스만 제국이 동방 무역로를 장악해 육상 교역이 어려워지자 유럽에서는 향신료와 금을 확보할 새로운 항로를 바다에서 찾아야만 했습니다. 둘째, 새로운 땅에 기독교를 전파하여 이슬람의 확장을 저지하려는 종교적 동기가 있었습니다. 마지막으로 위의 두 공헌을 통해 귀족의 지위를 얻고 명예를 획득하고자 했지요. 마침 그의 개인적인 욕망과 스페인 가톨릭 군주들의 해외 확장을 향한 욕망이 맞아떨어진 결과, 콜롬보는 새로운 항로를 개척할 여정을 떠납니다.

출항 전 콜롬보는 대성당에서 선교사로 파송하는 의식을 치릅니다. 1492년 10월 12일, 현 바하마 제도의 한 섬에 도착하고, 그곳을 '산살바도르'San Salvador, 구세주라고 이름 붙이기도 했지요. 2차 항해(1493년)에는 대규모 강제 개종을 추진하여 원주민에게 세례를 주고 스페인어 이름을 부여합니다. 콜롬보 일행은 의도치 않았지만 천연두 바이러스를 지니고 있었는데, 항체가 없던 원주민들은 콜롬보 일행뿐만 아니라 천연두와도 전쟁을 치르며 상당수가 목숨을 잃었습니다. 이후에도 여러 사람들이 이른바 신대륙을 향해 항해를 거듭했고, 그곳에서 얻은 부유함으로 성지를 탈환해야 한다는 소위 '십자군 정신'이 강조되기도 했습니다. 한 학자는 콜롬보의 여행을 'God, Gold, Glory'의 3G라는 용어로 요약합니다.[1]

'정복주의 선교'로 시작했지만 선교사들은 기본적으로 종교인이고, 그리스도의 사랑을 말하는 이들이었습니다. 원주민과 함께 지내던 선교사들 중 일부는 당시 원주민을 노예에 적절한 인간이나 인간처럼 보이나 인간이 아닌 존재라고 보는 소위 '정복자의 편견'을 갖지 않았습니다. 예를 들어, 남미로 선교를 떠난 예수회 신부들은 '레둑시온'Reduccion을 건설합니다. 레둑시온은 교회, 학교, 토착 산업장 등을 포괄하는 인디오들의 자치 공동체라 할 수 있습니다. 1609년부터 1767년까지 예수회가 관리하는 레둑시온은 독립을 선언하는 국가가 되기도 했습니다. 그러나 얼마 지나지 않아 1767년 예수회가 쫓겨나자, 레둑시온의 원주민 토지는 몰수되었으며 그들은 노예로 팔리게 됩니다. 이 시대를 배경으로 하는 영화가 바로 「미션」입니다.

다른 한편 이탈리아 출신 마테오 리치Matteo Ricci는 1583년 중국에서 선교를 시작하여 1610년 북경에서 사망할 때까지 27년간 활발한 선교 활동을 했습니다. 그는 예수회 신부이자, 천문학자, 지도 제작자로 동서 문명 교류의 상징 같은 인물입니다. 그는 초기에 불교 승려 옷을 입었지만, 이후 유학자 복식을 착용했습니다. 유학을 철저하게 배운 후 유교적 개념으로 기독교 신학을 재해석했지요. 그 결과 『천주실의』天主實義라는 역작을 완성합니다. 거기서 그는 유교의 '천'天 개념과 기독교의 '하느님'을 연결하면서 유교적 기독교의 모습을 제시합니다. 그는 유교의 완성으로서 기독교를 설명했는데, 이를 '보유론'補儒論이라고 합니다. 이 작품은 중국을 넘어 조선과 일본에도 영향을 끼쳤습니다. 콜롬보의 활동이 '정복주의 선교'라고 한다면, 리치의 선교는 '적응주의 선교'라고 할 수 있습니다.

개신교는 내부 정리가 끝난 18세기 후반이 되어서야 해외 선교에 나서게 됩니다. 선교는 목회자와 평신도가 초교파 성격의 선교 단체를 구성하여 주도했습니다. 대규모 집단 개종보다는 개인의 회심과 신앙공동체를 형성하는 데 주력합니다. 그들은 교육, 의료, 사회 소외계층을 위한 복지 향상 등 서양의 발달한 문명을 복음과 함께 동시에 가지고 갔습니다.

3) 기독교 선교와 조선

이제 우리나라의 선교사를 살펴볼 때가 됐습니다. 가톨릭과 정교회, 그리고 개신교 선교를 구분해서 볼 수 있습니다. 가톨릭 선교는 1631년 정두원이 명나라에서 가져온 여러 서학 서적과 그보다 전에 들어온 것으로 추정되는 마테오 리치의 『천주실의』로부터 시작되었다고 말할 수 있습니다. 책을 통해 선교가 일어난 것이지요. 18세기 이른바 실학자들은 유교 성리학의 한계를 보완하거나 넘어서려는 학문적 노력으로 천주학을 수용했고, 후에 신앙의 단계에 나아갔습니다.

1784년 조선 천주교회가 독자적으로 탄생했습니다. 선교사가 들어오기 전 자생적인 신앙의 각성으로 교회가 생긴 경우는 세계 교회사에 유례가 없다고 들었습니다. 이후 조선 정부는 가톨릭이 유교적 사회질서와 충돌한다고 판단하여, 박해를 시작했습니다. 1791년 신해박해가 있었고, 이후 300여 명이 순교한 1801년 신유박해 등이 있었습니다. 순교자가 나온 것이지요. 이후 기해박해, 병인박해 등 가톨릭 신앙인들은 끊임없이 순교를 당하면서도 신앙을 멈추지 않았습니다. 마침내 1886년 한불수호통상조약(조불조약) 체결 후 공식적인 박해는 중단되었고, 이 조약에 따라 프랑스인 선교사가 공식적인 선교를 할 수 있었습니다. 1895년에는 뮈텔 주교가 고종을 공식 알현하는 것으로 천주교 신앙의 자유가 확증되었지요.

가톨릭과 개신교에 비해 우리나라 정교회 교인의 숫자는 매우 적습니다. 그러나 선교의 역사는 결코 짧지 않습니다. 1900년 2월 17일, 대수도사제 흐리산프 쉐트콥스키Khrisanf Shchetkovskii가 러시아 공사관에서 정교회 성찬예배를 드리는 것이 한국 정교회의 첫 걸음이라고 할 수 있습니다. 1903년에는 고종이 하사한 서울 정동 부지에 성 니콜라스 성당이 완공됩니다. 러시아 혁명 이후 공산주의 소련이 등장하고 일제 시대를 거치면서 러시아 정교회와의 관계는 사실상 끝나고 한국 정교회는 한국 전쟁 때 들어왔던 그리스 정교회 사제와의 관계를 기회로 1956-1970년 미국 대교구, 1970-2004년 뉴질랜드 대교구를 거쳐 2004년에 콘스탄티노폴리스 세계 총대주교청 직속 대교구가 되었습니다. 현재 한국 정교회의 교인수는 약 3,500명가량이며 9개의 성당과 2개의 수도원이 있다는 보고가 있습니다.

우리나라 개신교 초기 선교는 크게 세 단계로 나눌 수 있습니다. 첫 번째 단계는 서해안 등을 통해서 귀츨라프Karl Friedrich August Gützlaff나 토머스Robert Jermain Thomas 같은 선교사가 조선인과 접촉을 한 것이고, 두 번째 단계는 만주나 일본을 통해서 간접적으로 전파된 겁니다. 세 번째 단계는 조미수호통상조약체결 후에 본격적으로 선교사들이 조선에서 활동한 단계입니다.

1832년 7월, 프로이센 출신 개신교 선교사 귀츨라프는 영국 동인도 소속 상선인 로드 암허스트호를 타고 조선의 서해안에 도착했습니다. 그는 중국어 성서를 보유한 채 조선의 개항 가능성을 탐색하면서 약 25일간 체류했습니다. 이때 홍주목사 이민회와 수군우후 김형수를 접촉하여 외교문서와 선물을 전달하려고 시도했지요. 알려진 바에 따르면 서해안 주민들에게 한문 성서를 배포하기도 했고, 최초로 한글 주기도문 번역을 시도하기도 했습니다. 흥미로운 것은 그때 귀츨라프는 우리나라에 첫 감자 종자를 전해 주었고 한글의 로마자 표기를 연구해 유럽에 알리는 등 한 달가량 머문 것 치고는 굉장히 많은 일을 했습니다. 성서뿐만 아니라 전도 문서와 책, 약품 등을 주민들에게 나눠 줬고 감자 재배법도 가르쳐 주었습니다. 또 야생 포도로 포도주를 만드는 법과 포도 재배법도 가르쳐 주었습니다. 그러나 조선 조정은 선교와 통상을 허락하지 않았고, 귀츨라프는 더 이상의 선교 활동을 시도하지 않고 일본으로 떠나고 말았습니다 그가 1834년 출판한 『중국 해안을 따라간 세 차례의 항해 일지』 *A Journal of Three Voyages along the Coast of China* 는 서구사회에 조선이라는 존재가 본격적으로 알려진 계기가 되었습니다 그리고 이 책은 이후 선교사들에게 중요한 정보원이 되었죠.

로버트 토머스 선교사 연루된 사건은 우리 역사책에도 크게 기록되어 있지요. 바로 제너럴셔먼호 사건입니다. 1866년 8월 중순부터 9월 초, 영국 출신 선교사 로버트 토머스는 미국의 상업 선박인 제너럴셔먼호를 타고 통역관 및 항해사로 평양 대동강까지 진입합니다. 그러나 그때 조선은 프랑스 신부 9명을 처형한 병인박해 직후였기 때문에 정치적으로 불안정한 상태였습니다. 더군다나 무장한 외국 선박이 나타났기에 소선 당국은 굉장히 강경한 대응을 취했죠. 제너럴셔먼호는 대동강 상류로 무단 진입했고 조선은 이에 화공작전으로 대응합니다. 이 과정에서 토머스를 포함한 선원 전원이 사망합니다.

이 두 사건은 조선인들에게 외국 선교사의 두 유형을 미리 접하게 했지요. '귀츨라프 유형'은 복음과 함께 서양의 문명과 문화를 조선에, 조선의 문화와 실정을 외국에 알리는 선교 유형이고, '토머스 유형'은 선교사 본인의 의도로 혹은 의도치 않게 조선인들에 보기에는 무장한 채 자신들의 터전 한복판으로 진격해 오는 선교 유형입니다.

　1872년 이후 스코틀랜드 장로교 소속 존 로스John Ross는 압록강 일대와 만주 조선인 밀집 지역을 선교하기 시작합니다. 그의 선교 전략은 크게 두 가지로 요약할 수 있습니다. 하나는 기존 유교적 가치 체계를 부정하기보다는 그 위에 기독교적 요소를 접목시키는 방향이었습니다. 둘째, 봉천(현재 심양)과 우장(현재 영구) 지역에서 활동하는 조선인 상인들을 주 선교 대상으로 삼았는데, 이것은 경제 네트워크를 활용하려는 계산이었지요. 경제 네트워크와 종교가 결합하는 예는 이미 불교 및 자이나교, 이슬람 등의 사례에서도 찾아볼 수 있습니다. 무엇보다 로스와 협력했던 초기 이응찬, 백홍준 등 조선 기독교인들의 가장 큰 공헌은 1877년부터 『예수셩교누가복음젼셔』 번역을 시작하고, 1882년 봉천의 문광서원에서 출판한 일이지요. 이는 현대 한글 성서의 기초였고, 알려진 바로는 평안도와 황해도 지역으로 유입되었습니다. 이것은 한글과 기독교의 역사적 만남이었습니다. 한글은 기독교를 만나 그 가치를 유감없이 발휘하며 발전할 수 있었고, 기독교는 한

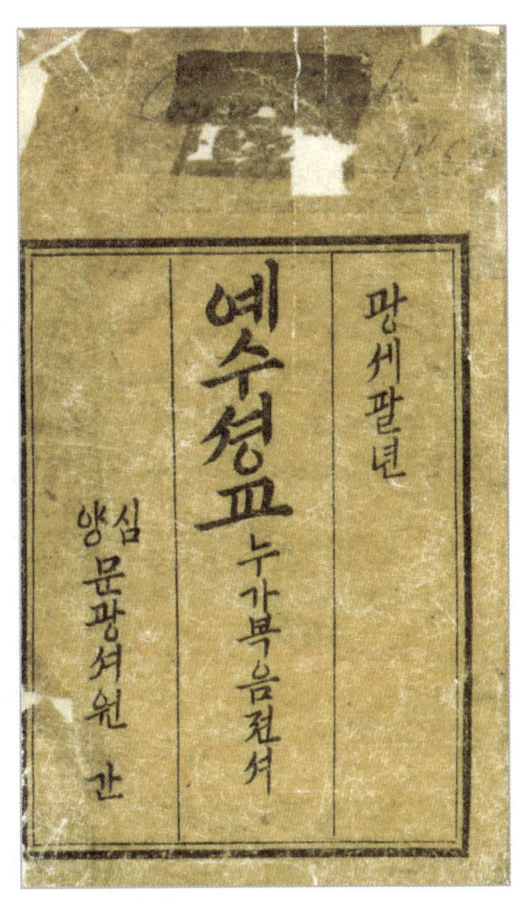

존 로스가 번역한 『예수성교누가복음젼셔』, 1882.

글을 만나 자신을 조선인 대중에게 알릴 수 있었습니다. 한글 학자 최현배 교수는 "요컨대 한글과 배달말의 과학스런 연구, 애족적인 선전, 애국적인 수호에 기독교의 공덕은 영세로 잊지 못할 것이다"라고 한글과 기독교의 관계를 설명하기도 했습니다.

성서 번역을 통한 초기 조선 선교는 일본에서도 일어났습니다. 1882년 수신사 일행의 수행원으로 일본에 건너간 이수정은 쓰다 센津田仙으로부터 한문 성서를 받아 읽고 난 뒤 개종했고, 1883년 4월 도쿄의 로게츠쵸 교회 미국 북장로교 선교사 조지 녹스George W. Knox에게 세례를 받았지요.[2] 그는 헨리 루미스의 지원 아래 1885년 『신약마가전복음셔언해』를 요코하마에서 번역 출판했습니다.[3] 국한문 혼용체로 번역된 이 성경은 양반 지식인은 물론 한자를 모르는 서민층까지 포괄할 수 있었습니다.

이수정은 성서 번역 외에도 선교 역사에서 두 가지 공헌을 했습니다. 하나는 1883년 12월 미국 북장로교 해외선교부에 편지를 보내 적극적인 선교를 요청한 것이지요. 이 편지는 『세계선교평론』Missionary Review of the World에 실렸고, 바로 이 글을 광혜원을 세운 알렌Horace Newton Allen과 선교 개방 이후 최초의 선교사인 언더우드Horace Grant Underwood가 읽게 됩니다. 이후 둘은 한국 초기 선교사가 됩니다. 두 번째 그의 공헌은 선교와 조선의 근대화를 연결 지으며 조선의 교육 개혁을 시도했다는 것이

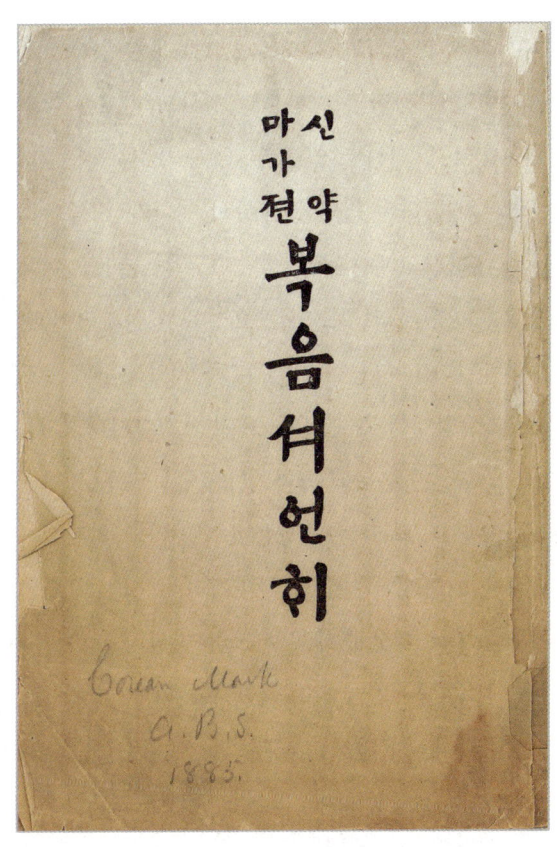

이수정이 번역한 『신약마가전복음셔언해』, 1885.

지요.

　개신교 선교는 1884년 급진 개화파가 주도한 갑신정변에서 변곡점을 맞습니다. 그 정변에서 명성황후의 조카이자 외교고문인 민영익이 일곱 군데 이상 칼에 찔리고 베여 중태에 빠졌고, 당시 조선의 외과술로는 그를 살릴 수 없던 상황이었습니다. 출혈과 감염의 위험으로 생사의 기로에 놓였을 때 미국 공사관 소속 의사로 있던 알렌Horace Newton Allen은 지혈봉합술과 항염처치를 하여 민영익을 살려 냅니다. 고종은 알렌에게 포상을 내리려고 무엇을 원하는지를 묻습니다. 이에 알렌이 고종에게 병원과 의학교의 필요성을 역설하면서 만약 그것들이 허락된다면 자신과 다른 미국인 의사는 무료로 봉사하겠다고 약속합니다. 두 문장을 옮겨 쓰겠습니다. "저는 미국 시민으로서 조선인을 위해 제가 할 수 있는 모든 것을 하려고 합니다." "고통 속에 있는 백성들이 적절하게 치료받는 것을 보는 기쁨을 폐하에게 안겨드릴 것이며, 백성들의 사기는 올라갈 것입니다."⁴ 그렇게 해서 시작한 병원이 '광혜원'廣惠院이고, 후에 '제중원'濟衆院으로 개명하게 됩니다.

　제중원은 제4대 원장으로 부임한 에비슨Oliver R. Avison에 이르러 큰 기관으로 성장합니다. 그는 1895년 콜레라를 방역하는 책임자로서 과학적 대응으로 많은 생명을 구했고, 미국의 기업가 세브란스로부터 1만 달러의 기부를 받아 의료 체계의 비약적인 성장을 이끌어 냈습니다. 당시 1만 달러는 조선 정부 연예산의 0.14%에 달하는데, 오늘날 대한민국 정부의 예산에 단순 비교하면 약 9,800억 원이라는 엄청난 액수가 되지요. 물론 이것은 단순 계산이라는 점을 기억할 필요가 있습니다. 이 병원과 의과대학에 얽힌 많은 감동적인 에피소드들이 있습니다. 저는 박서양, 박성춘 부자父子 이야기에 대해서 꼭 알아보시라고 권합니다. KBS 다큐멘터리에서도 그 부자의 이야기를 다루었습니다. 백정이라는 천민 출신들이 기독교의 복음과 사랑과 합리성을 접하고 변화하여 평등, 박애, 독립, 연대, 헌신, 합리의 삶을 살아간 놀라운 이야기입니다.

의료 부분에 제중원이 있었다면 교육 분야에는 공식적으로 최초의 선교사인 언더우드Horace Grant Underwood의 공헌이 있었습니다. 그가 연희전문학교Chosen Christian College를 세운 1915년 이전에도 선교사들이 세운 초중등교육기관이었던 배재학당(1885), 이화학당(1886) 등의 교육기관이 있었습니다. 그러나 고등교육을 담당하는 '종합대학'은 없었지요. 언더우드는 그 꿈을 실현하고자 애를 썼습니다.

선교사들이 세우고 보급하려고 노력한 병원 및 의학, 그리고 교육과 학문은 기독교 문명을 통한 선교라고 할 수 있습니다. 또 인권과 평등, 자유 외 박애라는 이상은 적지 않은 조선인들에게 희망과 힘을 주었을 겁니다. 나아가 다른 아시아 나라에서 서구 열강의 종교인 기독교는 침략자의 것이었는데, 당시 한반도는 일제의 침범을 걱정하면서 기독교 신앙과 민족주의의 열망이 서로를 필요로 했습니다. 또한 국운은 기울어 갔지만 수천 년 쌓아 온 한국인들의 종교적 수준과 토양은 기독교를 토착적인 형태로 적극 수용하도록 했습니다.

한국 기독교사에는 '태극기'가 등장한 세 가지 상징적 장면이 있습니다.[5] 첫번째는 3·1운동입니다. 이 사건은 민족주의와 기독교가 만난 대표적인 사례로 볼 수 있습니다. 당시 기독교는 민족주의와 결합했고, 기독교 문명화에 기여했으며, 토착화에 성공했습니다. 두번째는 1987년 6월 항쟁입니다. 이 사건은 민주주의와 기독교가 만난 순간이었습니다. 기독교가 한국에 들어옴으로써 한국의 민주주의가 발전하게 되었고, 인권, 문화적 풍요, 도시 내 공동체를 지지해 주었습니다. 마지막은 이른바 '태극기 부대' 현상입니다. 이는 보수 세력과 기독교가 결합한 사례로, 반공주의, 집단주의, 배타주의적 성향을 띤 정치적 흐름과 맞물려 있습니다. 이 세 가지가 오늘날 한국 근현대사의 기독교의 모습을 운동의 형태로 보여주는 세 가지 상징적인 사건일 수 있겠다는 생각을 합니다.

기독교 선교의 역사를 간략하게 살펴보았습니다. 정리하면, 선교와 전도는 기독교가 가진 진리의 배타적 고유성에 근거해 있습니다. 그것이 때로는 정복주의적으로, 때로는 적응주의적으로 나타납니다. 각각 빛과 그림자가 동시에 있지요. 또 누가 평가하느냐에 따라 그 빛과 그림자의 내용도 달라질 겁니다. 다만, 이미 말씀드렸듯 기독교 신학의 입장에서도 그리고 교양이라는 관점에서도 배타주의와 정복주의적 선교에 일정한 문제가 있다는 점은 거듭 지적하지 않을 수 없습니다. 세계 전역에서 이주가 활발해지면서 다문화, 다인종, 세속화 사회가 될 때 기독교 신앙은 자신이 내세우는 진리의 고유성을 어떻게 전개할지 진중하게 생각하고 조심스럽게 행동에 옮겨야 할 겁니다.

● ─ 이단과 사이비

기독교에는 다양성과 통일성이 있습니다. 나와 다른 견해를 가지고 있지만 다양성의 차원에서 수용할 수 있고 존중할 수 있으면 서로를 형제자매 교파 혹은 교단이라고 부릅니다. 교리, 예전, 전통 등에 차이가 있어서 서로 다른 단체로 정립한 것이니까요. 가령 개신교 내에 장로회, 감리회 등은 다른 교단으로 불릴 수 있고 서로를 존중합니다. 그러나 '이단'異端이라고 불리는 단체가 있습니다. 이들은 기성 종교가, 자신과 닮았으나 아주 중요한 부분에서 다른 견해/의견을 내세우는 종교 집단을 일컬을 때 쓰는 말입니다. 여기서는 이 '이단'에 관해 살펴보고자 합니다.

이단은 그리스어 '하이레시스'αἵρεσις를 번역한 말인데 그 헬라어 단어는 '선택'이라는 뜻을 갖고 있습니다. 초기 기독교는 유대교의 입장에서 볼 때 이단과 같았습니다(행 24:5). 로마의 전통적인 입장에서 기독교는 동쪽에서 유래한 컬트superstitio, 미신였지요. 불교 역시 그렇습니다. 불교는 브라만교에서 볼 때 이단nāstika, 나스티카이었지요. 주류 종교인 페르시아 종교와 유대교 및 기독교에서 보았을 때 이슬람 역시 이단이었습니다. 이단은 편견의 산물일 수 있고 시대, 장소, 문화, 교회 정치, 권력 및 규모에 따라서 그에 대한 규정도 달라집니다. 한때는 이단이었지만 지금은 더 이상 이단이 아닌 교회 혹은 교단도 찾아볼 수 있습니다. 지금 우리나라에는 주류 기독교, 주류 불교와 같은 곳에서 이단이라고 판정한 단체들도 여럿 있습니다.

2-5세기 초기 기독교 이단으로 유명한 사상 및 집단으로 몇 개를 꼽을 수 있습니다. 물질 세계는 악하고 영적 세계만이 선하다는 이원론적 세계관을 배경으로, 특별한 지식gnosis을 통해 구원을 얻을 수 있다고 주장하는 영지주의Gnosticism가 대표적입니다. 발렌티누스Valentinus나 바실리데스Basilides가 주요한 지도자였지요. 4세기에 등장한 아리우스주의Arianism도 있습니다. 예수 그리스도가 완전한 신성을 가지지 않았으며 피조물이라고 주장했고, 이런 입장은 325년 니케아 공의회에서 이단으로 정죄됩니다. 예수가 태어날 때는 단순한 인간이었으나 세례 때 하나님이 그를 아들로 입양했다고 주장하는 양성론Adoptionism도 있었습니다.

12-13세기에 남부 프랑스에서 번성한 카타리파Cathars도 대표적인 이단으로 간주됩니다. 그들은 구약의 악한 신과 신약의 선한 신, 곧 두 신이 존재한다는 믿음을 토대로 물질 세계는 악하다고 보았지요. 영지주의의 중세 버전이라고 할 수 있습니다. 그전에 불가리아와 비잔틴 제국에서 발생하여 카타리파에 영향을 준 보고밀파Bogomils도 있습니다. 이 둘이 '종교적'이라면 12세기에 시작된 발덴시안Waldensians은 교회의 부와 권력에 반대하며 복음적 가난을 강조하는 급진적 윤리 운동으로 이단 정죄를 받았습니다. 그들은 평신도의 설교 권리를 주장했고, 로마 가톨릭 입장에서 이것을 받아들이기는 불가능했기에 이단으로 정죄받습니다.

역사 속 해악을 끼친 이단들을 가만히 살펴보면 몇 가지 공통점이 드러납니다. 먼저는 교리의 단순성입니다. 기독교 교리는 이해하기 어려운 것들이 많습니다. 가령 삼위일체, 예수 그리스도의 신성과 인성 문제, 신정론, 원죄론 등이 있습니다.

대부분의 이단은 기독교의 복잡한 교리를 단순화합니다. 사람들이 직관적으로 받아들이게 해놓는 것이지요. 이 단순화는 세상을 이분법적으로 보게 합니다. 이른바 '이원론적 세계관'이라고 할 수 있지요. 선과 악, 영과 물질 사이에 극단적인 구분을 만들고, 내부와 외부를 나누어 외부에 적대적인 태도를 취하도록 주문합니다. 이렇게 되니 주류의 가르침을 정도 이상으로 배격하고 구원이 자신에게만 있다고 주장합니다. 이 모든 것은 기존 종교 권위를 넘어서는 새로운 권위자가 있기 때문에 가능한 것이지요. 이단의 지도자들은 자신이 특별한 계시를 받았다든가, 성서와 전통에 대해 자신만이 옳은 해석을 한다고 강조하면서 자신의 집단 밖을 부정하고 내부에 속한 이들의 엘리트 의식을 고양합니다.

종종 혼용되지만 '이단'이 종교학적 용어라면, '사이비'似而非는 사회학적 용어에 가깝다고 볼 수 있습니다. 사이비는 종교 집단을 표방하면서 사회의 규범이나 질서에 반하는 위법, 탈법, 불법을 자행하는 집단을 가리킵니다. 넷플릭스 다큐멘터리 「나는 신이다」에서 국내의 대표적인 사이비 종교 집단을 볼 수 있습니다. 이들은 종교를 표방하지만 실제로는 반사회적, 반윤리적, 반법률적 행동을 구조적이고 체계적으로 자행하는 집단이지요.

종교적 이단은 사이비가 될 수도 있고, 사이비가 되지 않을 수도 있습니다. 다만 주류 종교 집단인데 범죄를 저지른 경우 그것을 두고 '사이비'라고 부르지는 않습니다. 예를 들어 설명해 보겠습니다 가령 배드민턴 동호회가 있다고 칩시다. 그런데 그곳에 회계를 맡은 사람이 회비를 횡령을 했다고 한다면, 그것은 그 배드민턴 동호회가 범죄 집단이기 때문이 아니라 구성원의 일탈이 일어난 것이지요. 그런데 조직폭력배 같은 경우에는 상황이 다르죠. 조직폭력배는 구조적으로, 체계적으로, 필연적으로 범죄를 일으키려 합니다. 주류 종교 집단의 범죄는 교리 및 집단의 구조와 필연적인 관계가 있는 것은 아닙니다. 그러나 사이비 단체는 그 조직 자체가 구조적으로 범죄를 일으키도록 되어 있습니다.

사이비 집단의 구조가 가진 특징은 다음과 같이 정리할 수 있습니다. 첫째, 대부분의 사이비 종교는 그 종교의 지도자에게 특별한 권위를 부여합니다. 이것은 이단의 구조와 유사합니다. 사이비 집단은 자신들이 구원의 집단이기 때문에 이 집단을 보호하고 성장시켜야 하는 의무가 있다고 말합니다. 그래서 집단 생활을 하게 되는 경우가 많은데요. 이럴 경우 그 집단을 유지하기 위해 추종자들의 경제적 착취가 일어나는 것은 당연한 수순입니다. 만약 누군가가 어떤 사이비 집단에 자신의 재산을 전부 팔고 들어갔다면 그 집단에 기여한 셈이 됐지만 이내 그 조직은 그가 가져온 재산보다 더 많은 것이 필요하다는 것을 알려줄 겁니다. 그렇다면 이제부터 임금을 받지 않고 일하는 신체적 착취가 일어나게 됩니다. 많은 경우 감시를 당하게 되고 말과 행동, 이동의 자유를 박탈당하게 되지요. 남성 교주의 경우 여성에 대한 성착취가 일어나는 것은 뻔한 일입니다.

이단의 가르침에 공통점이 있듯 사이비 종교의 가르침에도 일정한 유사성이 있습니다. 가장 눈에 띄는 것은 현재 상황에 대한 진단입니다. 사이비 집단은 지금 우리가 살고 있는 이

시대, 이곳이 대단한 위기 상황에 놓여 있다고 경고합니다. 역사가 뒤바뀔 혹은 사회가 전복될, 신적인 심판이 이뤄질 바로 그때, 곧 종말을 앞두고 있다는 위기의식을 조장하지요. 전형적으로 인간이 가진 가장 강력한 감정인 두려움을 조성하는 겁니다.

위기감을 느낀 사람들에게 사이비 종교가 다음으로 전하는 메시지는 그 위험과 재앙으로부터 벗어날 구원의 길이 있다고 하는 것이지요. 그 소식을 접하는 사람들에게 당신은 선택을 받았고, 선택을 받은 것에 감사하면서 지도자와 집단에 헌신하고 충성해야 한다고 얘기합니다. 조직 외부에 있는 사람들은 비록 마음은 선할 수 있으나 이 시대의 위기와 구원의 지식을 모르고 있으니 그들을 깨우쳐야 한다고 권고하지요.

그렇게 가스라이팅을 당한 그는 먼저 가족에게 얘기하겠지만 가족이 그것을 순순히 수용할 리가 없습니다. 가족이 설득되지 않으면 사이비 집단은 다음 단계로 가족에게서 벗어나야 한다고 가르칩니다. 이 과정에서 여러 가지 험난한 일들이 생기는 것은 당연합니다. 그럴 때 그들은 그 과정에서 일어나는 여러가지 고통과 제약들이 악마적 세력의 농간이라고 해석해 줍니다. 그 집단이 가르쳐 준 신앙이 흔들릴 때마다 사이비 집단에 속해 있던 사람들은 집단 압박을 가하기 마련이지요. 결국 사회와 완전히 단절된 채로 집단 안에 갇히게 되는 비극을 맞이하게 됩니다.

이단과 사이비 종교로 인해 피폐해진 삶을 회복하고 싶어 저를 찾아와 상담하는 학생들이 종종 있습니다. 그들과 대화를 나누고 또 연구 논문들을 찾아보면서 주류 종교에서 벗어난 컬트가 왜 사람들에게 호소력 있는지를 정리하게 되었습니다. 무엇보다 심리적인 것을 들 수 있습니다. 보통 사람들이 이해하고 다가가기에 세상은 불가해하고 위험해 보입니다. 컬트의 단순성은 여기서 힘을 발휘합니다. 그것의 가르침에는 복잡하고 난삽한 것이 없습니다. 아주 단순하고 명쾌하며 또 구원의 확실성도 주장하지요. 불안감과 불안, 두려움을 일거에 없애 줍니다. 컬트는 경계가 높은 집단을 형성하는데, 내 집단 구성원들에게 우월감과 자부심을 느끼도록 해줍니다. 그러면서 바깥 세상을 죄악시하고 차단함으로써 비판적 사고, 성찰적 인식을 하지 못하도록 하지요.

컬트 내부에 들어갔다가 탈출하는 것은 굉장히 어려운 일입니다. 그곳에서는 자신이 누구인지, 무엇을 해야 하는지가 명확합니다. 따라서 정서적으로 독립적이지 않은 경우 혹은 권위에 취약한 경우 불안정한 개인은 스스로가 아닌 집단이나 권위자를 통해 자기 삶을 확인받으려고 합니다. 결국 컬트는 교묘한 언어적 교란을 일으켜 구성원들이 집단이 원하는 행동을 하도록 조작합니다. 9.11 테러를 저지른 이들에게 그 테러 행위가 '거룩한' 전쟁이었던 것처럼 말이지요.

이단 혹은 사이비로 알려진 단체가 접근해 오면 일단 낯

설기 때문에 거리를 두게 마련이지만 그들에게는 이를 해결할 전략도 있습니다. 포섭 초기 단계에서 이른바 '사랑 폭탄'love-bombing 기법을 쓰는 것이지요. 기존 단원들은 포섭할 대상이 합리적 사고가 무력해질 정도로 엄청난 관심과 칭찬, 사랑과 돌봄의 경험을 주어 그 사람의 정서를 파고듭니다. 이후 마음이 어느 정도 열리면 반복적으로 같은 내용을 교육받게 하는데 장기간의 교리 주입은 사람의 전전두엽prefrontal cortex의 기능을 억제하면서 변연계limbic system의 활동을 과도하게 활성화시켜, 비판적 사고 대신 정서적 반응을 우세하게 만들어 버린다고 합니다. 세로토닌 수용체 밀도 변화도 관찰되는데, 이것은 놀랍게도 SSRI 계열 항우울제와 유사한 화학적 작용을 합니다. 이렇게 신경전달물질이 교란되면 현실 검증 능력을 상실하는 생물학적 기반이 이루어집니다.[8]

주의할 점은, 컬트에 참가하는 사람들이 학력이 낮고, 사회적으로 열악한 처지에 있다고 착각해서는 안 됩니다. 청소년이나 20대에 한정해서 보겠습니다. 컬트에 참여하는 이들에 대한 연구를 보면, 부모가 고학력인 경우 자녀가 장기 목표를 이루기 위한 인내와 열정을 형성할 가능성이 크지만,[9] 동시에 자녀를 향한 과도한 기대는 자존감 저하를 유발할 수 있고, 컬트 집단의 '사랑 폭탄'과 같은 전략은 매우 효과적으로 그들에게 영향을 미칠 수 있습니다.[10]

컬트 집단은 참여자를 가족이나 사회로부터 고립시켜 그

집단과 비교할 수 집단을 없애 고립시키고, 그 안에서 자신의 자존감과 특별함을 확인하게 해주고 권위에 굴복하게 만들어 심리적 의존psychological dependency과 경제적 구속economic constraint을 만들어 냅니다. 만약 그 집단이 이상하다는 것을 알았다 하더라도 더는 돌이킬 수 없는 상태로 만들어 버리는 것이지요.

기독교 문해력을 목표로 하는 기독교 교양학은 이러한 일을 방지하는 데 결정적인 도움을 줄 수 있습니다. 이단과 사이비의 공통 특징과 위험성을 교양의 차원에서 알려 줄 뿐만 아니라 기독교가 무엇인지 소개할 수 있을 테니까요.

이번 장은 기독교 선교의 역사적 흐름을 살피며, 문명화에 기여한 '빛'과 정복주의적 '그림자'라는 양면성을 고찰했습니다. 더불어 이단과 사이비를 구분해서 설명하고, 그들의 주요 특징과 사회적 해악을 검토했습니다.

기독교는 급변하는 다문화, 다종교 사회 속에서 자신의 진리 고유성을 지켜 나가면서도, 타자에 대한 존중과 성육신 신앙의 자기 비움이라는 핵심 가치를 잃지 않아야 합니다. 또한 기독교 문해력을 통해 건전한 신앙과 위험한 컬트를 분별하는 것이 오늘날 교양인의 중요한 역할일 것입니다.

6장

기독교와 오늘날 삶의 의미

교양 교육의 중요한 목표 중 하나는 인간을 특정 목적에 종속된 도구가 아닌 자유로운 주체로 세우는 것입니다. 또한 다른 인간은 물론, 비인간 존재들과도 더불어 살아가는 공동체적 품성인 시민성을 함양하는 데 있습니다. 그런데 이러한 목표는 그 자체로 완전한 목적일까요, 아니면 더 높은 무언가를 향한 과정일까요? 이 물음은 우리 모두가 한 번쯤 던지는 '삶의 의미'라는 근원적인 질문과 맞닿아 있습니다.

그렇다면 과연 우리의 삶에는 보편적인 의미란 것이 존재할까요? 만약 있다면 그 모습은 무엇이며, 만약 없다면 우리는 어떤 태도로 살아가야 할까요? 의미를 찾으려는 노력 없이 그저 흘러가는 대로 살아도 괜찮은 것일까요? 혹은 삶의 의미란 저마다 만들어가는 주관적인 이야기에 불과한 것일까요? 이 마지막 장에서는 이 문제들을 탐구하며, 기독교의 오랜 전통과 자원이 인간 삶의 궁극적인 의미와 어떻게 연결될 수 있는지 성찰해보고자 합니다.

• ─ 삶의 의미, 밖 혹은 안에?

1) 아리스토텔레스와 유다이모니아 εὐδαιμονία

누군가에게 "A라는 행동을 왜 하는가?"라고 묻고, 만약 그가 "B를 위해서 한다"고 답한다면, 다시 "그 B는 왜 하는가?"라는 질문을 이어 가다 보면 모든 행위가 궁극적으로 가리키는 최종 목적, 곧 '텔로스'τέλος에 도달한다고 아리스토텔레스는 보았습니다. 그 최종 목적을 가리켜 '유다이모니아'εὐδαιμονία라고 합니다. 이 단어를 어원적으로 살펴보면, '유'εὐ는 '좋음'good을, '다이몬'δαίμων은 '영혼' 혹은 '신성'을 뜻하기에 문자적으로는 '좋은 영혼의 상태'를 의미합니다.

이 단어는 우리말로 '좋은 삶', '웰빙'well-being, '번영'flourishing 등 여러 방식으로 번역됩니다. 과거에는 주로 '행복'으로 번역되었지만, 이 행복은 현대인이 흔히 생각하는 주관적이고 순간적인 기쁨이나 쾌락과는 분명한 거리가 있습니다. 도리어 유다이모니아는 '탁월성에 따른 영혼의 활동', 다시 말해 '인간 고유의 기능인 이성을 잘 발휘하며 살아가는 삶'이라고 정의하는 편이 아리스토텔레스가 의도한 뜻에 더 가깝습니다. 이러한 인간 이해는 모든 것에 고유한 목적이 있다는 그의 목적론적 세계관에 뿌리내리고 있습니다.

예를 들어 보겠습니다. 손톱깎이의 목적과 기능ἔργον, 에르곤은 손톱을 자르는 것입니다. 그러니 '좋은' 손톱깎이란 그 기능을 탁월ἀρετή, 아레테하게 수행하여 손톱을 잘 자르는 것이지요. 반대로 날이 닳거나 지렛대가 헐거워 그 고유한 목적을 달성하지 못하는 것은 '나쁜' 손톱깎이일 겁니다. 만약 누군가 손톱깎이를 가지고 사람을 위협한다면 어떨까요? 그것은 손톱깎이의 본질적인 목적에 어긋난 명백한 오용이 되지요. 이처럼 아리스토텔레스는 사물에 고유한 목적이 있듯이, 인간에게도 고유한 목적τέλος이 있다고 보았습니다.

손톱깎이의 독특한 구조가 그 목적을 위해 주어진 것처럼, 인간에게만 고유하게 주어진 기능이 있으니, 그것은 바로 이성λόγος입니다. 손톱깎이가 제 기능을 발휘해 손톱을 깔끔하게 자르듯, 인간은 이성적 활동을 통해 용기, 절제, 정의, 지혜와 같은 덕德들을 실천하며 살아갑니다.[1] 그리고 이러한 덕의 실천을 통해 개인의 인격적 완성을 이룰 뿐만 아니라, 공동체의 선善을 증진하는 역할을 수행하게 되지요.

유다이모니아에도 등급이 있습니다. 아리스토텔레스는

유다이모니아의 최고 형태가 존재한다고 보았는데, 그것은 순수 지성 활동인 '관조'θεωρία입니다. 이는 신적인 활동에 가장 가까운 것으로, 인간이 자신의 이성을 최고로 발휘하는 상태입니다. 다만 아리스토텔레스는 인간의 삶이 본질적으로 정치 공동체인 '폴리스'πόλις 안에서 실현된다고 생각했기에, 관조의 삶이 현실과 동떨어진 완전한 은둔을 의미하지는 않습니다. 실천적 지혜를 통해 덕을 실천하는 정치적, 사회적 삶 또한 유다이모니아의 중요한 일부이며, 관조의 삶은 이러한 공동체적 삶의 토대 위에서 비로소 완전한 형태로 구현될 수 있지요.

2) 토마스 아퀴나스와 지복직관

중세 그리스도교의 대표적 학자인 토마스 아퀴나스는 신학적 창조성을 발휘하여 아리스토텔레스 철학을 기독교 사상 안으로 수용했습니다. 그는 인간의 궁극적 목적으로 '지복직관'至福直觀, visio beatifica을 제시하는데, 이는 아리스토텔레스의 '관조'를 연상시키지만 그 내용은 기독교적입니다. 아퀴나스에 따르면, 이 세상에는 부, 명예, 쾌락 등 인간에게 일시적인 만족을 주는 유한한 '좋음'들이 있습니다. 그러나 그 어떤 것도 인간을 완전하게 충족시키지는 못합니다. 왜냐하면 인간의 갈망은 무한하고 완전한 존재인 하나님 안에서만 궁극적인 안식을 얻도록 창조되었기 때문입니다.

이러한 인간 이해는 그의 신학 전체를 관통합니다. 인간은 진선미의 근원인 하나님을 본성적으로 갈망합니다. 이 갈망에 응답하여 하나님은 영광의 빛$^{lumen\ gloriae}$을 인간에게 비추는 은총을 베풀어 인간이 매개 없이 하나님을 직접 대면하여 '보도록' 허락합니다. 인간은 이처럼 지극히 복된 상태에서 직접 하나님을 봄으로써 마침내 하나님과의 '합일'에 이르게 됩니다. 이때 인간의 모든 갈증은 해소되며, 그는 신적인 사랑 안에서 완전한 행복에 사로잡힙니다. 이는 하나님과 인간이 사랑으로 온전히 하나가 되는 상태에 다름 아닙니다.

아리스토텔레스와 아퀴나스는 모두 인간 삶에 분명한 목적이 있다고 주장합니다. 이 목적은 인간의 삶과 긴밀히 연관되어 있으면서도, 개인의 주관적 느낌을 넘어선 객관적인 상태라는 공통점을 가집니다. 두 사상가 사이의 차이는 인간의 최고선$^{summum\ bonum}$에 신의 역할이 자리하는 방식에 있지요. 아리스토텔레스의 유다이모니아는 인간 이성의 완전한 실현, 곧 '인간 내에서' 완결될 수 있습니다. 반면 아퀴나스의 지복직관은 인간이 자기 밖의 존재인 하나님과의 관계 속에서만 온전한 행복을 찾을 수 있다는 초월성을 갖습니다.

아리스토텔레스는 그리스 신화 속 신들과 그들의 인격적인 활동에 대한 견해를 철학적으로 거부했습니다. 그에게 신은 세계의 궁극적 원리인 '부동의 원동자'$^{unmoved\ mover}$이자 '제일

원인'first cause으로서, 인격적 존재가 아닙니다. 아리스토텔레스의 신은 형이상학적 원리에 가깝다고 할 수 있지요. 그가 공동체의 종교 관습이나 그 사회적 효용성까지 부정한 것은 아니지만요. 반면 아퀴나스에게 신은 세계의 원리일 뿐만 아니라, 그것을 창조하고 다스리며 인간을 사랑하는 인격적인 존재이지요. 따라서 아퀴나스에게는 신을 떠나서 이상적인 인간상이나 삶의 의미를 논하는 것 자체가 불가능한 일인 것입니다. 이 둘의 생각은 근대의 칸트에게 부분적으로 이어지고 단절되지요.

3) 칸트와 최고선

근대 철학자인 칸트는 인간이 추구해야 할 궁극적 목표로서 '최고선'이 있다고 보았습니다. 여기서 '선'bonum 현대적인 의미의 '도덕적 선'만을 의미하지 않습니다. 이는 어떤 것의 이상적인 상태를 포괄하지요. 고대 언어로 거슬러 올라갈수록 도덕적 선, 미학적 아름다움, 실용적 유익함은 분리되지 않고 하나의 단어 안에 어우러져 사용되는 경향이 있습니다. 이런 맥락에서 '최고선'은 이미 굳어진 번역어이지만, '최고로 좋은 상태'로 이해하는 것이 더 정확할 수 있습니다. 이는 아퀴나스의 언어를 빌리자면, 인간이 누릴 수 있는 가장 복된 상태인 '지복'의 근대 철학적 변용이겠지요.

칸트가 이상적인 상태로 제시한 최고선은 덕과 행복의 일치입니다. 여기서 '덕'이란 인간에게 내재된 보편적 도덕 법칙에 대한 존중에서 비롯된 선의지good will를 따르는 것이며, '행복'은 개인의 경향성과 욕구가 충족되는 만족의 상태를 가리키지요. 덕을 실천하는 삶에 비례하여 행복이 보장된다면 더할 나위 없이 이상적이겠지만, 우리의 경험적 현실은 그렇지 않다는 것이 문제입니다.

우리는 현실에서 덕스럽게 사는 사람이 오히려 불행에 빠지고, 부도덕한 사람이 안락을 누리는 모순을 흔히 목격합니다. 만약 이 모순이 해결되지 않는다면 인간에게 이성적으로 덕의 길을 따르라고 명령하는 도덕 법칙 자체가 무의미해지겠지요. 따라서 칸트는 최고선의 실현 가능성을 보증하기 위해 순수한 실천이성이 필연적으로 요청할 수밖에 없는 두 가지 전제가 발생한다고 말합니다.

첫째, 영혼의 불멸을 요청합니다. 유한한 현세의 삶에서 덕과 행복의 완전한 일치를 이루는 것은 불가능하므로, 도덕적 완성을 향한 무한한 과정이 가능하도록 사후死後에도 영혼이 살아남아 지속성을 가져야만 한다는 것이지요. 둘째, 신이 있어야 합니다. 자연의 인과법칙과 도덕의 법칙을 모두 주관하는 전능하고 선한 존재인 신이 현존해야만 궁극적으로 덕에 비례하는 행복의 분배를 보증하고 심판할 수 있기 때문입니다. 이처럼 영혼 불멸과 신의 현존은 세계의 지식과 인과성을 탐구하는 이론이성으로 증명할 수 있는 대상이 아니라, 도덕 법칙의 실천과 최고선의 실현을 위해 반드시 참이라고 전제해야만 하는 '실천이성의 요청'이 되지요.

앞서 살펴본 아리스토텔레스, 아퀴나스, 칸트는 인간에게 보편적이고 객관적인 목적이 있다는 데 의견을 같이합니다. 이 목적을 달성하는 여정에서 인간은 의미 있는 삶을 살게 된다는 것이 그들의 공통점이지요. 이러한 삶의 의미 이해는 근대 이후 두 가지의 강력한 도전에 직면했습니다.

첫째, 삶의 목적이란 보편적이고 객관적으로 주어지는 것이 아니라, 전적으로 개별적이고 주관적인 선택의 문제에 속한다는 주장입니다. 이 견해에 따르면 '인류의 목적'과 같은 객관적이고 보편적인 것은 없다는 것이지요. 삶의 의미는 오로지 개인에게 달렸고, 스스로 자기 삶의 의미를 창조해야 한다는 것입니다.

둘째, 인간의 삶에는 애초에 어떠한 내재적 목적이나 의미도 존재하지 않는다는 주장입니다. 이 관점은 우주가 인간의 열망에 무관심하며, 삶의 의미를 찾으려는 인간의 노력이 본질적으로 부조리하다고 봅니다. 이른바 허무주의이지요.

4) 프랑크푸르트와 벨리오티, 그리고 의미의 주관주의

해리 프랑크푸르트 Harry Frankfurt 는 삶의 의미를 부여하는 목적이 보편적인 것이 아니라, 개인의 '관심'caring과 '사랑'loving에 달려 있다고 주장했습니다. 이른바 '주관주의'라고 부를 수 있습니다. 그에게 한 개인에게 의미와 정체성을 부여하는 핵심은 위의 두 가지입니다. '관심'이란 어떤 대상이나 활동, 혹은 이상理想이 나에게 매우 중요하다고 여기며 그것과 자신의 정체성을 연결하는 마음 상태입니다. '사랑'은 이러한 관심의 가장 구체적이고 헌신적인 형태로, 사랑의 대상을 다른 목적을 위한 수단이 아니라 그 자체를 목적으로 대하며 아끼는 것입니다. 그럴 때 이 대상은 다른 것으로 대체 불가능하며, 한 사람의 정체성을 형성하고 삶의 방향을 결정하는 중심축이 됩니다.

프랑크푸르트에 따르면, 내가 무엇을 사랑하고 관심을 둘 것인지는 다른 사람이나 외부의 평가에 크게 영향을 받지 않습니다. 오랫동안 진실하게 사랑하고 관심을 쏟는 그것이 개인의 삶에 규범과 활력을 부여하는 원천이 되는 것이지요. 그렇다면 우리는 이 대상을 외부의 어떠한 영향 없이 완전히 자유롭게 '선택'하는 것일까요? 그렇지는 않습니다. 우리가 그 대상에 자발적으로 헌신할 수는 있지만, 이는 마구잡이식 혹은 어쩌다 얻어걸리는 선택이라기보다는 우리 의지를 사로잡는 의지적 필연성volitional necessity에 가깝다고 봅니다. 의지적 필연성이란 어떤 선택이 최선이기 때문이 아니라, 그 선택을 하지 않으면 '나 자신을 저버린다'는 마음에 그럴 수밖에 없는 상태를 가리킵니다. 사랑의 속성 자체가 그렇습니다. 말로 설명할 수는 없는데, 꼭 '하지 않을 수 없게' 만들지요. 심지어 남들 눈에는 별 이유가 없어 보여도 말입니다.[2]

해리 프랑크푸르트의 주관주의와 맥을 같이 하는 대표적인 학자로 레이몬드 벨리오티Raymond Belliotti를 꼽을 수 있습니다. 벨리오티는 프랑크푸르트의 주장을 심화합니다. 삶의 의미는 어떤 대상에 대한 관심과 사랑을 갖는 것으로는 생성되기보다는 개인이 설정한 최고 관심사paramount concerns를 적극적이고 창의적으로 실천할 때 비로소 발생한다는 것입니다. 예를 들어 막연히 예술을 사랑하는 것에서 그치는 것이 아니라, 예술 활동을 계획적이고 목표 지향적으로 수행하며 그것에 자신의 삶을 던져야 한다는 뜻입니다. 벨리오티에 따르면, 이 과정은 자율적으로 설정한 목적의식에서 비롯된 활력vitality을 동반해야 합니다. 이 활력을 통해 개인은 자신이 진정으로 살아 있다는 생생한 감각을 경험한다는 것이지요.[3] 그는 '이것이 바로 나의 삶이며, 나의 구체적인 실천 과정이다. 나는 이 활동을 통해 나의 삶을 창조해 나갈 것이다'라는 뚜렷한 자의식, 목적의식, 그리고 열정이 삶의 의미를 구성하는 핵심 요소라고 말합니다. 실존주의를 천명했던 사르드르J. P. Sartre의 현대적 재현이라고 할 수 있습니다.

주관주의적 의미 이론은 개인의 고유성과 창의성을 강조하는 현대 문화에서 많은 지지를 얻고 있습니다. 객관적이고 보편적인 의미가 있다는 주장은 전근대적이라고 의심하는 사람들에게는 더 그렇지요. 각자의 삶은 각자가 만들어 간다는 생각은 구체적이고 솔깃하게 들립니다. 그러나 저는 이러한 주장의 장점은 알지만, 선뜻 동의하기가 어렵습니다. 다소 극단적인 예를 들어 보겠습니다.

어떤 사람이 '숨 오래 참기'에 지극한 사랑과 관심을 느끼고, 이를 자신의 최고 관심사로 삼아 능동적인 프로젝트로 꾸준히 수행하여 세계 신기록을 세웠다고 상상해 보겠습니다. 그가 이를 통해 자기 삶의 의미를 온전히 구현했다고 뿌듯해할 때, 누군가는 그의 열정을 존중하겠지만, 그것이 의미 있는 삶으로 충분하지 않다는 사람도 있을 것이지요. 그렇다고 그들이 아리스토텔레스나 아퀴나스 같은 목적론적 이론에 동의하지도 않을 것입니다. 그들이 제시하는 목표들이 지나치게 관념적이거나 도덕주의적이라고 느껴진다고 비판할 수도 있고요.

삶의 의미는 객관적 기준이 있을까요? 아니면 주관적인 것일까요? 이 둘 중 반드시 하나를 선택해야만 하는 것일까요? 아니면 두 기준을 모두 충족시키는 제3의 길은 없을까요?

수전 울프 Susan Wolf는 주관주의와 객관주의의 이분법을 넘어서기 위해 두 이론의 조화를 시도합니다.[4] 그가 제시하는 '적합한 성취 이론' The Fitting Fulfillment View은 삶의 의미가 '주관적 이끌림' subjective attraction이 '객관적 가치' objective worth와 만날 때 발생한다고 주장합니다. 이는 한 개인이 열정을 느끼며 적극적으로 참여하는 활동이 그 자체로도 객관적인 가치를 지닐 때, 우리 삶이 의미로 채워진다는 것입니다. 주관주의가 간과하기 쉬운 사회적, 도덕적 가치의 차원과, 객관주의가 무시하기 쉬운 개인의 내면적 동기와 열정을 모두 끌어안으려는 통합적 시도라 할 수 있습니다. 울프에게 의미 있는 삶의 이상적인 상태란, 한 인간이 객관적으로 가치 있는 프로젝트에 주체적으로 깊이 몰입하고, 또 그것이 실질적인 성과로 이어질 때라고 할 수 있습니다. 저는 꽤 동의하면서 읽었지만 이 책을 저와 함께 읽은 학생들의 반응은 별로 호의적이지 않았던 기억이 납니다. 절충적이라 그만큼 호소력도 떨어지나 봅니다.

• ─ 허무주의의 주장과 비판

삶의 의미가 객관적인가 주관적인가, 아니면 둘 사이의 만남으로 가능한가라는 질문은 삶의 의미가 있다는 것을 전제로 합니다. 그런데 정말 삶에는 의미가 있을까요? 삶에 의미가 있다는 것을 전면적으로 거부하는 사람들이 있지요. 바로 허무주의자 Nihilists 입니다.

서구 사상사에서 허무주의는 필연적으로 무신론無神論과 깊이 연결됩니다. 세상의 창조자이자 심판자인 신이 존재한다면, 그의 뜻과 계획이 객관적인 가치의 기준이 됩니다. 이 기준을 증진시키는 행동은 '의미'가 있고, 그에 반하는 행동은 무의미하거나 의미에 반대하는 행동인 것이지요. 만약 신의 존재를 부정하고, 인류가 합의할 수 있는 보편적 가치 또한 존재하지 않는다고 판단한다면, 의미의 기반 자체가 사라져 버립니다.

기차 여행을 비유로 들어 보겠습니다. 최종 목적지가 '부산'이라는 객관적 가치가 있다고 가정합시다. 서울에서 출발한 사람이 부산 방향으로 가다가 대전에서 내렸다면, 그는 목적지에 도달하지는 못했으나 올바른 방향으로 나아갔기에 그 여정은 어느 정도 '의미'가 있습니다. 반면 반대 방향인 북쪽으로 갔다면 그의 여정은 의미를 상실하거나 오히려 가치를 훼손한 것이 됩니다. 하지만 허무주의의 관점은 이와 다릅니다. 애초에 부산이라는 목적지 자체가 존재하지 않는다고 보는 것입니다. 어떤 사람이 아무런 목적지 없이 기차를 타고 가다 대전에 내렸다고 합시다. 그의 하차는 잘한 것도, 잘못한 것도 아닙니다. 그것은 그저 '일어난 사건'일 뿐, 그 어떤 가치나 의미도 증진시키거나 감소시키지 않습니다. 허무주의는 우리의 삶을 이 목적지 없는 여정과 같다고 봅니다.

니체Friedrich Nietzsche는 신의 죽음이 불러올 서구의 상황을 잘 파악했지요. 신의 죽음은 종교의 몰락을 넘어 서구 전반의 가치와 목적, 도덕과 의미를 모두 붕괴해 버리는 사건이었습니다. 물론 서구의 기독교만은 아니었지요. 지배적인 종교가 있는 곳에서 탈종교화 혹은 세속화는 유사한 문제를 불러일으켰지요. 불교 및 유교와 같은 종교가 사회의 중심이었던 시대에서 삶의 의미는 종교의 영역에 속했으며, 그 존재 자체가 의심받는 일은 드물었습니다. 당시 개인에게 '삶의 의미' 문제는 종교가 제시하는 길을 제대로 따르지 못하는 실천의 실패에 관한 것이었지, 의미의 존재 자체에 대한 회의는 아니었습니다.

그러나 근대 이후 세속화secularization가 진행되면서 상황은 근본적으로 바뀌었습니다. 여전히 종교가 사회의 절대적 기반이 되는 지역도 있지만, 세속화된 사회에서 삶의 의미는 더 이상 주어진 것이 아닌, 각 개인이 찾아야만 하는 논쟁적인 주제가 되었습니다.[5] 과거에는 하늘의 별처럼 분명했던 삶의 목적지가 이제는 북극성도 보이지 않는 망망대해 위에 놓인 상황이 된 것이지요.

무신론을 굳이 표방할 필요조차 느끼지 못할 정도로 세속화가 진행된 사회에서는 삶의 의미를 말하기가 더욱 어려워집니다. 허무주의는 먼저 삶의 의미나 가치를 판단할 보편적이고 객관적인 기준은 없다고 선언합니다. 아무도 절대적 권위를 가지고 객관적 기준을 제시할 수 없다는 것이지요. 이러한 허무주의는 도덕적 상대주의와 연결되어 있습니다. 가령 '살인은 악하다'와 같이 보편타당해 보이는 도덕 명령조차 시대와 문화에 따라 항상 유효하지는 않았다는 역사적 사실을 지적합니다.

또 허무주의는 가치의 다원성 및 충돌을 묘사합니다. 많은 사람이 가치 있다고 여기는 것들, 예컨대 자유와 평등 혹은 정의와 자비는 현실에서 종종 충돌합니다. 그들은 이 가치들의 우열을 가릴 절대적 기준이란 없으므로, 모든 사람을 만족시킬 단일한 가치 체계를 합의하는 것은 불가능하다고 주장합니다. 나아가 허무주의는 생물학적 진화론을 근거로 인류의 도덕, 사랑, 이타심과 같은 가치들이 초월적 실재에 기반한 것이 아니라, 생존과 번식이라는 목적을 위해 오랜 진화 과정에서 우연히 발현된 것이라는 논증을 펼치기도 합니다.

이처럼 보편적 기준과 절대적 가치가 부재한다고 믿는 허무주의자는 삶의 의미를 논하는 것 자체가 무의미하다고 말합니다. 그렇다고 삶의 의미에 관해 주관주의 논증을 펼치는 이들의 주장을 옹호하지도 않지요. 날로 확장되는 우주에 대한 과학적 지식은 인간의 왜소함을 깨닫게 합니다. 광활한 우주의 시공간에 비하면 한낱 먼지에 불과한 인간의 존재가 어떤 우주적 의미를 가질 수 있겠냐고 되물을 수 있습니다. 허무주의자들은 또 인간의 통일된 '자아'라는 감각조차 뇌가 만들어 낸 허상illusion에 불과하다는 논증으로 자신의 주장을 강화할 수 있습니다.[6] 자아 자체가 허상이라면, 그 허상에 무슨 의미를 부여할 수 있을까요? 이러한 허무주의는 데이비드 베

나타David Benatar와 같은 반출생주의자anti-natalists의 논증과도[7] 연결할 수 있습니다. 이들은 고통이 필연적으로 수반되는 인간의 출생 자체가 해악이며 비도덕적이고, 삶의 주관적 의미마저 설 곳이 없다고 말합니다.

허무주의의 주장을 반박하지 않고는 우리의 논의를 더 전개할 수는 없을 것입니다. 첫째, 허무주의자들이 요구하는 이상적 수준의 보편타당성이 굳이 필요할까요? 모든 시대와 모든 문화에 적용되는 절대적 가치가 없다 하더라도, 우리에게는 개인의 삶을 형성하고 공동체를 유지하기 위해 가꾸고 지켜 온 '전통'과 '합의'가 있습니다. 보편타당하여 누구도 의심하지 않을 권위자가 만든 것이 아닐지라도, 우리는 이미 인권, 자유, 평화 등 개인과 사회, 국가 간의 생존과 번영을 지키는 실질적인 공통 가치들을 근거로 살아가지요. 이것들은 이론적으로 완벽하지 않아도 현실에서 작동합니다. 물론 매끄럽지도, 충분히 공감하지 못할 것도 얼마든지 있지만요.

이러한 생각은 매킨타이어Alasdair MacIntyre의 주장과 잇닿아 있습니다. 그는 보편적 합의가 없더라도 개인이 속한 공동체의 전통과 그 안에서 공유되는 실천을 통해 덕virtue과 가치가 구체적인 생명력을 얻는다고 말합니다.[8] 지는 종종 기하학의 예를 듭니다.

현실 세계에 플라톤적 의미의 '이상적인 삼각형'은 존재하지 않습니다. 그럼에도 우리는 '삼각형 내각의 합은 180도'

라는 합의된 공리axiom 위에서 기하학을 발전시켰고, 이를 토대로 현대 문명을 건설했습니다. 허무주의자들이 현실에 구속력 있는 가치가 없다고 주장하는 것은 마치 "이상적인 삼각형이 존재하지 않으니 기하학은 전부 무의미하다"라고 말하는 것과 같습니다. 현실을 살아가는 우리는 완전무결한 가치가 아니라, 우리의 삶을 가능하게 하는 '충분히 좋은' 가치와 전통 안에서 의미를 발견하고 만들어 갈 수 있습니다.

둘째, 도덕과 가치가 진화 과정에서 나온 생존과 번영을 위한 적응의 산물이라고 해서 그 가치 자체가 가벼운 것이 아닙니다. 이는 전형적인 '발생론적 오류'genetic fallacy입니다. 어떤 것의 기원이 그것의 현재 가치나 본질을 결정하지 않지요. 어머니의 헌신적인 사랑이 자신의 유전자를 후대에 남기려는 진화적 충동에서 비롯되었다고 설명할 수도 있습니다. 그러나 우리는 그 과학적 설명과는 별개로, 사랑 그 자체에 감동하고 높은 가치를 부여합니다.

인간의 이타심, 사회적 협력, 공감 능력 역시 진화의 산물로 설명할 수 있지만, 그 능력 덕분에 우리의 삶은 풍요로워졌지요. 어떤 가치의 진화론적 기원을 밝히는 것이 현재 우리 삶에서 갖는 의미를 파괴할 수는 없습니다.⁹ 오히려 진화의 과정은 인류가 생존과 번영에 유익한 가치들을 어떻게 발견하고 연속적으로 축적해 왔으며, 그 힘이 얼마나 장대한지를 알려줄 수도 있지요.

셋째, 무한에 가까운 우주의 시공간이 인간 존재의 무의미함을 가져오는 것은 아닙니다. 우주는 우리에게 경외와 숭고의 감정을 불러일으키며, 당연히 인류를 하찮게 느끼게 만들 수 있습니다. 그러나 인간보다 더 크고 위대한 것이 존재한다는 사실이 인간 삶의 의미를 논리적으로 부정할 수는 없지요. 인간의 의미를 말하기 위해 굳이 우주적 척도를 가질 이유는 없습니다. 그저 인간의 사회, 문화, 역사적 삶의 맥락 정도면 충분합니다.[10]

우리는 인류의 역사, 공동체의 전통, 그리고 개인의 관계라는 구체적인 시공간 속에서 살아갑니다. 이 제한되고 특수한 시공간 안에서 이루어지는 사랑, 용서, 창조, 연대와 같은 행위들은 자체로도 충분히 의미 있습니다. 예를 들어, 회원들의 노력으로 기대한 성과를 거두는 것은 신생 농구동호회에게 매우 중요합니다. 우주의 차원에서 그것은 하찮은 사건조차도 아니겠지만요. 그러나 그 성공에 이르는 과정과 결과를 통해 참여한 사람이나 주변 사람은 적절한 만큼 의미와 보람을 얻습니다. 의미는 크기에서 오기보다는 적절한 맥락이 있으면 충분히 창출할 수 있는 것입니다.

넷째, 의미가 반드시 자아가 불변하는 실체이어야 발생하는 것도 아닙니다. 적지 않은 현대 철학자와 인지과학자가 자아는 고정된 실체가 아니라 끊임없이 변화하며 생성과 소멸을 반복하는 과정이라고 말합니다. 그렇다고 자아가 식별 불가능한 파편들의 무질서한 흐름은 아니지요. 우리의 자아는 변화 속에서도 여전히 특정한 기억을 유지하고, 관계를 맺는 방식 등을 통해 연속성을 유지합니다. 이를 통해 자기 동일성을 인식하지요. 연속성과 자기 동일성을 지닌 의식일지라도 맥락 속에서 의미를 생성할 수 있습니다. 도리어 고정불변의 자아는 제한적이지 않을까요? 과정으로서의 자아가 의미 창출의 다양성과 유연성을 보다 가능하게 할 수 있습니다.

지금까지 허무주의 주장을 논박했지만, 그렇다고 삶의 의미가 발생하는 것도 아니고 그것이 무엇인지 밝혀진 것도 아닙니다. 이제 우리는 질문 자체를 생각해 볼 차례입니다.

• ─ '삶의 의미' 정의와 그것을 향한 욕망

삶의 의미 문제를 다루기 위해 먼저 '삶의 의미'라는 말의 뜻부터 해명하고자 합니다. 길고 복잡한 언어철학적 논쟁을 모두 소개하는 대신, 이 글에서 사용할 정의를 간결하게 제시하겠습니다.

저는 '삶의 의미'를 '삶을 지속하게 하는 가치를 실행할 때 발생하는 것'으로 정의합니다. 여기서 '가치'란 그것이 객관적이든 주관적이든, 혹은 객관과 주관의 절충이든, 한 사람이 자신의 삶을 지속하도록 만드는 모든 것을 지칭합니다. 나아가 어떤 가치를 단순히 인식하거나 느끼는 것만으로는 의미가 발생하지 않습니다. 의미는 그 가치를 구체적으로 실행할 때, 그리고 그 실행이 개인의 실존적 욕구와 사회의 일반적 필요를 (꼭 동일한 시간대가 아니더라도) 함께 충족시킬 때 비로소 생성됩니다. 인간의 욕구는 고립된 개인의 것이 아닙니다. 여러 심리학, 인류학, 진화생물학 연구가 밝혔듯, 인간은 고도의 진사회성eusociality을 지닌 존재이기 때문입니다. 개인의 욕구는 본질적으로 사회문화적이며, 사회적으로 용인되는 것을 넘어 공동체의 윤리적 지지를 얻는 가치를 추구할 때 가장 깊이 충족됩니다.

토마셀로Michael Tomasello의 이론은 제 견해를 강화합니다.[11] 그는 다른 동물, 예를 들어 다른 영장류와 달리 인간은 독특한 협력 행동을 보인다고 주장합니다. 불과 두세 살 난 어린아이도 다른 사람을 돕고 자연스럽게 협력 행동을 합니다. 그에 따르면 이것은 학습의 결과가 아니라, 인간의 공동 목표를 세우는 능력 덕택이지요. 어린아이는 성장하면서 다른 사람을 돕고 힘을 모으는 데서 더 나아갑니다. 집단의 규범 및 규칙을 내면화하고, 다른 사람과 그가 머무는 집단의 공동 목표를 세우고 달성하려고 애를 씁니다. 이것은 다른 영장류의 행태와 비교할 때 확연히 차이가 난다는 것이 토마셀로의 주장입니다.

삶의 의미 문제는 인간의 삶이 시작되는 순간부터 긴밀하게 연결됩니다. 저는 삶의 의미가 갓난아기에게도 주요한 주제라고 생각합니다. 아기에게는 삶을 지속하게 하는 근원적 가치인 생존 욕구가 있습니다. 이에 아기는 젖을 빠는 행위를 통해 자신의 생존 욕구라는 가치를 실행하고, 이를 통해 자신의 삶을 지속시킵니다. 이 과정에서 의미의 또 다른 차원이 발생합니다. 아기가 생존을 위해 본능적인 행동을 할 때, 그를 아끼고 사랑하는 양육자와 가족들은 아기의 존재 자체만으로 깊은 기쁨과 만족을 느낍니다. 아기의 (이기적인) 생존 행위는 가족이라는 공동체의 가치(사랑, 돌봄, 대 잇기 등)를 실현시키는 역할을 한다는 것이지요. 이러한 관점에서 갓난아기는 단순히 의미를 부여받는 수동적 존재일 뿐만 아니라, 자신의 생존 활동을 통해 가족 공동체에 의미를 창출해 주는 능동적인 주체이기도 합니다.

이러한 주장은 2011년 에드워드 트로닉Edward Tronick과 마저리 비글리Marjorie Beeghly의 연구에 의해서 지지받습니다. 그들에 따르면 아주 어린 유아들도 감정과 행동을 통해 비언어적인 방식으로 자신과 주변인에 대한 의미를 부여하고 공유합니다. 그들은 유아의 정신건강 문제가 드문 트라우마나 극적인 사건 때문만이 아니라, 매 순간의 상호작용 속에서 의미가 반복적으로 형성되고 깨지는 과정과 깊은 관련이 있다고 강조합니다.[12] 이는 유아기부터 시작되는 의미 형성 과정이 순조롭지 못할 때 정신건강에 심각한 악영향을 미칠 수 있음을 시사합니다.

유아 때부터 시작되는 삶의 의미를 향한 욕구는 인간 삶 전반을 관통합니다. 인지과학, 심리학, 신경과학 등 다양한 분야의 연구들이 있지만, 저는 제이넵 위날Zeynep Merve Ünal의 연구를 인용하려고 합니다. 그에 따르면 의미를 추구하는 것은 인간이 존재하기 위해 반드시 충족되어야 할 핵심적인 심리적 욕구입니다.[13]

그는 삶의 의미가 네 가지 욕구의 충족으로 구성된다고 말합니다. 첫째, 목표와 일관성Purpose and Coherence입니다. 자신의 삶이 과거-현재-미래를 관통하는 하나의 이야기로 목표와 방향성을 가지고 있다는 느낌이지요. 둘째는 효능감Efficacy으로 자신의 행동이 의도한 결과를 만들어 낼 수 있다는 통제감과 유능감입니다. 셋째는 가치와 정당성Value and Justification입니다. 자신의 행동이 도덕적으로 옳고, 객관적으로 긍정적인 가치를 창출하고 있다는 믿음입니다. 마지막으로 자기 존중Self-Worth입니다. 자기 자신이 타인과 스스로에게 긍정적인 평가를 받을 만한 가치 있는 존재라는 느낌입니다. 이 네 가지 욕구가 충족될 때, 인간은 비로소 자신의 삶이 의미 있다고 느끼며 살아갈 힘을 얻게 됩니다.

위와 같이 인간의 근원 욕구로서 의미를 향한 욕구를 주장하는 것은 새로운 통찰이 아닙니다. 빅터 프랭클Viktor E. Frankl은 아우슈비츠 강제 수용소에 갇힌 상황에서 살아남을 이유와 의미를 찾는 사람들이 그렇지 않은 이들보다 생존 가능성이 훨씬 높다는 사실을 목격하고 이를 이론화했습니다.[14] 그의 경험은 인간이 단순히 생존 욕구만을 가진 존재가 아니라 그 생존에 의미를 부여하고자 하는 근원적인 '의미를 향한 의지'will to meaning를 지닌 존재임을 보여줍니다. 그는 무의미를 경험하는 이들에게 '의미 치료', 곧 로고테라피logotherapy를 제안합니다. 그는 세 가지 영역에서 이 치료를 시도하는데 첫째, 세상에서 혹은 세상을 위한 창조성과 일입니다. 둘째, 미적 경험과 타자를 향한 사랑입니다. 셋째, 피할 수 없는 운명을 용감하고 품위 있게 수용하는 태도입니다.

위날과 플랭클이 말하는 용어와 범주는 서로 유사한 부분과 함께 분명한 차이도 있습니다. 애초에 두 주장은 전제부터 다릅니다. 전자는 일상에서, 후자는 극한 상황에서 비롯된 것이지요. 의미를 향한 욕구는 심리학계에서 연구되는 주제이기도 합니다. 저는 아브라함 매슬로우Abraham Maslow의 욕구위계이론과[15] 클레이턴 앨더퍼Clayton Alderfer의 이른바 ESG이론이 기억납니다.[16] 그런데 여기서는 자기실현의 욕구 이상을 말하는 이른바 초월심리학Transpersonal Psychology의 욕구 발단 이론을 특별히 언급하고 싶습니다. 이 이론은 매슬로우의 5단계를 바탕으로 자아초월의 욕구Transcendence, Self-Transcendence를 추가하여 인간의 욕구 단계를 설명합니다.[17] 이 항목은 매슬로우가 후기에 추가한 것이기도 합니다. 자아초월의 욕구는 자아실현을 넘어서 더 크고 보편적인 가치를 향하는 내적 동기인 인류애, 사회 정의, 영적 존재와의 합일 욕구이지요.

이제까지의 논의를 요약하자면 의미 추구는 인간 본연의 욕구이자 건강과 성장을 위한 핵심 조건이며, 개인 및 사회적, 영적 차원의 다양한 가치가 통합적으로 작동해서 달성된다는 것입니다. 특히 자아초월을 인간 욕구의 최고 단계로 제안하는 이론들에 주의를 기울일 필요가 있습니다.

●── 기독교 신앙과 삶의 의미

삶의 의미에 관한 이제까지의 논의를 주의 깊게 따라왔다 해도, 또 그것을 절실히 느낀다 해도 막상 삶을 의미 있게 살려고 하는 노력이 저절로 쉽게 실행되는 것은 아닙니다. 일단 그것을 어떻게 구현할 수 있는지 막막할 따름이죠.

바우마이스터 Roy F. Baumeister 와 랜다우 Mark J. Landau 는 삶의 의미가 발견되는 것인지, 아니면 창조하는 것인지를 두고 논의를 한 적이 있습니다.[18] 그들은 다음과 같이 결론을 내립니다. 개인은 기존에 있는 사회, 문화적 프레임과 상호작용하면서 의미를 '발견'하는 경향이 더 강하다고 말이지요. 설명을 덧붙이자면, 개인은 삶에서 주관적인 경험을 하지만 그것으로 끝나는 것이 아닙니다. 자신의 삶과 경험을 이해하기 위해서는 기존에 있는 개념이나 상징, 은유, 문화적 의미 체계에 기댈 수밖에 없습니다. 인간이 완전히 새로운 의미 해석의 맥락을 창조하기란 쉽지 않지요. 그때 기존의 것들을 자기 삶의 경험을 통해 새롭게 인식하고 해석하면서 삶의 의미를 발견하게 됩니다. 따라서 의미는 오로지 개인의 것일 수도 있지만, 동시에 그 의미라는 것은 기존의 집단, 사회, 종교, 전통 공동체가 마련한 틀 또는 내러티브가 없다면 주어지기 어렵습니다.

이런 상황에서 종교는 삶의 의미에 관해 매우 중요한 역할을 합니다. 물론 부정적일 때도 있지만 말입니다. 대학생을 대상으로 한 국내의 어떤 논문은 "종교적 안녕은 우울을 증가시키는 효과"를 보인다고 논증합니다.[19] 그럴 수 있습니다. 부정적 감정과 인지를 강조하는 종교의 경우, 또 특정 종교를 충분히 성숙하지 않은 상태로 수용한 경우에는 얼마든지 부정적인 것들이 발생할 수 있지요.

랜다우의 다른 연구 역시 참조해 볼 필요가 있습니다.[20] 그는 삶의 의미를 발견할 때 은유metaphor의 중요성을 강조합니다. 은유야말로 인간이 삶의 의미를 찾는 데 본질적인 역할을 한다고 말하지요. 앞서 말했듯이 삶의 의미의 중요성을 충분히 공감해도 어디서부터 시작해야 하는지 쉽게 갈피를 잡지 못합니다. 이때 인간은 은유를 통해 삶의 의미를 이해하는 길을 발견합니다. 가령 '삶은 여행이다', '삶은 전쟁이다' 등과 같은 은유는 자신의 삶을 이해할 때 하나의 지침이 됩니다. '삶은 전쟁'이라고 하는 은유는 승리와 패배를 중요한 가치로 삼게 하고, 승리하기 위한 삶의 동력을 끌어올리는 것이지요.

종교적 전통은 삶에 대한 은유를 가장 풍부하게 제공하는 문화적 체계이고, 기독교 역시 삶의 의미에 관련해 중요한 기여를 할 수 있습니다. 여기서 저는 기독교 신앙의 네 가지 핵심을 '삼위일체', '창조', '십자가와 부활', '생명을 주는 성령'으로 제안하고, 그에 따라 삶의 의미를 살펴보려 합니다.

첫째, '삼위일체 신앙'입니다. 기독교 신앙의 중심에는 '삼위일체'라는 교리가 있습니다. 이는 성부, 성자, 성령이 각각 구별되지만 동시에 하나로서 유일한 하나님임을 가리킵니다. 사변적이고 난해한 교리처럼 보이지만, 삶의 의미를 물을 때 이 교리는 우리에게 깊은 통찰을 줍니다.

삼위일체 신앙은 우주의 근원에 사랑과 사귐이 있다는 고백입니다. 어떤 신학자는 삼위일체의 성격을 '상호성, 개방성, 연대, 사랑'으로 확장해서 설명하기도 했습니다.[21] 이 신앙은 우리가 의미 있는 삶, 풍성한 삶을 구현하려고 할 때 관계가 그 근원에 있으며, 사랑의 사귐이 관계의 성격이어야 한다고 알려 줍니다.

여기에 한마디를 덧붙이자면, 삼위일체의 각 위격(성부, 성자, 성령)은 서로 독립된 주체이면서도, 계급이나 위계에 의한 차등이 없습니다. 이는 각자가 동등하고 개별 주체로 존재하려면 역설적으로 자기 자신을 개방해야 하고, 연대와 서로 돌봄, 지지를 실천하는 관계적 존재 방식을 살아야 한다고 가르쳐 줍니다.

두 번째로, '창조 신앙'입니다. 기독교의 창조 신앙은, 인생을 무의미하게 만들고 혼돈에 빠뜨리며, 결국에는 파괴와 죽음으로 이끄는 모든 세력에 맞서서 아름다움과 질서, 창조적 노동을 통해 삶을 긍정할 수 있다는 신앙입니다.

또한 창조 신앙은 이 우주가 무기물에서 유기물이 되고, 유기물에서 생명이 생기고, 생명에서 의식이 싹텄다가 그 의식이 지성, 감성, 영성으로 자라나는 이 모든 변화와 발전이 우주에 충만해지는 걸 적극적으로 격려합니다. 무無에서 세상을 창조하신 하나님 덕분에 우리도 삶이 무기력하게 느껴질 때 새롭게 창조하는 힘을 받을 수 있다고 믿는 것이지요. 나아가 노동은 힘들고 지루하며 어쩔 수 없는 일이라는 생각도 걷어내 줍니다. 하나님이 노동을 통해 창조의 기쁨을 만끽했듯, 인간도 노동을 통해 창조하는 기쁨과 보람을 얻을 수 있다는 점이 창조 신앙에서 강조됩니다. 결국 창조 신앙은 삶을 긍정하고, 세상과 나를 새롭게 바라보게 하는 용기를 주는 믿음입니다.

기독교에서 말하는 창조는 단순히 자신의 이념을 대상에 구현하는 수준을 넘어서는 것입니다. 성서의 하나님은 피조물을 단순한 객체처럼 대하지 않습니다. 하나님은 인간을 자신의 창조 사역에 동참하는 파트너로 부릅니다.

이 고백은 우리가 무언가를 창조했다 해서, 그 대상을 향해 함부로 권력을 행사하는 주인 혹은 폭군처럼 행동해도 된다는 착각을 깹니다.[22] 창조 신앙은 우리가 하나님에게 빚진 존재임을 일깨워 주며, 우리는 세상의 주인이 아니고 스스로의 힘으로는 우리 자신을 구원할 수도 없다는 자각을 일깨워 줍니다.[23] 창조 신앙은 단순한 목적이나 가치 창조, 그 기쁨만 알려 주는 게 아닙니다. 삼위일체 신앙처럼 관계의 중요성, 특히 하나님과 피조물, 또 인간과 인간, 인간과 세계의 관계를 강조하고, 이 관계 속에서 겸손과 책임, 그리고 창조자의 파트너로 부름 받은 존재의 기쁨과 소명을 동시에 깨닫게 해 줍니다.

세 번째, '십자가와 부활 신앙'에 대해 설명해 보겠습니다. 예수의 십자가는 기독교에서 인류의 죄를 대신하여 치르는 희생인 대속代贖의 사건으로 고백됩니다. 죄인은 자신이 저지른 죄의 대가를 직접 짊어져야 합니다. 그러나 기독교 신앙은 하나님이 그 대가를 그의 아들인 예수 그리스도가 담당하게 했다고 고백합니다.

대속 교리는 하나님의 정의와 사랑의 실천으로 고백됩니다. 하나님은 죄와 악을 없애고자 하지만 죄인은 구원하려고 합니다. 이는 죄인이라도 여전히 변화와 회복의 가능성이 남아 있다는 선언입니다. 하나님이 의인뿐만 아니라 죄인까지도 사랑하고, 죄인을 향한 기대를 저버리지 않는다는 믿음은 인간과 삶에 대한 경이로운 시각을 선사합니다. 기독교인들

은 하나님이 죄인을 버리지 않고 도리어 자신의 아들을 내어
주면서까지 사랑했다는 믿음 위에서 변화하고자 다짐합니다.
죄의 유혹에 넘어가지 않고, 악에도 굴복하지 않는 하나님의
자녀로 태어나는 것이지요. 대속 신앙은 누구에게나 열려 있
는 변화와 절망을 극복하는 희망의 근거를 제공하는 신앙으
로 수용됩니다.

또한 십자가 신앙은 하나님의 아들 예수의 죽음이 그의
잘못 때문이 아니라는 것을 분명히 밝힙니다. 예수를 죽음에
이르게 한 것은 그 시대 로마 체제의 폭력과 그 체제에 얽힌
인간들의 거짓, 욕심, 무능력, 부패, 죄악 때문이었습니다. 이
러한 통찰은 삶의 의미를 추구하다 좌절을 경험하는 이들에
게 낙담하지 않도록 격려합니다. 어떤 개인의 실패가 항상 그
개인의 책임으로만 환원되는 것은 아니며, 보다 넓은 사회 구
조와 악의 영향이 작용할 수 있음을 일깨워 줍니다.

더 나아가 십자가 신앙은 삶에서 이루려 했던 모든 목표
와 가치가 철저히 좌절되었다 하더라도, 그것이 오히려 옳고
가치 있는 길이었다는 사실을 하나님이 기억하고 인정한다는
확신을 줍니다.

부활 신앙 역시 단순히 죽었던 예수가 다시 살아난 기적
을 의미하지 않습니다. 그것은 극단적으로 실패한 상황 속에
서도 언제든 새로운 삶과 창조가 가능하다는 믿음의 표지입
니다. 체제에 의해 죽임을 당한 예수가 참으로 정의로웠으며

그의 길이 옳았음을 하나님이 확인하는 것입니다. 예수가 이루고자 했던 하나님 나라를 향한 열망은 결코 꺾이지 않으며, 그의 길을 따르는 공동체가 그 뜻을 계속 이어갈 것임을 신앙적으로 확신하게 합니다. 이처럼 십자가와 부활 신앙은 인간과 역사 그리고 사회적 정의에 대한 깊은 통찰과 희망을 제공하며, 절망 속에서도 새롭게 시작할 수 있도록 응원하고 격려합니다.

십자가와 부활 신앙은 겸손, 인내, 자비의 덕목이 궁극적으로 승리한다는 확신을 심어 줍니다. 이러한 신앙은, 인간을 속박하는 죄와 악이 실상 절대적으로 강력하지 않다는 점을 깨닫게 하며, 무의미와 허무, 그리고 죽음의 위협 또한 우리가 삶을 의미 있게 살아가도록 하는 데 결정적인 장애물이 될 수 없음을 보여줍니다. 십자가와 부활 신앙은 혼돈과 고통을 넘어, 우리 삶에는 더욱 강력한 소망과 의미가 존재함을 분명히 가르쳐 줍니다. 이 신앙은 고난과 절망 앞에서도 흔들리지 않는 희망과 의미를 품고 살아갈 수 있는 근거를 제공합니다.

마지막으로, 성령은 인간을 단순히 열광주의로 몰아가는 힘이 아니라, 자기초월의 능력을 제공하는 '생명의 영'입니다.

기독교 교리에 따르면, 성령은 창조의 순간부터 함께했습니다. 우주적 창조의 영인 성령은 소우주라 할 수 있는 한 사람의 삶에도 질서와 생명을 부여하고, 이를 통해 각자가 자신의 삶을 새롭게 감탄하며 바라보고, 희망, 생명력, 변화, 혁신, 정의를 향한 갈망을 어떤 역경 속에서도 품을 수 있도록 돕습니다. 성령은 예수 그리스도의 탄생부터 부활에 이르기까지 늘 함께하며, 지혜의 영이자 새로운 관계를 가능케 하는 사랑의 영으로 제시됩니다.

초기 교회 사람들은 성령의 감화를 받아 자신의 재산은 물론 삶 전체를 타인과 함께 나누는 실천적 공동체를 이루었습니다. 각 개인은 성령에 따라 각각 특화된 은사와 능력을 받으며, 동시에 공동체로 모여 상호 협력과 나눔을 실현했습니다. 성령은 신앙을 고백하는 사람을 충분히 만족하게 하지만, 그 만족에만 머무르게 하지는 않습니다. 진리의 영으로서 더 넓은 세상, 곧 나의 영역을 넘어 다른 곳에서도 희망과 진리가 싹트도록 일하며, 변화와 혁신을 이끌고, 정의와 사랑이 실현될 수 있는 능력을 부어 줍니다.

성령 신앙은 삶의 근원적 의미, 질서, 변화, 희망, 정의, 사랑, 공동체의 가능성을 확장하며, 신앙인의 실제적 삶과 역동적 관계 안에 깊은 의미를 부여하는 핵심 가르침이라 할 수 있습니다.

기독교 신앙의 핵심을 살펴보면, 많은 학자가 삶의 의미를 다룰 때 중요하게 여기는 맥락(연속성), 가치, 목표, 관계 등 모든 주요 요소가 포함되어 있음을 알 수 있습니다. 이러한 신앙과 사유는 단순히 기독교 신자만이 누릴 수 있는 특권적 자원이 아닙니다. 기독교인이 아니더라도, 심지어 종교인이 아니더라도, 기독교의 메시지를 되새기고 깊이 숙고해보면, 오늘날 우리의 삶에 여전히 유익하고 의미 있는 자원들을 얻을 수 있다고 저는 확신합니다. 이와 같이 기독교 신앙은 교양의 목적인 자유로운 주체와 다른 주체들과 더불어 사는 시민성의 단계에서 나아가 삶의 의미 문제를 다룰 때 인류의 고전으로서 충분한 자원이 될 것입니다.

| **맺으면서** |

책을 쓰는 것을 여행에 비유한 글을 읽은 적이 있습니다. 저 역시 이 책을 집필하면서, 결코 짧지 않은 여행을 한 것 같은 느낌을 받았습니다. 2천 년의 역사와 인류의 3분의 1이 믿고 의지하는 기독교를 이 작은 책에 온전히 담아내는 것은 불가능에 가깝습니다. 그럼에도 저는 이 책이 단순히 기독교를 '수박 겉핥기'식으로 다루었다고 생각하지 않습니다. 나름대로 기독교 교양학의 전망과 해석학적 관심을 최대한 반영하려 애썼고, 기독교 교양의 핵심 키워드로 '기독교 문해력'을 강조하기도 했습니다.

지금까지의 논의를 기독교 교양학적으로 정리해보려고 합니다. 1장은 교양의 목표가 세계와 인간에 대한 깊이 있는 이해에 있음을 밝히며, 기독교가 인류 문명사의 핵심에 놓였음을 제시합니다. 종교인이든 아니든, 많은 이들이 '종교 문맹' 상태에 머물러 있다는 현실을 지적하면서, 이를 극복하기 위해 비판적 사고와 시민성(빌둥)의 함양을 강조합니다. 나아가 아사니 교수의 제안에 따라 신앙이나 문서 중심의 접근을 넘어 역사·문화·사회적 맥락에서 기독교를 이해하는 '상황 접근법'을 제안합니다. 종교에 대한 편견을 넘어 비판적이고 객관적으로 접근하는 태도가 곧 교양인의 자세임을 강조합니다.

예수를 다루는 2장은 복잡한 현상을 전체적으로 이해해야 한다는 교양 교육의 핵심을 외계인의 시선이라는 장치를 빌려 보여줍니다. 기독교 내부에는 웅장함과 소박함, 번영과 청빈, 폭력과 용서가 공존합니다. 또한 예수에 대해 단일한 해석을 강요하지 않고, '평범한 인간', '고귀하게 만들어진 인간', '신성을 일깨우는 존재', '참 신이자 참 인간' 등 다양한 유형을 제시합니다. 특히, 역사적·사회적 맥락에서 역사적 예수를 탐구하는 접근은 신앙의 대상 이전에 '한 인간'으로서 예수를 체계적으로 이해하려는 교양인의 접근법을 보여줍니다. 혹 독자에 따라 신앙의 그리스도에 대한 논의가 부족하게 느껴질 수도 있겠지만, 이 책은 기독교인 여부를 불문하고 누구나 공감할 수 있는 지점을 찾기 위해 노력했음을 기억해 주시면 감사하겠습니다.

3장에서는 기독교의 탄생과 성장 과정을 통해 예수 사후 작은 변방 운동이 어떻게 세계 종교로 성장했는지 분석합니다. 오순절 이후 공동체의 형성, 시도자들의 억할, 내부 갈등과 박해 극복 속에서 사회 변동과 제도화가 이루어졌음을 보여줍니다. 로마의 언어와 도로망 등 사회적 인프라, 기독교 내부의 엄격한 윤리, 연대, 여성의 역할 등 다양한 요인이 복합적으로 작용했음을 분석했습니다. 초기 기독교가 사회적 오해를 극복하고 대안 공동체로 인정받는 과정, 국교화·공의회·동서 분열 등 제도와 문화, 신학의 연결을 교양 교육의 시각에서 성찰합니다. 기독교 역사를 공부하는 과정에서 '지금 여기'를 보다 객관적으로 볼 수 있는 힘도 얻게 됩니다.

　　기독교는 그 크기와 역사만큼 '빛'도 '그림자'도 깊습니다. 4장은 역사의 복합성을 강조하며 종교가 갖는 빛과 그림자, 곧 전쟁(십자군), 폭력(박해·마녀사냥), 평화주의, 학문(수도원 교육), 이성과 과학(갈릴레오 재판 등) 등 다양한 양상을 고찰합니다. 기독교 내 평화와 정의, 폭력 윤리의 복합성, '암흑시대'에 대한 비판적 재해석, 신앙과 이성·과학이 반드시 대립만은 아님을 보여줍니다. 또 희생양 메커니즘(네로 박해, 유대인 박해 등)을 통해 집단 심리와 비극의 가능성을 짚으면서 교양인의 사회적 책임 의식을 되돌아보고자 했습니다.

　　예수 운동은 지중해 변두리에서 시작해 한동안 서양에 머물다가 식민주의 이후 세계로 확장됩니다. 5장은 기독교의 확장 역사를 통해 현대 사회에 요구되는 타자 이해를 성찰합니다. 배타성과 배타주의를 구분하여 설명하며, 자신의 신념을 지키면서도 타자와 공존하는 '성육신 신앙'을 고찰했습니다. 로마제국 국교화, 중세와 대항해 시대의 '정복주의' 선교, 마테오 리치의 '적응주의', 개신교의 교육·의료 선교 등 문화·종교 상호작용의 사례를 소개하려 했습니다. 한국 기독교의 확산과 토착화, 이단·사이비 구분, 비판 정신 역시 함께 다루었습니다.

6장은 삶의 의미와 가치라는 근본적 질문을 다루었습니다. 서구 철학과 신학의 객관주의(아리스토텔레스, 아퀴나스, 칸트), 근대적 주관주의(프랑크푸르트, 벨리오티), 절충 이론(수전 울프)을 비교·검토하며 삶을 지속하게 하는 가치의 실천과 의미의 생성을 살펴봅니다. 심리학적 논의를 통해 의미와 삶의 지속성, 기독교 신학 자원(삼위일체의 관계성, 창조와 삶 긍정, 실패를 희망으로 역전시키는 십자가와 부활, 새로움과 정의를 상징하는 성령)이 오늘날에도 풍부한 삶의 자원이 됨을 탐색했습니다. 기독교 신앙이 인간의 보편적 물음에 응답할 수 있는 보고임을 힘주어 말했습니다.

종교인 여부와 무관하게 인류는 결국 함께 살아야만 합니다. 과학기술이 발전하고 사회는 점점 더 복잡해질 것입니다. 오늘날 인류가 필수적인 지식과 함께 창의적, 비판적 사고력과 소통 능력, 성숙한 인성과 시민성을 갖추어야 하는 이유입니다. 이 책이 다룬 기독교는 시대적 과제를 마주한 인류에게 풍부한 자원이 될 수 있습니다. 문제는 기독교라는 공동 자원을 오늘에 어떻게 되살려낼 수 있는가에 달려 있습니다. 여기에는 기독교인들의 노력이 반드시 필요합니다. 자신의 신앙을 비기독교인과 함께 나눌 만한 언어와 형식을 찾지 못하면, 기독교는 스스로 게토에 머무르게 될 것입니다.

저는 기독교인이든, 비기독교인이든 종교에 적대적인 독자든, 누구든 이 방대한 종교 현상을 차분하게, 교양의 전망에서 객관적으로 바라보기 원했습니다. 이것이 제가 강조한 기독교 문해력의 의의입니다. 기독교는 믿음과 전통에 머무르지 않고, 인간 존재의 근원적 질문, 공동체 윤리, 예술과 문학, 시민의식, 정치와 과학까지 포괄하는 커다란 사유의 장임을 재발견해야 합니다.

서두에서 밝혔듯이, 이 책의 '서술적 접근'이 각자의 신앙 전통을 한층 더 객관적으로 성찰하는 계기가 되기를 바랍니다. 신앙인은 누구나 자기 신앙의 핵심을 새로운 언어로 직면하기에 불편해하고, 오랜 언어의 세계에 머물러 지내기 쉽습니다. 그러나 중립적 서술 속에서 때로 불편함과 저항을 느끼더라도, 우리는 그 과정을 통해 더 성숙하고 성장하며 올바른 윤리와 새로운 관계의 의미를 발견하게 됩니다.

비신앙인이나 비종교인에게도 이 책이 새로운 통찰의 창이 되기를 마음 깊이 바랍니다. 종교와 신앙은 여전히 세계 곳곳에서 강력하게 작동하며, 문화·정치·윤리·과학·예술이 얽히는 현장에서 인간 이해의 필수 자원임과 동시에 한계를 비추는 거울임을 기억해 주시면 감사하겠습니다.

마지막으로, 책을 마무리하며 담당 편집자가 한국 기독교와 한국 교회에 대한 저의 소회를 물었습니다. 저는 '한국 교회'라는 추상적 실체를 말하고 싶지 않았습니다. 그것은 각자가 구성하는 허수아비들일 수 있습니다. 솔직한 마음으로 저는 '한국 교회'에 바라는 것이나 기대하는 것은 없습니다. 도리어 바라는 것이 없어야 그 사랑을 유지할 수 있다고 믿습니다. 다만, 이 책의 독자 여러분에게 교양인으로 성숙하자고, 기독교 신앙이 그 성숙의 길에 큰 자원이 된다고 거듭 말씀드릴 뿐입니다.

    짧지 않은 여행에 함께해 주셔서, 진심으로 감사합니다.

| 주 |

1장 · 기독교와 교양

1 프리드리히 슈바이처, 『기독교 교양: 사람은 어떻게 빚어지는가』 손성현 옮김 (서울: IVP, 2023)에서 저자는 빌둥 개념의 역사를 추적하고 그것의 기독교적 기원, 특별히 신비주의적 전통과 연결합니다.

2 우리나라에서는 '교양'이라는 단어를 두고 여러 논란이 있습니다. 여기에 그것을 다 설명할 수는 없습니다. 우리나라의 '교양 교육'에 관해서 관심이 있으신 분은 한국교양기초교육원의 "대학 교양기초교육의 표준 모델"(https://www.konige.kr/data/general_edu.php)을 참조하기를 바랍니다. '교양기초교육'이 현재 우리나라의 공식적인 용어입니다. 또 미국의 교양 교육에 관해서 관심이 있는 분들은 Association of American Colleges and Universities의 www.aacu.org/sites/default/files/files/LEAP/GlobalCentury_final.pdf를 참조하시면 됩니다.

3 우리가 속한 동아시아에도 오랜 학문과 교육의 역사가 있습니다. 많은 사람이 서양의 교양 전통에 대응할 만한 동아시아적 전통으로 고대 중국 주(周)나라 시대부터 시작된 '육예'(六藝)를 들곤 합니다. 육예는 공자가 이상적으로 제시한 인간상인 '군자'(君子)가 반드시 갖추어야 할 여섯 가지 핵심 역량으로 알려져 있습니다. 예(禮, 예법), 악(樂, 음악), 사(射, 활쏘기), 어(御, 마차 몰기), 서(書, 문자학·서예), 수(數, 산수)가 그것입니다. 서양의 교양에 비교할 때 흥미로운 것은 활쏘기나 마차 몰기와 같은 '실기' 과목이 있는 것입니다. 또 '예법'과 같은 사회적 질서에 대한 지식을 포함합니다. 활쏘기, 마차 몰기 등은 실용적 기술처럼 보이기는 하지만, 사실 그것이 목적으로 하는 것은 음악과 마찬가지로 도덕적 자질과 인격 형성에 맞춰져 있습니다. 류밍

위에와 최두진, "육예(六藝) 교육과정의 교육적 의의," 「교육혁신연구」 27(4, 2017), 173-198.

4   Martha C. Nussbaum, *Not for Profit: Why Democracy Needs the Humanities* (Princeton, NJ: Princeton University Press, 2010)에서 누스바움은 이윤과 효율에 치우친 현 상황을 비판적으로 점검하고, '비판적·감성적·윤리적 시민'을 길러내지 않으면 민주주의가 불가능하다고 말합니다. 그는 이 교육을 '인문학'으로 말하는데, 이것은 당연히 교양의 중요한 영역에 속하지요. 이 책은 우리 말로도 번역되었습니다. 마사 누스바움,『학교는 시장이 아니다: 공부를 넘어 교육으로, 누스바움 교수가 전하는 교육의 미래』우석영 옮김 (파주: 궁리, 2016).

5   미르치아 엘리아데,『성과 속』이은봉 옮김 (서울: 한길사, 1998). 성(聖)은 일상 곧 속(俗)에 대비되는 것으로 비일상적인 무엇을 뜻합니다. 그것은 존재의 근원이자 힘 자체를 의미합니다. 그것은 특정 공간이나 돌 혹은 나무와 같은 매개체에 현현합니다. 매개체 자체를 숭배하는 것이 아니라 매개체에 현현하는 성을 숭배하는 것이지요. 만약 누군가 매개체에 붙들려 있다면 그런 현상을 페티쉬(fetish)라고 부릅니다. 종교적 인간은 성이 유일하게 실재하는 것이고, '속'의 세계는 '성'에 참여할 때만 의미를 얻습니다.

6   진화인류학이나 인지 과학 분야에서 대표적인 연구로 Pascal Boyer, *Religion Explained: The Evolutionary Origins of Religious Thought* (Basic Books, 2001)와 Scott Atran, *In Gods We Trust: The Evolutionary Landscape of Religion* (Oxford University Press, 2002)를 들 수 있습니다. 전자의 책은 파스칼 보이어,『종교, 설명하기 - 종교적 사유의 진화론적 기원』이창익 옮김 (파주: 동녘사이언스, 2015)로 번역되어 있습니다.

7   김학철, "호모 렐리기오수스의 기독교 탐험",『기독교, 묻고 답하다』기독교이해 편찬위원회 (편) (서울: 청송미디어). 1-24에 보다 자세한 내용이 있습니다.

8   Lee Clare, "Göbekli Tepe, Turkey: A Brief Summary of Research at a Monumental Pre-Pottery Neolithic Site," *The Oxford Handbook of Prehistoric Repatriation*, edited by C. E. Smith, (Oxford: Oxford UP, 2019).

9   한국리서치.「2024 종교인식조사: 종교인구 현황과 종교 활동」. 한국리서치 정기조사 '여론 속의 여론,' 2024년 12월 5일, hrcopinion.co.kr/archives/31599. (조사 질문: "종교가 있으십니까? (있다면) 종교는 무엇입니까?" 2018년 이후 종교 인구 추이는 큰 변동 없이 50% 내외를 유지하고 있음.)

10 Pew Research Center, "Religiously Unaffiliated," *The Global Religious Landscape*, 18 Dec. 2012, www.pewresearch.org/religion/2012/12/18/global-religious-landscape-unaffiliated/.

11 Gallup International, "Two Decades of Change: Global Religiosity Declines While Atheism Rises," *Gallup International*, 24 July 2025, gallup-international.com/survey-results-and-news/survey-result/two-decades-of-change-global-religiosity-declines-while-atheism-rises.

12 Helliwell, John F., et al., editors. *World Happiness Report 2024*. Wellbeing Research Centre, University of Oxford, 2024, worldhappiness.report/ed/2024/.

13 물론 그런 주장을 가능하게 하는 연구와 통계도 있습니다. 대부분의 대규모 글로벌 조사, 특히 퓨 리서치 센터(Pew Research Center)에 따르면, 예배나 집회에 정기적으로 참석하거나 신앙 공동체 안에 속해 있는 이들은 무종교인이나 종교 활동에 소극적인 사람들보다 '자신이 매우 행복하다'고 응답하는 비율이 일관되게 더 높게 나타납니다. Pew Research Center. "Religion's Relationship to Happiness, Civic Engagement and Health Around the World." Pew Research Center, 31 Jan. 2019, www.pewresearch.org/religion/2019/01/31/religions-relationship-to-happiness-civic-engagement-and-health-around-the-world; "Are religious people happier, healthier? Our new global study explores this question." *Pew Research Center*, 31 Jan. 2019, www.pewresearch.org/short-reads/2019/01/31/are-religious-people-happier-healthier-our-new-global-study-explores-this-question/.

14 중앙일보, "'회원 가입 무당만 30만 명' 불안한 한국, 무속에 빠졌다", https://www.joongang.co.kr/article/25303729

15 CBN 기독교 방송, "총회 통계로 본 교인, 교회, 목사 수 증가, 감소 수준과 의미" http://www.cbntv.tv/news/view.php?idx=10495

16 Pew Research Center. "The Future of World Religions: Population Growth Projections, 2010-2050." *Pew Research Center*, 2 Apr. 2015, www.pewresearch.org/religion/2015/04/02/religious-projections-2010-2050/. https://assets.pewresearch.org/wp-content/uploads/sites/11/2015/03/PF_15.04.02_ProjectionsFullReport.pdf

17 이 부분은 김학철, "신은 왜 인간에게 혐오를 가르쳤나"『인디아더존스-우

리는 왜 차이를 차별하는가』(서울: 사람과 나무, 2023)의 내용을 축약한 것입니다.

18 '네모난 땅'이라는 세계관은 동아시아에만 국한된 것이 아닙니다. 『요한계시록』에서는 "천사들이 땅의 네 귀퉁이를 붙들고 있다"(계 7:1)라는 표현이 나오는데, 이 역시 땅이 사각형의 구조임을 전제한 시대적 세계관이지요. 반면 하늘은 종종 완벽한 천구(celestial sphere)처럼 둥글게 묘사되어, 땅과 하늘의 상징적 경계와 교통을 드러내곤 합니다.

19 김학철, "호모 렐리기오수스의 기독교 탐험", 『기독교, 묻고 답하다』 (개정판; 서울: 청송미디어, 2025), 10.

20 Diane L. Moore, "Overcoming Religious Illiteracy: A Cultural Studies Approach to the Study of Religion in Secondary Education," *World History Connected*, vol. 4, no. 1, Oct. 2006, https://worldhistoryconnected.press.uillinois.edu/4.1/moore.html

21 https://rpl.hds.harvard.edu/what-we-do/our-approach/what-religious-literacy

22 Asani, Ali S. "Enhancing Religious Literacy in a Liberal Arts Education through the Study of Islam and Muslim Societies." *The Harvard Sampler: Liberal Education for the Twenty-First Century*, edited by Stephen M. Kosslyn and Evelynn M. Hammonds, Harvard UP, 2011, pp. 1-31

23 Diarmaid MacCulloch, Christianity: *The First Three Thousand Years* (NJ: Penguin Group, 2010) 은 기독교가 단일한 실체가 아니라 끊임없이 변화하고 분화하며 상호작용한 복합적 현상임을 방대한 역사적 사례를 통해 증명합니다. 이 책은 고대사, 중세·종교개혁사, 근세 현대사의 3권으로 나뉘어 우리말로도 번역되었습니다. 디아메이드 맥클로흐, 『3천년 기독교 역사』 박창훈 옮김 (서울: 기독교문서선교회, 2013).

24 https://www.bbc.com/korean/news-46985521

25 한국 사회에서 종교와 폭력의 문제를 다룰 때 저는 한국 사회에서 나타나는 독특한 인식 현상에 주목합니다. 런던킹스칼리지(King's College London)와 여론조사 기관 입소스(Ipsos)가 2021년에 실시한 조사에 따르면, 한국은 응답자의 78%가 우리 사회의 '종교 간 긴장'이 심각하다고 답했으며, 이는 조사 대상국 중 세계 1위를 기록했습니다. 저는 이 결과를 접하고 상당히 놀랐습니다. 종교와 기독교를 연구하는 학자로서, 세계의 여러 다종교 사회

와 비교할 때, 우리 사회의 종교 갈등이 심각하다고 평가해 본 적이 없었기 때문입니다. 일반적으로, 문화적·구조적 갈등은 결국 물리적 폭력으로 이어지는 경향이 있습니다. 물론 우리 사회에도 종교 간 혹은 특정 종교에 기반한 일방적인 폭력이 전혀 없는 것은 아니고, 때때로 특정 근본주의 성향이 우려되기도 합니다. 일부 예외적인 사례는 존재하지만, 이런 현상이 널리 퍼져 있거나 구조적인 문제라고 보기는 어렵고, 오히려 우발적 성격이 강하다고 볼 수 있습니다. 다른 다종교 사회의 갈등과 비교한다면, 한국의 상황은 '귀여운' 수준에 가까울지도 모릅니다. 그렇다고 해도 특별히 개신교 근본주의가 다른 종교를 위해하는 것은 실로 우려스럽습니다. https://www.ipsos.com/ko-kr/culture-wars-in-south-korea

26 '기독'에 대한 설명은 〈https://www.youtube.com/watch?v=2H7RnXDbGds&list=PLRthElag-g5gM6qdnc3xpHEY57WudYSs3&index=47〉의 저의 영상과 거기에 달린 제 글을 다듬은 것입니다. 이 영상 프로젝트는 한국기독교교양학회의 "기독교교양 365 프로젝트"의 일환입니다. 그 프로젝트에 대한 소개는 〈https://www.youtube.com/watch?v=gEcLUXzp6hs&list=PLRthElag-g5gM6qdnc3xpHEY57WudYSs3&index=48〉를 보시지요.

27 https://www.christianpost.com/news/ed-young-explains-why-christianity-is-not-a-religion-says-calling-jesus-a-good-teacher-is-intellectually-dishonest.html

28 이에 대해서는 '2장 예수'에서 더 말하도록 하겠습니다.

2장 · 예수—기독교의 중심

1 'Indulgentia'는 흔히 '면죄부'(免罪符)라 불리기도 하지만, 그것은 '죄'를 면해 주는 것이 아니라 '벌'을 면해 주는 것이었으니 면벌부가 보다 적절한 번역입니다. 그 문서는 이미 용서받은 죄에 대해 남아 있는 벌을 줄여 주거나 없애 주는 것이었습니다.

2 콥트 교황 타와드로스 2세(Pope Tawadros II)를 비롯한 교회 지도부는 테러 직후 일관되게 '용서'와 '국가적 화합'을 촉구했습니다. 이는 복수를 거부하고 고난을 신앙의 일부로 받아들이는 콥트 교회의 뿌리 깊은 '순교 신학'에 기반한 것입니다. (Mekkawi, Mohammed. "The Coptic Orthodox Church's Discourse

of Forgiveness: A Response to ISIS," *Politics and Religion Journal* 14 (2. 2020). 249-270.)

3 Linda Woodhead, *Christianity: A Very Short Introduction* (Oxford: Oxford UP, 2004). 저는 이 책을 린다 우드헤드, 『기독교: 기독교의 교리, 유형, 역사에 대한 간결한 입문』 김학철·남진영 옮김, (파주: 시그마프레스, 2012)으로 공역했습니다.

4 이런 어법의 대표적인 예로 '귀를 멀게 만드는 침묵'이라는 표현이 있지요. '달콤쌉싸름'이나 '그의 무지는 백과사전급이었다.' 등등도 불쑥 기억납니다.

5 로마의 시인 호라티우스(Horatius, BCE 65-8)는 "정복당한 그리스가 (오히려) 사나운 정복자(로마)를 사로잡아, 농촌 라티움에 예술을 들여왔다"(*Graecia capta ferum victorem cepit et artis intulit agresti Latio*)라고 기술하며, 로마가 문화적으로 그리스에 종속되었음을 인정했습니다. (Horatius. *Epistulae*, Book II, Epistle 1, line 156.)

6 수에토니우스(Suetonius)는 기독교가 유대교로부터 분리된 '새롭고 해로운 미신'(superstitio nova et malefica)으로 간주되었다고 설명합니다(Nero 16. 3)

7 다른 곳에서도 이런 형태의 사고는 얼마든지 찾아볼 수 있습니다. 가령 공자도 요순시대를 모범으로 보는 회귀적 역사관을 가지고 있었다고 할 수 있습니다. 이런 '좋은 시절에 대한 그리움'은 현대인들에게도 발견할 수 있습니다. 지난 날이 더 좋았다는 식으로 말하거나 지난 시대를 추억하는 영화나 드라마가 자주 제작되는 것도 그런 경향이지요.

8 Oscar Cullmann, *Christ and Time: The Primitive Christian Conception of Time and History*, trans. Floyd V. Filson, Revised ed. (London: SCM Press, 1962).

9 18세기 독일 계몽주의 철학자 고트홀트 에프라임 레싱(Gotthold Ephraim Lessing)의 유명한 명제가 떠오릅니다. "우연한 역사의 진리는 영원한 이성의 진리를 증명할 수 없다."

10 Albert Schweitzer, *The Quest of the Historical Jesus* (Minneapolis: Fortress Press, 2001).

11 '팍스 로마나'는 기원전 27년 아우구스투스(Augustus) 황제부터 180년 마르쿠스 아우렐리우스(Marcus Aurelius) 황제까지 약 200년간 지속된 로마 제국의 상대적 평화와 안정을 가리킬 때 주로 사용합니다.

12 G. K. Beale, *The Temple and the Church's Mission: A Biblical Theology of the Dwelling Place of God* (Downers Grove, IL: InterVarsity Press, 2004).

13 N. T. Wright, *Paul and the Faithfulness of God* (Minneapolis: Fortress, 2013)이 이 주제를 잘 설명하고 있습니다. 이 책은 우리말로도 번역되었습니다.『바울과 하나님의 신실하심-상』박문재 옮김, (크리스천다이제스트, 2015).『바울과 하나님의 신실하심: 하』박문재 옮김, (크리스천다이제스트, 2015).

14 예수의 가르침과 기적 등을 마태복음서를 중심으로 더 자세히 알아보고자 하는 분들은 김학철,『마태복음서: 고전으로 읽는 성서』(서울: EBS BOOKS, 2020);『마태복음 해석』(서울: 대한기독교서회, 2014)를 참조하시기 바랍니다.

15 예수의 기적에 관한 제 생각은『마태복음서: 고전으로 읽는 성서』(2020)의 해당 부분을 참조해 주시면 고맙겠습니다.

16 Troy Thomas, "Expressive Aspects of Caravaggio's 'Calling of St. Matthew'," *The Art Bulletin* 67(4, 1985), 636-652에는 예수의 손 제스처에 대한 더 풍부한 분석이 있습니다.

17 마태복음 16장 13-14절에서 예수는 제자들에게 사람들이 예수 자신을 어떻게 인식하고 있는지를 묻는다. 제자들은 사람들이 예수를 "세례자 요한, 엘리야, 예레미야나 예언자 중에 하나"로 알고 있다고 대답하지요.

18 폰티우스 필라투스(개역개정에서는 '본디오 빌라도'로 음역되었습니다)는 로마 제국 유대아 속주의 다섯 번째 총독(praefectus, 프라이펙투스)으로, 서기 26년부터 36년까지 통치했습니다. 그는 예수 그리스도의 재판과 십자가 처형을 최종적으로 승인한 인물로, 신약성서와 사도신경에서 "본디오 빌라도에게 고난을 받으사…"라고 언급될 정도로 기독교 역사에서 악한 지도자로 평가받습니다.

19 그가 쓴, 그에 관한 많은 책들을 언급할 수 있습니다. 루돌프 불트만,『예수 그리스도와 신화: 성서비평의 빛에서 바라본 신약성서』이동영 옮김 (서울: 지우, 2014)를 추천하겠습니다.

20 N. T. Wright, *The Resurrection of the Son of God* (Minneapolis: Fortress Press, 2003). 한국어 번역으로는 톰 라이트,『하나님의 아들의 부활』박문재 옮김 (서울: 크리스천다이제스트, 2014).

21 Dale C. Allison, Jr., *The Resurrection of Jesus: Apologetics, Polemics, History* (London: T&T Clark, 2021)에서 부활에 관한 논의를 체계적으로 정리합니다. 데일 앨리슨(Dale C. Allison Jr.)은 부활 연구를 "탐정소설처럼 명확한 결론에 도달하려는 시도"로 오해하지 말 것을 주문합니다. "신적 개입 가능성을 배제하지 않는 합리적 열린 역사학"을 제안하기도 하고요.

3장 · 기독교의 탄생과 성장

1 여러 문헌이 있지만 그 중 N. T. Wright, *Paul: In Fresh Perspective* (Minneapolis: Fortress Press, 2009)만을 소개해 보겠습니다. 복음만이 아니라 예수를 '주님'이라고 부르는 것 역시 제국에 대한 정치적 함의를 가지지 않을 수 없다는 것을 그는 힘주어 말합니다.

2 Ittai Gradel, *Emperor Worship and Roman Religion* (Oxford: Oxford University Press, 2002). 이타이 그라델은 로마제국의 황제 숭배가 지역에 따라 달랐으며 로마 시내에서는 살아있는 황제를 '신'(deus)으로 숭배하지 않고 그의 '게니우스'(genius, 수호신령)나 '누멘'(numen, 신성)을 숭배했다고 논증합니다.

3 일부 오해와는 달리 사도행전이나 다른 곳에서도 이 두 이름 사이에 신앙과 관련하여 유의미한 차이가 있지 않습니다. 이에 대해서 김학철, 『손으로 읽는 신약성서』(개정판; 파주: 포이에마, 2025), 51-54. '바울'은 라틴어로 'Paulus'라고 쓰고 헬라어로는 'Παῦλος'라고 씁니다. '사울'은 히브리어로 'שָׁאוּל'라고 씁니다.

4 김학철, 『아무것도 아닌 것들의 기쁨-사도 바울과 새 시대의 윤리』(서울: 문학동네, 2016)에서 바울의 전향을 자세히 다루었습니다.

5 물론, 예수의 동생 야고보처럼 유대교적 전통에 충실했던 이들의 관점에서 보면, 이러한 바울의 급진성이 '바리새파 원리주의자'에서 '기독교 원리주의자'로 변한 것처럼 보였을 수도 있습니다.

6 여기서 꼭 언급하고 싶은 것이 있습니다. 순교는 믿음을 지키기 위해 목숨을 아끼지 않는 인간의 거룩한 행위입니다만, 초기 교회 내에서도 소위 '순교 열풍'에 대해서는 경계하는 목소리가 있었습니다. 일부 기독교인들은 박해를 수동적으로 당한 것이 아니라, 스스로 박해 당국에 나아가거나 심지어 도발을 통해 처형을 자청하기도 했습니다. 예를 들어, '유플루스'(Euplus) 전승에 따르면 한 신자가 총독 법정에 스스로 뛰어들어 "나는 기독교인이다. 너는 죽고 싶다"라고 외쳤고, 그 자리에서 즉시 처형되었다고 전해집니다. 이러한 극단적인 태도는 당시 동료 기독교인들에게도 우려를 샀습니다. 알렉산드리아의 클레멘트같은 지도자는, 박해 시에는 피하는 것(마 10:23)도 정당한 실천이며 신앙의 성숙은 무분별한 죽음의 추구가 아니라고 분명히 선을 그었습니다. 이처럼 '순교를 자청'한 일부의 기록들은, 신앙의 열정이라는 측면과 더불어 오늘날 우리에게 쓴웃음을 짓게 하는 복잡한 면모를

함께 보여줍니다. 어찌 보면 자기 파괴적 충동이 종교적 열정과 결합한 비극적 상황이라고 할 수 있겠습니다.

7   2017년 미국 인터넷 커뮤니티에서 시작한 큐아논(QAnon)의 사례를 흥미롭고 걱정스럽게 보았습니다. 그들은 미국을 조종하는 사악한 집단이 있고, 그 집단은 사탄 숭배자이자 소아성애자라는 음모론을 펼치지요. 온갖 저주받을 행동을 하는 그 집단을 사람들이 생각하게 만든 후에 자신의 반대자에게 그것을 뒤집어 씌우는 선동은 동서고금 어디에나 있습니다.

8   Julian, *Letter to Arsacius* (Letter 22), in *The Works of the Emperor Julian*, vol. 3, trans. Wilmer Cave Wright (London: William Heinemann; New York: G.P. Putnam's Sons, 1923), 69-71.

9   김학철, "이미지와 종교, 종교적 시각 문해력 서론: 선사시대부터 종교개혁까지"「한국기독교신학논총」118 (2020), 537-565에서 이미지와 종교 및 정치의 관계를 다루었습니다. 관심이 있는 분들은 보셔도 좋습니다. 이 그림에 대해서 논문에서 보다 자세히 설명했습니다.

10 '세계 공의회'의 산물인 니케아 신조를 정통 신조로 고수하는 동방 정교회가, (물론 그 뿌리는 고대적이지만) 로마교회의 세례 신조에서 발전한 사도신경을 예배의 중심 신조로 사용하는 서방 교회(로마 가톨릭과 개신교)를 비판적으로 바라보는 것은 신학사적으로 이해할 만한 측면이 있습니다.

11 이집트의 콥트 정교회, 시리아 정교회, 아르메니아 정교회는 451년 칼케돈 공의회의 그리스도론을 받아들이지 않은 '오리엔탈 정교회(Oriental Orthodoxy)'인데, 칼케돈 신조를 따르는 동방 정교회와는 신학적으로 구별됩니다.

12 그레고리우스력(Gregorian calendar)은 기존의 율리우스력의 오차를 수정하기 위해 도입한 태양력입니다. 율리우스력은 실제 태양년보다 약 11분이 길어 세기마다 날짜가 점차 밀리는 문제가 있었고, 이를 바로잡기 위해 그레고리우스력에서 윤년 규칙을 조정했지요. 점차 밀리면 성탄절과 부활절 등 중요한 절기가 계절과 어긋나게 되지요.

13 특정한 기도 방식을 가리키는 헤시카즘은 '고요', '정적', '평안함'을 의미 헬라어 ἡσυχασμός에서 유래했습니다. 신비주의적 영성 실천 방법으로, 신의 내적 경험과 직접적인 체험을 추구하는 관상적 기도 방식이다. 예수 기도라고 불리는 "주 예수 그리스도여, 하나님의 아들이여, 죄인에게 자비를 베푸소서"를 반복하면서 마음의 안정과 침묵으로 들어가지요.

4장 · 기독교 역사의 빛과 그림자

1 카를 마르크스, 『루이 보나파르트의 브뤼메르 18일』, 최형익 옮김 (서울: 세창미디어, 2025), 15쪽.

2 H. E. J. Cowdrey, "The Crusade Indulgence and Penance," *History* 84 (274, 1999), 1-20. 교회는 십자군 전쟁에 진정한 신앙으로 참여한다면 기존의 모든 죄에 대한 '벌'을 면제받을 수 있다는 전대미문의 완전 면벌부를 부여했습니다. 물론 이것은 고해성사와 진정한 참회를 필수로 전제로 하지요. 십자군 참여는 단순한 군사적 원정이 아니라, 그 자체로 속죄이면서도 영적 보상(구원, 천국 입성)의 동기와 결합돼 있었지요.

3 Rupert Matthews, "Battle of Jaffa (1192)," *Encyclopedia Britannica*, 2025년 8월 10일. https://www.britannica.com/event/Battle-of-Jaffa.

4 알비 십자군(1209-1229)처럼 같은 기독교 내에서 이단으로 간주된 카타리파(Cathars)를 진압하기 위해 벌어진 십자군 전쟁도 있습니다. 표면상 이단 제거가 명분이었으나, 실제로는 프랑스 왕권 강화와 지역 귀족 권력 약화가 중요한 동기였습니다.

5 Gary Dickson, "Children's Crusade," *Encyclopedia Britannica*, 1998년 7월 19일. https://www.britannica.com/event/Childrens-Crusade.

6 Brian Mefford, "Russian Orthodox Church declares 'Holy War' against Ukraine and West," *Atlantic Council*. 2024년 4월 8일, https://www.atlanticcouncil.org/blogs/ukrainealert/russian-orthodox-church-declares-holy-war-against-ukraine-and-west/.

7 Paul Froese and F. Carson Mencken, "A U.S. Holy War? The Effects of Religion on Iraq War Policy Attitudes," *Social Science Quarterly* 90 (1, 2009), 103-121.

8 P. Haratine, "On the Privation Theory of Evil," *TheoLogica: An International Journal for Philosophy of Religion and Philosophical Theology* 7 (2, 2023), 35-58.

9 김형규, "국제법상 전후법(Jus Post Bellum)에 관한 현대적 논의," 「국세법학회논총」 54 (3, 2009), 133-160쪽.

10 https://prayerandpolitiks.org/articles-essays-sermons/early-church-fathers-on-refusal-of-the-sword/

11 Donald L. Wasson, "Fall of the Western Roman Empire," *World History*

Encyclopedia. 2018년 4월 11일. https://www.worldhistory.org/article/835/fall-of-the-western-roman-empire/

12 에드워드 기번, 『로마제국 쇠망사』 송은주 외 옮김 (서울: 민음사, 2010).
13 로드니 스타크, 『기독교와 이성의 승리: 기독교가 어떻게 자유와 자본주의 그리고 서구의 승리를 견인했을까?』 김광남 옮김 (서울: 새물결플러스, 2021).
14 움베르토 에코, 『중세의 미와 예술』 손효주 옮김 (서울: 열린책들, 1998)의 5장의 제목이 '빛의 미학'입니다.
15 신경수, "아우구스티누스 7자유교과의 철학적 근거: 『질서론』을 중심으로," 「철학논총」 98(2019), 55-76.
16 박승찬. "그리스도교 사상의 흐름 속에 나타난 신앙과 이성의 조화: 『신앙과 이성』과 『신앙의 빛』을 중심으로," 「신학전망」 183 (2013), 79-133.
17 "Hier stehe ich-hat Luther oder hat er nicht?" *Jesus.de*, https://www.jesus.de/nachrichten-themen/personen/hier-stehe-ich-hat-luther-oder-hat-er-nicht/
18 오늘날 신앙과 이성의 관계는 이성은 자연과학으로 환원될 수 없음에도 그 둘을 의미하는 것처럼 축소된 듯한 감이 있습니다. 그러나 자연 과학이 인간의 '이성' 활동의 전부는 아니지요.
19 Peter T. Leeson and Jacob W. Russ, "Witch Trials," *The Economic Journal* 128 (613, 2018), 2066-2105.
20 Wolfgang Behringer, "Weather, Hunger and Fear: Origins of the European Witch-Hunts in Climate, Society and Mentality," *German History* 13 (1, 1999), 1-27; Emily Oster, "Witchcraft, Weather and Economic Growth in Renaissance Europe," *Journal of Economic Perspectives* 18 (1, 2004), 215-228.

5장 · 기독교의 확장

1 J. Gascoigne, "Motives for European Exploration of the Pacific in the Age of the Enlightenment," *Pacific Science* 54 (3, 2000), 227-237.
2 최현배, "기독교와 한글," 「신학포럼」 7 (서울: 연세대학교 신학회, 1962), 89.
3 미국 기록으로는 녹스 목사가 세례를 주었으나 일본 기록에는 야스카와 도오루(安川亨) 목사가 주었다고 되어 있습니다.

4 대한성서공회, "1882년 성경 PDF 자료, https://www.bskorea.or.kr/data/pdf/bible_1882b.pdf
5 조재국, "12장 연세와 기독교 개척자들의 신앙과 교육," 『기독교, 묻고 답하다』 기독교의 이해 편찬위원회 (서울: 청송, 2019), 301.
6 홍국평·임성욱, 앞의 책, 117-144.
7 아래의 '기독교' 글은 제가 썼던 것을 수정한 겁니다. https://www.youtube.com/watch?v=2H7RnXDbGds&list=PLRthElag-g5gM6qdnc3xpHEY57WudYSs3&index=47
8 이것과 관련하여 흥미롭게 읽은 논문들입니다. J. I. Rim, J. C. Ojeda, C. Svob, J. Kayser, E. Drews, Y. Kim, C. E. Tenke, J. Skipper, and M. M. Weissman, "Current Understanding of Religion, Spirituality, and Their Neurobiological Correlates," *Harvard Review of Psychiatry* 27, no. 5 (2019): 303-316. 또 Doni Whitsett, "Why Cults Are Harmful: Neurobiological Speculations on Interpersonal Trauma," *ICSA Today* 5 (1. 2014), 2-5.
9 김종성과 신재열, "부모의 사회경제적 지위가 자녀의 그릿 형성에 미치는 영향"「한국진로창업경영학회지」5 (4. 2021). 51-69.
10 Renate Ysseldyk, Kimberly Matheson, and Hymie Anisman, "Religiosity as Identity: Toward an Understanding of Religion from a Social Identity Perspective," *Personality and Social Psychology Review* 14 (1. 2010), 60-71.

6장 · 기독교와 오늘날 삶의 의미

1 유다이모니아를 현대의 자기결정이론과 비교한 흥미로운 연구가 있습니다. Richard M. Ryan and Frank Martela, "Eudaimonia as a way of living: Connecting Aristotle with self-determination theory," In *Handbook of Eudaimonic Well-being*, ed. Joar Vittersø (Cham: Springer, 2016), 109-122.
2 Harry Frankfurt, *The Importance of What We Care About* (Cambridge University Press, 1982); *The Reasons of Love* (Princeton University Press, 2004).
3 Raymond Angelo Belliotti, *Meaning in Life: An Analytic Study* (Cham: Palgrave Macmillan, 2019).
4 수전 울프, 『삶이란 무엇인가: 삶의 의미와 그 중요성』, 박세연 옮김 (서울:

문학동네, 2020).
5   세속화란 종교가 전통적으로 차지하던 영역과 권위를 사회에서 잃어버린 현상을 뜻합니다. 서구사회에서는 근대의 합리성 및 과학적 사고, 인간 중심주의가 들어서면서 기독교가 차지하던 세상을 해명하는 역할, 세상에 의미를 부여하는 역할, 인간끼리 서로 연대하는 방식을 완전히 다르게 생각하도록 했지요. 기존에 삶을 해석하는 매트릭스가 사라졌으니 삶의 의미를 찾으려는 사람들이 갈피를 잡기 어려웠습니다. 이와 관련해서는 John Horton, "Charles Taylor, secularism and the meaning of life," *European Journal of Political Theory* 10 (3, 2011), 505-512.을 참조하라.
6   Thomas Metzinger, *The Ego Tunnel: The Science of the Mind and the Myth of the Self* (New York: Basic Books, 2009)는 자아는 실체가 아니라 뇌가 만들어내는 투명한 자기 모델이라고 주장합니다. 또 우리가 경험하는 현실과 자아는 하나의 신경 시뮬레이션일 뿐이지요. 이런 주장의 시초는 데이비드 흄(David Hume)이겠지요. 그에게 자아란 일시적 지각들의 다발에 지나지 않습니다.
7   David Benatar, *Better Never to Have Been: The Harm of Coming into Existence* (Oxford: Oxford University Press, 2006).
8   알래스데어 매킨타이어, 『덕의 상실』 이진우 옮김 (서울: 문예출판사, 2021)
9   Sharon Street, "A Darwinian Dilemma for Realist Theories of Value," *Philosophical Studies* 127 (1, 2006), 109-166.
10 Thomas Nagel, "The Absurd," *The Journal of Philosophy* 68 (20, 1971), 716-27. 네이글은 우리 일상의 중요함과 우주적 무가치함이 주는 허무감을 아이러니와 유머로 대하는 것이 건강한 태도라고 주장합니다.
11 마이클 토마셀로(Michael Tomasello), 『이기적 원숭이와 이타적 인간: 인간은 왜 협력하는가』, 허준석 옮김 (서울: 바다출판사, 2011). 원서는 *Why We Cooperate* (Cambridge: MIT Press, 2009). 진사회성은 "두 세대 이상 구성원이 함께 살면서 협동하고 이타적 행동을 하는 것"(https://dictionary.cambridge.org/dictionary/english/eusocial)을 뜻하지만 광범위하게는 타인 및 사회를 위해 자기 이익을 넘어서는 자발적 성향 혹은 행동을 가리킵니다.
12 E. Z. Tronick and Marjorie Beeghly, "Infants' Meaning-Making and the Development of Mental Health Problems," *Infant Mental Health Journal* 32 (1, 2011), 92-118.
13 Zeynep Merve Ünal, "Will to Live: The Fulfillment of Needs for Meaning and

Its Relation to Meaning in Life," *Istanbul Gelisim University Journal of Social Sciences* 7 (2, 2020), 364-380

14 Viktor E. Frankl, *Man's Search for Meaning* (Boston: Beacon, 2006). 우리말로는 이시형 역, 『빅터 프랭클의 죽음의 수용소에서-죽음조차 희망으로 승화시킨 인간 존엄성의 승리』 (청아출판사, 2020)로 의역되었습니다. 그러나 번역본 제목은 원제의 의도를 빗나간 듯합니다.

15 에이브러햄 매슬로, 『동기와 성격』, 오혜경 옮김 (21세기북스, 2009). 매슬로의 욕구위계이론의 장점에도 불구하고 제가 동의하지 않는 결정적인 것들이 있습니다. 그것 가운데 하나가 하위 단계의 욕구가 충족되어야 위 단계의 욕구를 충족하려 한다는 위계성입니다. 이와 관련하여 마태복음과 누가복음에서 예수를 향한 악마의 시험이 떠오르고는 하지요. 악마는 굶주린 예수에게 빵을 만들어 먹으라고 합니다. 그 시험이 메시아, 곧 통치자로서 자격을 시험하는 것이니 그 시험은 통치자가 되려면 민중들에게 빵을 공급하는 것이 우선이라는 주장에 동의하는 것일 수 있습니다. 그러나 예수는 사람이 빵만의 욕망에 매일 수 없고, 하나님의 말씀을 향한 욕망이 빵을 충족한 이후에나 추구하는 것이 아니라고 답하지요.

16 Clayton P. Alderfer, "An Empirical Test of a New Theory of Human Needs," *Organizational Behavior and Human Performance* 4 (2, 1969), 142-175. 1단계는 생존(Existence) 욕구로 기본적인 생리 및 안전 욕구입니다. 2단계는 관계(Relatedness) 욕구로 타인과의 인간관계 욕구입니다. 소속감과 사회적 지지와 인정 욕구가 포함되지요. 3단계는 성장(Growth) 욕구입니다. 자기 실현과 성장 욕구로 성취와 자아개발, 역량 향상과 자기 표현, 그리고 내적 잠재력 실현 등을 포함하지요.

17 Scott Barry Kaufman, "Transcending Maslow's Pyramid," *The Psychologist*, British Psychological Society, February 26, 2019, https://www.bps.org.uk/psychologist/transcending-maslows-pyramid. 카우프만은 매슬로우의 욕구 단계 이론을 재해석하고, 자기초월(self-transcendence)을 자아실현(self-actualization)보다 더 높은 단계로 다루어야 한다고 주장했습니다.

18 Roy F. Baumeister and Mark J. Landau, "Finding the Meaning of Meaning: Emerging Insights on Four Grand Questions," *Review of General Psychology* 22 (1, 2018), 1-10.

19 조설애, 주미정, 정영숙, "대학생의 삶의 의미 추구, 영적 안녕과 우울 간의

관계," 『인문사회과학연구』 20 (3, 2019). 1-34.

20 Mark J. Landau, "Using Metaphor to Find Meaning in Life," *Review of General Psychology* 22 (1, 2018), 62-72.

21 Ockert Schoeman, "Tracing the Trinity in Doing Practical Theology," *Verbum et Ecclesia* 43, no.1 (2022): 1-8.

22 Suzanne T. Mallery and Paul Mallery, "Centers of Value and the Quest for Meaning in Faith Development: A Measurement Approach," *Frontiers in Psychology* 13 (2022), 1-19.

23 박영식, "창조와 삶의 신학", 「장로회신학대학교 신학대학원 논문집」 46 (2014), 189-217.